'ask' 동사로 가장 기본적인 문장을 만들어 보세요.

01) 우리는 그들에게 지원을 늘려달라고 부탁할 것이다.

02) 나는 그에게 그의 아들이 그 활동에 참여하길 원하는지 물었다.

03) 국가가 당신을 위해 무엇을 해줄 수 있는지 묻지 말고, 당신이 국가를 위해 무엇을 할 수 있는지 물어라.

04) 나는 그녀를 일주일에 한 번 불러낸다.

05) 그녀는 이곳을 방문할 것을 결코 요구하지 않는다.

06) 안녕하세요. 저는 탐인데요. 저희 아빠 좀 바꾸어 주시겠어요?

07) 이 모자가 멋지네요. 얼마인가요?

08) 그에게 사과를 요구하는 것이 대단한 일은 아닙니다.

09) 그녀에게 그녀의 사생활에 관해선 물어보지 마세요.

10) 우리는 똑같은 하루가 반복되지 않아야 한다고 요청했다.

'ask' 동사를 사용한 모범 영작 중 하나입니다.

01) 우리는 그들에게 지원을 늘려달라고 부탁할 것이다.
   We will ask them to increase support.

02) 나는 그에게 그의 아들이 그 활동에 참여하길 원하는지 물었다.
   I asked him if (whether) his son wanted to participate in the activity.

03) 국가가 당신을 위해 무엇을 해줄 수 있는지 묻지 말고, 당신이 국가를 위해 무엇을 할 수 있는지 물어라.
   Ask not what your country can do for you ; ask what you can do for your country.

04) 나는 그녀를 일주일에 한 번 불러낸다.
   I ask her out once a week.

05) 그녀는 이곳을 방문할 것을 결코 요구하지 않는다.
   She never asks to visit here.

06) 안녕하세요. 저는 탐인데요. 저희 아빠 좀 바꾸어 주시겠어요?
   Hello. This is Tom speaking. May I ask for my father?

07) 이 모자가 멋지네요. 얼마인가요?
   This cap looks nice. How much do you ask?

08) 그에게 사과를 요구하는 것이 대단한 일은 아닙니다.
   It is not too much to ask him for an apology.

09) 그녀에게 그녀의 사생활에 관해선 물어보지 마세요.
   Please do not ask her about private life.

10) 우리는 똑같은 하루가 반복되지 않아야 한다고 요청했다.
   We asked that the same day (should) not be repeated.

'come' 동사로 가장 기본적인 문장을 만들어 보세요.

01) 어떻게 지구상에 생명이 생겨났나요?

02) 나는 방을 청소하다가 오래된 사진 한 장을 발견했다.

03) 크리스마스가 곧 돌아올 것입니다.

04) 그가 의식이 돌아오는 것은 몇 시간 걸릴 것입니다.

05) 그는 자신과 자신의 일 사이에 누구도 간섭하도록 허락하지 않는다.

06) 사람들은 그가 그의 나이에 어떻게 그토록 많은 돈을 벌었는지 궁금해한다.

07) 베를린 장벽은 1989년에 무너졌다.

08) 우리 교실의 거의 모두가 독감으로 몸져누웠다.

09) 다행히도, 우리가 해변에 도착했을 때 해가 다시 나왔다.

10) 영어 교육에 관해서라면, 정부는 잘못된 방식을 고수하고 있다.

'come' 동사를 사용한 모범 영작 중 하나입니다.

01) 어떻게 지구상에 생명이 생겨났나요?
    How did life come about on Earth?

02) 나는 방을 청소하다가 오래된 사진 한 장을 발견했다.
    I came across an old photograph while cleaning my room.

03) 크리스마스가 곧 돌아올 것입니다.
    Christmas will soon come around.

04) 그가 의식이 돌아오는 것은 몇 시간 걸릴 것입니다.
    It will take a few hours for him to come around.

05) 그는 자신과 자신의 일 사이에 누구도 간섭하도록 허락하지 않는다.
    He never lets anyone come between him and his work.

06) 사람들은 그가 그의 나이에 어떻게 그토록 많은 돈을 벌었는지 궁금해한다.
    People wonder how he came by so much money at his age.

07) 베를린 장벽은 1989년에 무너졌다.
    The Berlin Wall came down in 1989.

08) 우리 교실의 거의 모두가 독감으로 몸져누웠다.
    Almost every one in my class came down with flu.

09) 다행히도, 우리가 해변에 도착했을 때 해가 다시 나왔다.
    Luckily, the sun came out when we arrived at the beach.

10) 영어 교육에 관해서라면, 정부는 잘못된 방식을 고수하고 있다.
    When it comes to English education, government sticks to the wrong policy.

우리가 평소에 충분히 말하거나 쓸 수 있는 글들을 주어진 기준어로 표현하는데 어려움이 있었다면, 그 이유는 해당 동사의 구조적 콜로케이션을 학습하지 않았거나 그 중요성을 무시했기 때문일 가능성이 큽니다.

구조적 콜로케이션은 숙어, 또는 구동사, 혹은 동사구 등 다양한 말로 부를 수 있지만 결국 해당 동사에 자주 붙어서 사용하는 동사의 덩어리 패턴을 말하는 것입니다.

이 책이 자세한 사전처럼 모든 동사의 구조적 콜로케이션을 다룰 수는 없지만, 가장 기본적인 형태들은 다루고 있습니다.

언젠가 보다 더 자세히 동사구를 정리한 출판물을 출간할 날이 오길 기원하면서 책을 시작합니다.

Top Voca

최우선 영단어

Ⅰ. 핵심동사 콜로케이션

MP3 무료 제공
부가 학습 자료 QR코드

김정호 지음

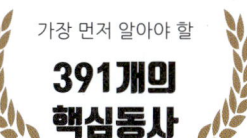

가장 먼저 알아야 할
**391개의
핵심동사**

실생활에서
자주 사용하는
**1300여 개의
콜로케이션**

회화와 독해
모두에 사용되는
**2800여 개의
필수 예문**

Ⅰ. 핵심동사 콜로케이션

최우선 영단어 Ⅰ - 핵심동사 콜로케이션

개정증보1판 1쇄 발행 2023. 7. 1

저 자	김정호
발행처	㈜바른영어사 출판사업부
기 획	㈜바른영어사
주 소	경기도 성남시 분당구 느티로16, 907호 젤존타워 1차
대표전화	(02)817-8088
팩 스	(031)718-0580
홈페이지	www.properenglish.co.kr
감 수	N.Buchan
연구원	최승연, 김연우
디자인	김혁진
인쇄처	필페이퍼

서지정보 QR

이 책의 무단 전재 또는 복제행위는 저작권법 제97조의5에 의거, 5년 이하의 징역 또는 5,000만원의 벌금에 처하거나 이를 병과할 수 있습니다.

정가 22,000원

머리말

공부하기 전에

글을 예측한다는 것은 두 가지를 의미한다. 내용의 예측과 구조의 예측이다. 내용의 예측은 세계 모든 언어들의 공통적 논리전개 방식 중 가장 유효하고 널리 통용되는 몇 가지를 이해하면 된다. 즉, 일반론의 예시 + 반박 + 예증…. 두 가지 대조적 내용의 순차적 전개…. 연역과 귀납, 기타의 방법들은 비단 영어 뿐만이 아니라 한국어나 다른 언어에도 공통적으로 적용된다.
 이것이 영어인양 착각해서는 아니됨은 물론이다.
작금에 벌어지고 있는 한국적 영어 학습 현실에 대한 서글픈 우려와 함께….

다음은 구조의 예측이다.
구조를 예측하는 것이야 말로 그 언어를 진정으로 운용할 수 있다는 것이며 그 언어가 전달하려는 정보를 오해 없이 습득한다는 것이다. 여기에는 독해의 속도 또한 연루되어 있다. 구조를 예측하는 관건은 동사의 운용법에 대한 확고하고 폭 넓은 지식이다. 그래서 사전이 필요한 것이다.

다만 사전은 우선해야 할 것과 나중에 해야 할 것 들은 선별해 주지 못한다.

그래서 그 선별작업을 하고 싶었다. 의사소통에서 가장 많이 사용되는 주요 동사들의 구조적 전개방식을 정확히 인지한다면 동사의 모양만으로도 뒤에 나올 구조를 예측할 수 있게 되며 이 구조에 대한 예측이야 말로 진정으로 그 언어의 구사능력 및 해독 능력을 시사하는 것이다.

이것이 동사운용의 출발점이 되기를 희망한다. 이것으로 심화편이 제작될 계기가 되기를 희망한다.

언제가 되어야 이 나태의 굴레를 벗어던지고 다시 연구에 깊게 연루될 수 있을까.. 수험생들과 영어학습자들의 매서운 채찍과 격려를 바란다.
부디, 문제를 풀지 말고 이곳에서 소개된 모든 동사의 구조를 여러분 소장의 책자와 원문들에 적용시켜 부단히 연습하기 바란다. 그래서 동사를 보는 순간 글쓴이의 전달의도까지 빤히 보일 수 있는 경지에 올라서기 바란다.

문제 유형이라….
이미 그곳은 하계중에서도 천박한 상술이 판치는 최하계임을….

김정호 씀

[도서소개]

1 동사만을 특별히 따로 공부할 필요성이 있을까요?

우리가 제대로 영문을 읽고 쓰기 위해서는, 많은 단어를 알아야 한다고 생각하기 쉽습니다. 다양한 어휘에 대한 지식도 중요하지만, 우선은 기본적으로 사용되는 동사부터 학습하면 문장에 대한 올바른 이해뿐 아니라 영작도 원활해집니다. 올바른 동사의 학습법과 필요성을 살펴보겠습니다.

동사는 단순히 의미에 관한 정의만을 암기해서는 안 됩니다. 왜냐하면 동사는 그 종류와 의미에 따라 그 뒤에서 나오는 구조를 결정하기 때문입니다. 우리는 이것을 구조적 병치 (structural collocation) 라고 부를 수 있습니다. 예를 들어, 동사 ask 는 대표적 의미가 '묻다' 와 '요구하다'입니다. 물론, 한국어로의 번역상 그 두 가지 의미와 가장 가깝게 사용된다는 뜻입니다. 하지만 이런 의미상의 정의만을 가지고 그 단어 ask 가 사용된 문장을 빠르고 정확하게 이해하거나, 원하는 영작을 즉석에서 문법적으로 그리고 의미적으로 훌륭히 해낼 수 있을까요? 아마, 한 단어, 한 단어씩의 의미만으로는 해당 단어가 사용된 문장 전체를 이해하거나 활용하는데는 어려움이 늘 존재한다는 것을 학습자들은 경험하고 있을 것입니다. ask 의 구조적 병치를 심각하게 여기지 않고 있기 때문입니다. ask 는 기본적으로 다음과 같은 구조적 병치 혹은 패턴을 가지고 사용됩니다.

❶ ask + (명사) + 명사(주로 질문) : (~에게) ~를 묻다

그는 (나에게) 나의 주소와 전화번호를 물었다.
He asked (me) my address and phone number.

❷ ask + (명사) + if 절 / whether 절 : (~에게) ~인지 아닌지 묻다

그는 (나에게) 그들이 돌아올 것인지의 여부를 물었다.
He asked (me) if they would come back.

❸ ask + (명사) + wh- 절 : (~에게) 구체적 내용을 묻다

그는 (나에게) 그녀가 어디서 태어났는지 물었다.
He asked (me) where she was born.

그는 (나에게) 내가 어떻게 그 병을 극복했는지 물었다.
He asked (me) how I got over the disease.

❹ **ask about** : ~에 대해 묻다

나는 그들의 생존가능성에 대해 묻고 있다.
I am asking about the possibility of their survival.

❺ **ask around** : 여기 저기 묻고 다니다

그녀는 그의 거처에 대해 묻고 다닌다.
She is asking around about his whereabouts.

❻ **ask after** : 안부를 묻다

그 남자가 나의 안부를 물었나요?
Did the man ask after me?

❼ **ask + (명사) + for + 명사** : (~에게) ~를 요청하다

그는 (나에게) 약간의 푼돈들을 요청했다.
He asked (me) for some nickels and dimes.

❽ **ask + 명사 + to inf.** : ~에게 ~할 것을 요청하다

그는 나에게 그들을 도와줄 것을 요청했다.
He asked me to help them.

❾ **ask + to inf.** : ~할 것을 요청하다

그는 그녀를 직접 볼 것을 요청하고 있다.
He is asking to see her in person.

❿ **ask + (명사) + S$_2$ + (should) + 동사원형**
: (~에게) 주어2가 ~해야 한다고 요청하다

그들은 (그에게) 그녀가 즉시 해고되어야 한다고 요청했다.
They asked (him) that she (should) be fired at once.

* 그 외 'ask a favor of someone' 등의 다양한 관용표현들

2 동사 학습의 어려움, 실제 문장을 통해서 해결하라!

위에서 예시한 ask 의 기본 패턴을 보면 단순히 '묻다' 와 '요구,요청하다'라는 의미에 관한 정의만으로는 ask를 실제로 써먹기 힘들다는 것을 알면서도, 학습자들은 이 같은 구조적 병치와 함께 학습하는 것을 어려워합니다. 왜냐하면 명사처럼 의미만 암기해도 되는 학습방식이 더 편하고, 무엇인가를 제대로 암기했다는 만족감이 강하게 오기 때문입니다. 동사는 소위 '딱 떨어지는 맛'이 덜하다는 것입니다.

하지만 명민한 학습자는 하나의 동사를 제대로 활용하는 것이, 명사 10 단어보다 더 중요하다는 것을 깨닫고 있을 것입니다. 그런데 잘못된 동사학습법이 가져오는 폐해는 정말 심각합니다.

시중에 널리 판매되는 어휘학습서에서 'find'라는 단어를 찾아 보았습니다.

> find (동) : ~을 찾아내다, 이해하다, 조사하다, 알아내다, 발견하다, 획득하다, 마련하다, 깨닫다, 알아차리다, 판결하다, 제공하다
> find (명) : 발견, 발견물

이렇게 많은 의미들을 단순히 나열하면, 암기력이 뛰어난 학습자들도 아무런 연결고리 없이 무턱대고 외워야 하는 지루한 과업을 해야 합니다.

설령, 그 많은 의미들 중에서, '~을 찾아내다'와 '~을 파악하다' 두 가지를 핵심으로 안다고 해도, 도대체 어떤 방식으로 '~ 찾아내다' 와 '~ 파악하다'를 써야 하는지는 여전히 문제가 될 것입니다.

그런데 이러한 동사 어휘의 사용에 규칙이 있다면? 그래서, 동사어휘를 손쉽게 정복해 나갈 수 있다면, 동사 학습을 더 이상 주저하지 않을 수 있지 않을까요?

○ 찾아내다

❶ **find (out) + 명사 / 명사절** : 찾아내다, 발견하다

나는 그 해결책을 쉽게 찾아 냈다.
I easily found out the solution.

나는 그들이 영양실조인 것을 발견했다.
I found that they were having malnutrition.

❷ **find + 명사 + 명사** : ~에게 ~를 찾아주다

그는 나에게 훌륭한 식당 하나를 찾아 주었다.
He found me a nice restaurant.

○ 파악하다

❶ **find + 명사 + 명사** : ~를 ~로 파악하다

그는 나를 도둑으로 파악했다.
He found me a thief.

❹ **find + 명사 + 형용사** : ~를 ~한 상태로 파악하다

그는 그들을 그 일에 자격이 있는 상태로 파악하지 않았다.
He didn't find them eligible for the job.

3 본격적인 동사콜로케이션 학습서

동사는 그 뒷 구조와 함께 다양한 의미를 전달하는 변화무쌍하고 풍부한 어휘 자원입니다.

영영사전을 살펴보면, 하나의 동사 뒤에 어떠한 문법적 구조나 어휘들이 따라 나와 어울리느냐에 따라, 그 동사에 대한 서술은 여러가지로 달라지게 됩니다. 그리고 이러한 서술의 변화는 결국 '하나의 동사'를 '여러개의 다른 의미의 한글 어휘'로 외울 수 밖에 없게 만듭니다.

따라서, 효율적인 '동사' 학습법이란, 그 의미를 한국어 대응어휘로 추측하는 것이 아니라, 그 동사와 어울리는 후속 패턴에 따라, 각각의 문장을 통해 학습하는 것입니다.

이처럼, 빈번하게 사용되는 동사를 우선순위로 모아 구조상의 콜로케이션을 강조하여 만든 것이 이 도서입니다.

4 격려성, 확장성 어휘학습서

그동안 배웠던 문법이 '그렇게 쓰면 안 된다'를 강조하는 '규제성 규칙'으로 느껴진 것은, 각종 시험에서 '영작'이 아니라 '문법적으로 잘못된 것을 찾게 하는 방식'의 문제들이 많았기 때문입니다.

이는 '문법' 학습을 하면서 어느 정도의 문법 지식을 갖게 된 학습자들의 가장 빈번한 질문에 대한 대답이 될 수도 있습니다.

왜 이렇게는 사용할 수 없습니까, 이것도 문법적으로 말은 되지 않습니까?

구조적 콜로케이션 지식 없이, 개별적으로 터득한 문법지식만으로 글을 조합하다 보면, 위와 같은 질문이 나오기 일쑤입니다. 하지만 '그들이 그렇게 쓰기 때문에' 라는 것이 늘 정답이며, 그것을 가능한 한 규칙으로 만든 것이 사전에 등장하는 콜로케이션 패턴입니다. 그런데 사전은 모든 어휘와 모든 가능성을 대변해야 하므로 우리가 어휘 학습에서 우선 순위를 정하고 그에 맞게 공부하기에는 다소 거대하며, 정보를 찾기에도 많은 노력이 필요합니다.

본 저술서가 강조하는 '동사 기반의 콜로케이션 학습'은, 회화나 영작에서 유창함의 획득을 도와줄 것입니다. ==영어 어휘에 해당하는 한글의 의미는 알고 있으나, 막상 독해나 영작에서, 또는 대화할 때 내가 알고 있는 지식의 단편을 어떻게 확장해야 할지 난감한 경우==가 많을 것입니다. 이런 상황에서는 종합 어휘서인 사전이 별로 도움이 되지 않을 수 있습니다. 더 간결하고 상황에 적합한 지침서가 필요할 것입니다.

5 일상적 표현의 최다빈도 동사 소개

이 도서는, 영어에서 가장 자주 사용하는 391개 동사의 '기본 의미', '구조적 콜로케이션' 그리고 '어휘 콜로케이션'을 기반으로 저술되었습니다. 그러므로 그 동사의 활용가능성을 염두에 둔 구조적 콜로케이션이 익숙해진다면 글과 말의 운용과 이해에 크게 도움이 될 것입니다.

"언어사용은 본질적으로 콜로케이션 지식을 필요로 한다."

"The nature of language use necessitates collocational knowledge."
(I. S. P. Nation (2001)- Learning Vocabulary in Another Language)

"Knowing a word involves knowing what words it typically occurs with. Is it more usual, for example, to say that we ate some speedy food, quick food or fast food? Pawley and Syder (1983) argue that the reason we can speak our first language fluently and choose word sequences that make us sound like native speakers is because we have stored large numbers of memorised sequences in our brain. Instead of constructing these each time we need to say something, we frequently draw on these ready-made sequences."
(I. S. P. Nation (2001)- Learning Vocabulary in Another Language)

"Nation (2001) suggests that knowing a word involves knowing its form, meaning and use. Learners need to consider what generative rules a word should follow when in use and "what other words or types of words occur with this one" (Nation 2001: 26)."
(Lei Zhang - The Significance of Collocational Knowledge for Learners of English and Teaching Implications)

[이 책을 잘 활용하기 위한 조언]

1 영작을 대비한 예문 구성

본 도서는 다른 어휘집이나, 구문독해서 등과는 달리, '한국어 – 영어' 순서로 예문을 실었습니다. 독해가 아닌 영작을 우선으로 학습하는 습관을 형성해 보시기 바랍니다.

2 예문에 등장하는 직설법과 가정법

예문에서 자주 등장하는 구조 중 하나는 '타동사 + that 절'입니다. 그런데 이 절에서 사용되는 술어동사가 그 주어와, 직설법적 규칙에서 맞지 않는 경우가 있습니다.

아래의 두 문장을 보면서 직설법적 규칙의 적용여부를 구분해 보시기 바랍니다.

> ❶ 나는 그가 우리 회사에 기여한다는 사실에 동의한다.
>
> I agree that he contributes to my company.
>
> ❷ 나는 그가 우리 회사에 다른 방식으로 기여해야 한다고 주장한다.
>
> I insist that he contribute to my company in another way.

두 번째 문장의 that 절에서는 주어 he 에 어울리는 동사가 직설법 규칙에 맞지 않음을 보실 수 있습니다. 영어의 동사는 전달하려는 의미에 따라 크게 직설법 동사와 가정법 동사로 나뉘게 됩니다. 직설법 동사는 과거에 일어났거나, 현재에 일어나고 있거나, 미래에 일어날 일을 묘사하는데 사용되며, 시제와 인칭 그리고 단수·복수의 규칙에 지배받습니다.

예를 들어, 주어가 삼인칭 단수인 he, she, it 등이고 술어의 시제가 현재라면 당연히 동사의 끝에 's'를 붙여서 'He likes it'처럼 써야 합니다. 물론 시제가 과

거라면 'He liked it' 이고, 미래라면 'He will like it'이 됩니다.

그런데, 가정법적 의미를 전달하려는 경우는 이 규칙이 적용되지 않습니다. 우선, 가정법적 규칙이 무엇인지 알아보겠습니다. '실제로 일어나거나, 일어난 일'을 말하지 않고, '일어나기를 바라거나, 일어나야 한다고 생각하지만 실제로는 벌어지지 않을 수도 있는 사실'을 묘사하는 동사를 가정법 동사라고 합니다.

예를 들어, 'ask + that 절'의 경우, '그는 그녀가 그의 돈을 즉시 갚아야 한다고 요구했다' 라는 의미를 전달한다면, '그'가 요구한 사실이 실제로 발생했는지는 알 수 없고 '그녀가 즉시 돈을 갚는다'는 것은 그의 '소망'이나 '불확실한 가능성'에 해당되고, 이것을 영어 원어민들은 가정적 느낌으로 분류합니다.

이렇게 실제의 사실이 아닌 가정적 사실과 어울리는 동사들은 '요구, 명령, 주장, 제안, 판결, 결정, 기원, 소망' 등과 관련되어 있으며 영어에서는 다음에 소개되는 동사 등이 여기에 해당됩니다. 이런 동사들이 뒤에서 목적어로 that 절을 받을 경우, 바로 특정한 규칙이 적용됩니다.

> advise, ask, advocate, appoint, beg, bequeath, command determine, demand desire, decree, insist, indicate, imply, judge, mandate, move, implore, intend, order, prefer, plead, propose, recommend, request, require, resolve, suggest, suppose, urge, wish

영국식 영어의 경우, 위의 동사들 다음에 오는 목적어 that 절의 구조는 'that + 주어 + should + 동사원형' 이고 미국식 영어의 경우, that 절의 구조는 'that + 주어 + 동사원형'입니다.

이런 동사들 다음에 오는 'that 절'의 한국어적 해석의미가 가장 가까운 것은 '~해야 한다고'인데 전부는 아니지만 대부분 이런 의미를 적용하면 그 가정법적 의도를 전달할 수 있게 됩니다. 다시 말하면, 이 동사들 뒤에 오는 내용은 '불확실하거나 정해지지 않은 것'이고, '그것을 바라거나 소망하거나 의도하거나 요청하거나 제안하거나 명령'하는 상태를 표시하기 위해서 특별한 동사의 표현법을 사용하는 것입니다.

물론 위의 동사들 중에서 특히, insist, suggest, indicate, imply 등은 반드시 가정법 규칙으로만 사용되는 것은 아니므로 직설법 규칙을 적용한 절을 사용하면 실제로 일어난, 혹은 일어나고 있거나 앞으로 일어날 일을 묘사합니다.

마지막으로, 가정법동사는 원형만을 쓰는 것이 아니지만, 이 부분은 if 조건절을 다루는 문법 영역에서 추가적으로 자세히 배우시길 바랍니다. 동사의 원형을 쓰는 가장 대표적인 가정법 동사의 미국영어식 용례를 소개 합니다.

01 그녀는 그가 그 모임을 위해 일찍 도착해야 한다고 충고했다.
She advised that he arrive early for the meeting.

02 나는 그가 그 프로젝트에 대해 더 많은 정보를 제공해야 한다고 요청했다.
I asked that he provide more information about the project.

03 그들은 그가 새로운 팀리더가 되어야 한다고 지명했다.
They appointed that he be the new team leader.

04 그 장군은 그 첩자가 군사재판을 받아야 한다고 명령했다.
The general commanded that the espionage stand in court martial.

05 그 위원회는 그 제안이 거절되어야 한다고 결정했다.
The committee determined that the proposal be rejected.

06 그는 그녀가 그 행동에 대해 사과해야 한다고 요구했다.
He demanded that she apologize for her behavior.

07 나는 그녀가 그 행사에 나와 동행하길 소망한다.
I desire that she accompany me to the event.

08 그 판사는 피고가 벌금을 내야한다고 판결했다.
The judge decreed that the defendant pay a fine.

09 그녀는 그가 즉각적 조치를 취해야 한다고 주장했다.
She insisted that he take immediate action.

10 그 배심원은 그가 유죄로 파악되어야 한다고 판결했다.
The jury judged that he be found guilty.

11. 정부는 모든 시민들이 접종을 받아야 한다고 강제했다.
    The government mandated that all citizens receive vaccinations.

12. 정부는 모든 시민들이 접종을 받아야 한다고 강제했다.
    The government mandated that all citizens receive vaccinations.

13. 그녀는 그들이 그들의 결정은 재고해야 한다고 탄원했다.
    She implored that they reconsider their decision.

14. 우리는 그 파티가 실외에서 열릴 것을 의도한다.
    We intend that the party take place outdoors.

15. 그 선생님은 그 학생들이 과제를 완성해야 한다고 명했다.
    The teacher ordered that the students complete the assignment.

16. 그는 그녀가 그 파란 드레스를 선택하는 것을 선호한다.
    He prefers that she choose the blue dress.

17. 그녀는 그들이 그녀의 요구를 들어주어야 한다고 애원했다.
    She pleaded that they grant her request.

18. 그는 그들이 재생에너지에 투자해야 한다고 제안했다.
    He proposed that they invest in renewable energy.

19. 그 의사는 그가 매일 약을 복용해야 한다고 권고했다.
    The doctor recommended that he take the medication daily.

20. 그들은 그가 그 보고서를 금요일까지 제출해야 한다고 요구했다.
    They requested that he submit the report by Friday.

21. 그 규칙들은 모든 직원들이 그 훈련과정에 참여할 것을 요구한다.
    The regulations require that all employees attend the training session.

22. 그녀는 그 법안이 승인되어야 한다고 의결했다.
    She resolved that the bill be approved.

23 그들은 그 팀이 새로운 전략을 채택해야 한다고 제안했다.
   They suggested that the team adopt a new strategy.

24 그들은 정부가 즉시 그 새로운 정책을 시행해야 한다고 촉구했다.
   They urged that the government conduct the new policy at once.

25 나는 그가 그 회의에 참석해야 한다고 주장한다.
   I advocate that he attend the conference.

26 그녀는 그 판사가 자비를 보여줄 것을 애원했다.
   She begged that the judge show mercy.

27 그는 그의 부동산이 그의 자식들 가운데에서 나누어져야 한다고 유언했다.
   He bequeathed that his estate be distributed among his children.

28 그 보고서는 그가 학교로부터 정학되어야 한다고 지적한다.
   The report indicates that he be suspended from school.

3 예문의 수동태 활용

이 책에는 "타동사 + 목적어" 구조로 설명한 후, 수동화 된 예문을 소개하는 경우가 왕왕 있습니다. 이는 잘못된 예문 분류가 아니며, 타동사가 목적어를 취할 경우 수동형태로 표현될 수 있는 것은 매우 자연스러운 문장전환이므로, 학습자들은 이런 태의 변환을 미리 인지하시면 좋습니다.

이 책에 대한 자세한 이해를 돕기 위해서, 저자의 강의가 매칭되어 있으며, '바른영어훈련소(www.properenglish.co.kr)에서 본도서의 해설강의를 '최우선 영단어' 라는 강좌명으로 제공하고 있습니다.

[범례]

1 용어 설명

① **S :** subject 의 첫글자로 주어를 의미합니다.

② **P :** predicate 의 첫글자로 술어를 의미합니다.

③ **S + P :** 주어와 서술어가 있는 '절'을 의미합니다.
(이 기호를 'S + V' 로 표기할 수도 있습니다. 술어에는 늘 동사만 사용되므로 동사 즉 verb 의 머리말을 사용한 관행이 유지되기도 합니다.)

④ **R :** verb root 는 원형동사를 뜻하는 base / basic / root / simple / original + form of the verb 의 간단한 형태로, 여기서는 root 의 첫글자로 동사원형을 의미합니다.

> 2) **insist** + that S + P : ~이 맞다고 우기다, 주장하다 (신빙성)
> 그는 그의 남자 형제가 결백하다고 주장했다.
> He insisted that his brother is innocent.
>
> 3) **insist** + that + S + (should) + R : ~해야 한다고 주장하다 (당위성)
> 그는 그 살인자가 교수형에 처해져야 한다고 주장했다.
> He insisted that the murderer be hanged.

⑤ **inf. :** infinitive 의 첫글자로 부정사를 의미합니다. 따라서 to infinitive 는 한국어의 'to 부정사', infinitive 는 한국어의 '원형부정사'이며 여기서는 줄여서 inf. 로 사용합니다.

⑥ **V-ing :** 동명사는 영어로 gerund 이며 현재분사는 영어로 present participle입니다. 그런데 이 둘은 모두 동사의 원형에 ing를 붙여서 만들기 때문에 이 책에서는 동사를 의미하는 V 와 어미형태인 ing를 붙여서 해당기호를 사용하게 됩니다.

⑦ **P.P :** 과거분사인 past participle 의 첫글자를 조합한 기호입니다.

4) **feel + 명사 + inf.** : ~가 ~하는 것을 느끼다
그는 얼굴이 달아오르는 것을 느꼈다.
He felt his face flush.

5) **feel + 명사 + V-ing** : ~가 ~하는 것을 느끼다
우리는 지면이 내려앉는 것을 느꼈다.
We felt the ground sinking.

6) **feel + 명사 + p.p** : ~가 ~되는 것을 느끼다
내 자신의 몸이 위로 들려지는 것을 느꼈다.
I felt myself lifted up.

⑧ **I.O. :** 간접 목적어인 indirect object 의 첫글자 조합기호입니다.

⑨ **D.O. :** 직접 목적어인 direct object 의 첫글자 조합기호입니다.

⑩ **O.C. :** 목적격 보어인 object complement 의 첫글자 조합기호입니다.

⑪ **S.C. :** 주격보어인 subject complement 의 첫글자 조합기호입니다.

3) **find + I.O.(명사) + D.O.(명사)** : 'I.O.'에게 'D.O.'를 찾아주다
저에게 좋은 것을 찾아주시지 않겠습니까?
Will you find me a good one?

4) **find + 명사 + O.C.(명사)** : ~를 'O.C'라고 알다, 파악하다
나는 그들을 학생으로 파악했다.
I found them the students.

5) **find + 명사 + 형용사** : ~가 ~한 상태임을 알다
나는 지갑이 없어진 것을 깨달았다.
I found my purse gone.

⑫ **wh- :** wh-로 시작하는 의문사, 접속사, 관계사 등을 나타냅니다. 그 종류는 who, what, which, whom, whose, when, where, why, how, whether 입니다.

389 wonder

1) **wonder + wh- (S) + P** : ~을 궁금히 여기다
나는 그가 누구인지 궁금하다.
I wonder who he is.
나는 내일 비가 올지 궁금하다.
I wonder whether it will rain tomorrow.

2 기호 분류

❶ **(영어) :** 괄호 안에 있는 영어는 '생략할 수 있음'을 나타냅니다.

I ordered that he (should) be fired.
= I ordered that he be fired.

❷ **(한글) :** 괄호 안에 있는 한글은 '생략, 첨언, 교체, 품사 등' 다양한 지시를 나타냅니다.

❸ **/ :** 슬래쉬 표시의 앞, 뒤에 있는 회색표시 부분의 각각은 서로 대체될 수 있음을 나타냅니다.

> 2) propose + to inf. / V-ing : ~할 것을 제안하다, 꾀하다
> 나는 일주일의 휴가를 가질 것을 계획한다.
> I propose to take a week's holiday.
>
> 그는 제 2차 세계 대전사를 쓸 것을 계획했다.
> He proposed writing a history of the Second World War.
>
> 3) propose + that + S + (should) + R : ~해야한다고 제안하다
> 나는 그에게 대출을 줄여야 한다고 제안했다.
> I proposed to him that the loan (should) be reduced.
>
> 4) propose + to + A(사람) : A에게 청혼하다
> 그는 변호사 직업을 얻은 다음날 이사벨에게 청혼했다.
> He had proposed to Isabel the day after taking the job as a lawyer.

3 색상에 따른 분류

❶ **파란색 영단어 :** '동사'를 나타냅니다.

❷ **붉은색 용어 :** '동사'와 어울리는 '콜로케이션 짝'들을 나타냅니다.

❸ **예문의 하늘색 표시 :** 콜로케이션의 중심에 있는 '동사의 활용' 형태를 보여줍니다. 해당 동사는 예문에서 '서술어, to 부정사, 동명사, pp분사' 등 각종 형태로 사용되며, 그 부분을 보여주고 있습니다. 특히, 색상 부분이 '서술어'인 경우, 그 앞에 주로 주어가, 그 뒤에 주로 목적어 등이 위치하므로, 설명하는 문장구조와 예문을 잘 비교해서 학습하면 큰 도움이 될 것입니다.

> **269 provide**
>
> 1) **provide + 명사** : ~를 마련하다, 준비하다, 공급하다
>   우리는 현대식 도구와 장비의 완벽한 한 벌을 마련해야 한다.
>   We must provide a complete outfit of modern tools and machinery.
>
> 2) **provide + A with B** : A에게 B를 제공하다
>   선인장은 사막에 있을 때 우리에게 물을 제공한다.
>   Cacti provide us with water when in a desert.

❹ '**+**' 기호의 까만 색 : 동사와 함께 연결되는 다양한 콜로케이션 구조를 나타냅니다.

❺ '**+**' 기호의 붉은 색 : 콜로케이션 내에서 하나의 덩어리로 인식할 것을 의도하는 표시입니다.

❻ 예문의 노란색 표시 : 동사와 '콜로케이션 관계에 있는 명사절'을 의미합니다.

❼ 예문의 회색 과 주황색 표시 : 슬래쉬 전후의 상호교체 가능한 요소를 표시합니다.

> 2) **recall + V-ing / that S + P** : ~를 상기하다
>   나는 그 당시 무슨 말이 해졌는지 기억나지 않는다.
>   I can not recall what was said then.
>   나는 내가 그 책을 선반위에 올려둔 것이 확실히 기억난다.
>   I do recall that I put the book on the shelf.
>   나는 문을 잠근 것을 기억했다.
>   I recalled having locked the door.

Contents & Index

〈 Contents 〉

머리말	p.015
도서 소개	p.016
이 책의 활용법	p.022
범례	p.028
Contents	p.032
Index	p.032

〈 Index 〉

A

001 abide	p.036
002 accommodate	p.037
003 account	p.038
004 accuse	p.039
005 acknowledge	p.040
006 add	p.041
007 address	p.042
008 admit	p.043
009 advise	p.044
010 afford	p.045
011 agree	p.046
012 allow	p.047
013 announce	p.048
014 annoy	p.049
015 answer	p.050
016 anticipate	p.051
017 appear	p.052
018 apply	p.053
019 appoint	p.054
020 appreciate	p.055
021 approve	p.056
022 argue	p.057
023 arrange	p.058
024 ask	p.059
025 assemble	p.060
026 assess	p.061
027 assign	p.061
028 associate	p.062
029 assume	p.063
030 assure	p.064
031 attempt	p.065
032 attend	p.066
033 attach	p.067
034 avail	p.068
035 average	p.069
036 awake	p.069

B

037 back	p.070
038 ban	p.070
039 be	p.071
040 bear	p.076
041 beat	p.077
042 beckon	p.077
043 become	p.078
044 beg	p.079
045 believe	p.080
046 belong	p.081
047 benefit	p.082
048 bet	p.083
049 betray	p.084
050 beware	p.084
051 bid	p.085
052 blame	p.085
053 blow	p.086
054 blur	p.087
055 boast	p.088
056 bother	p.089
057 break	p.090
058 bring	p.092

C

059 call	p.094
060 care	p.096
061 carry	p.097
062 cast	p.098
063 catch	p.099
064 cause	p.100
065 change	p.101
066 charge	p.102
067 check	p.103
068 choose	p.104
069 claim	p.105
070 clear	p.106
071 close	p.107
072 combine	p.108
073 come	p.109
074 command	p.112
075 commit	p.113
076 communicate	p.114
077 compare	p.115
078 compensate	p.116
079 complain	p.116
080 compose	p.117
081 conceive	p.118
082 concentrate	p.119
083 concern	p.120
084 conclude	p.121
085 condemn	p.122
086 confess	p.122
087 confide	p.123
088 confirm	p.124
089 consider	p.124
090 consist	p.126
091 continue	p.127
092 convince	p.128
093 cost	p.129

094 count p.130	127 excuse p.158	159 hand p.192
	128 expect p.159	160 hang p.194
D	129 explain p.160	161 happen p.195
095 dare p.131		162 have p.196
096 decide p.132	**F**	163 hear p.198
097 declare p.133	130 face p.161	164 help p.199
098 decline p.134	131 fail p.162	165 hinder p.200
099 demand p.134	132 fall p.163	166 hint p.201
100 deny p.135	133 fancy p.165	167 hit p.201
101 derive p.136	134 fear p.166	168 hold p.202
102 describe p.136	135 feed p.167	169 hope p.204
103 design p.137	136 feel p.167	170 hurry p.205
104 designate p.137	137 figure p.169	171 hurt p.206
105 desire p.138	138 fill p.170	
106 determine p.139	139 find p.171	**I**
107 dip p.140	140 fix p.172	172 identify p.207
108 direct p.141	141 fly p.173	173 imagine p.208
109 discharge p.142	142 focus p.173	174 infer p.209
110 dispose p.143	143 follow p.174	175 inform p.209
111 do p.144	144 fool p.174	176 inquire p.210
112 double p.147	145 forbid p.175	177 insist p.210
113 doubt p.147	146 force p.176	178 intend p.211
114 drain p.148	147 forget p.177	179 invite p.212
115 draw p.148	148 forgive p.177	180 involve p.213
116 dream p.150	149 form p.178	
117 drive p.151		**K**
	G	181 keep p.214
E	150 gain p.179	182 kill p.216
118 earn p.152	151 get p.180	183 kindle p.216
119 ease p.152	152 give p.183	184 knock p.217
120 employ p.153	153 go p.185	185 know p.218
121 engage p.154	154 grant p.188	
122 ensure p.155	155 grasp p.188	**L**
123 entitle p.155	156 grow p.189	186 land p.220
124 equip p.156	157 guarantee p.190	187 laugh p.220
125 escape p.157	158 guess p.191	188 lay p.221
126 examine p.157		189 lead p.222
	H	190 leap p.223

191 learn p.224	223 order p.258	258 prevail p.287
192 leave p.225	224 owe p.259	259 prevent p.288
193 lend p.226	225 own p.259	260 profess p.288
194 let p.226		261 prohibit p.289
195 lie p.227	**P**	262 project p.289
196 like p.228	226 pardon p.260	263 promise p.290
197 lodge p.229	227 pass p.260	264 prompt p.291
198 long p.229	228 pay p.261	265 pronounce p.292
199 look p.230	229 peel p.263	266 propose p.293
200 lose p.234	230 penetrate p.263	267 protest p.294
201 love p.236	231 perceive p.264	268 prove p.295
	232 perform p.265	269 provide p.296
M	233 permit p.266	270 pull p.297
202 maintain p.237	234 persist p.267	271 purpose p.298
203 make p.238	235 persuade p.268	272 push p.299
204 manage p.241	236 pick p.269	273 put p.300
205 measure p.242	237 picture p.270	
206 mend p.242	238 pitch p.270	**Q**
207 mention p.243	239 plan p.271	274 quit p.302
208 mess p.243	240 play p.271	275 quote p.303
209 mind p.244	241 please p.273	
210 miss p.245	242 plunge p.274	**R**
211 mix p.246	243 point p.275	276 raise p.303
	244 ponder p.276	277 range p.304
N	245 pop p.276	278 reach p.304
212 move p.247	246 pose p.277	279 read p.305
213 name p.248	247 possess p.277	280 realize p.306
214 need p.249	248 pound p.278	281 recall p.307
215 notice p.250	249 pour p.278	282 reckon p.308
	250 practice p.279	283 recognize p.309
O	251 pray p.280	284 recommend p.310
216 oblige p.251	252 prefer p.281	285 reconcile p.311
217 observe p.252	253 prepare p.282	286 recover p.312
218 obtain p.253	254 present p.283	287 reduced p.313
219 occur p.254	255 press p.284	288 refer p.314
220 offer p.255	256 presume p.285	289 reflect p.315
221 operate p.256	257 pretend p.286	290 refuse p.316
222 oppose p.257		

291 regard p.317	326 seek p.350	363 suffer p.382
292 regret p.318	327 seem p.351	364 suggest p.383
293 rejoice p.319	328 sell p.351	365 suppose p.384
294 relate p.320	329 send p.352	366 suspect p.384
295 relax p.321	330 sentence p.353	
296 remain p.322	331 serve p.354	**T**
297 remark p.323	332 set p.356	367 take p.385
298 remember ... p.324	333 settle p.358	368 talk p.388
299 remind p.325	334 shift p.358	369 taste p.390
300 render p.326	335 shoot p.359	370 teach p.391
301 repent p.327	336 show p.360	371 tell p.392
302 report p.328	337 shut p.362	372 tend p.393
303 represent p.329	338 sign p.362	373 thank p.394
304 request p.330	339 sink p.364	374 think p.395
305 require p.331	340 slip p.365	375 transfer p.397
306 resent p.332	341 smell p.366	376 trouble p.398
307 reserve p.332	342 snap p.367	377 try p.399
308 resign p.333	343 soak p.368	378 turn p.400
309 resolve p.334	344 sound p.368	
310 rest p.335	345 spare p.369	**U**
311 result p.336	346 speak p.370	379 unite p.402
312 return p.337	347 spend p.372	380 urge p.403
313 reveal p.338	348 spin p.372	381 use p.404
314 rid p.338	349 splash p.372	
315 ring p.339	350 stand p.373	**V**
316 rise p.340	351 start p.374	382 vary p.405
317 rob p.341	352 state p.375	383 view p.406
318 roll p.342	353 stay p.376	
319 rule p.342	354 stick p.376	**W**
320 run p.343	355 stir p.377	384 want p.407
321 rush p.345	356 stock p.377	385 watch p.408
	357 stop p.378	386 weigh p.409
S	358 strain p.379	387 win p.410
322 save p.346	359 strive p.379	388 wish p.410
323 say p.347	360 stuff p.379	389 wonder p.411
324 search p.348	361 submit p.380	390 work p.412
325 see p.348	362 succeed p.381	391 worry p.413

001 abide

1) **abide** : 머무르다(체재하다), 지속하다
   abide here / there : 여기, 거기서 살다
   abide in : ~ 에서 살다

   우리와 함께 머무르도록 해요.
   Abide with us.

   우리는 같은 장소에서 산다.
   We abide in the same place.

2) **abide** by : (약속 규칙 등을) 따르다, 지키다

   너의 최선을 다하고 그 일에(일이 되어가는 대로) 따르라.
   Do your best and abide by the event.

   당신은 약속을 지켜야 한다.
   You must abide by your promise.

3) **abide** + 명사 / to inf. : (주로 부정구문으로) 감수하다, 견디다

   훌륭한 가정주부는 불결함을 참지 못한다.
   A good housekeeper cannot abide dirt.

   그는 한 곳에서 오래 머무는 것을 견디지 못한다.
   He cannot abide to stay in one position for long.

파생어

명 abode : 거주지, 집

누추한 제 집에 오신 것을 진심으로 환영합니다.
You are most welcome to my humble abode.

002 accommodate

1) accommodate + 명사 : ~ 에게 편의를 제공하다

보트들은 선원들에게 편의를 제공하기 위한 시설이 특별히 갖추어져 있다.
Boats are specially equipped to accommodate the sailors.

2) accommodate + A with B : A에게 B를 마련해 주다

나는 그 낯선 이에게 음식과 숙박을 제공해 주도록 요청받았다.
I was asked to accommodate the stranger with food and lodging.

3) accommodate + 명사 : 숙박(수용)시키다

그 호텔은 500명의 손님을 수용할 수 있다.
The hotel can accommodate 500 guests.

4) accommodate + A to B : A를 B에 적응시키다

그는 그의 낡은 자동차를 그 달라진 도로 조건들에 순응시키려 애썼다.
He tried to accommodate his old car to the different road conditions.

5) accommodate oneself + to + 명사 : 자신을 ~에 맞추다, 적응하다

당신은 그 시골생활에 스스로를 맞추는 편이 좋겠다.
You had better accommodate yourself to the rural life.

그들은 새로운 환경에 스스로를 적응시켰다.
They have accommodated themselves to new surroundings.

6) be accommodated : 설비 가 갖추어져 있다

그 호텔은 설비가 잘 되어져 있다.
The hotel is well accommodated.

파생어

명 accommodation : 숙소, 시설, 협상, 숙박(비)

그 휴가 상품 비용에는 호텔 숙박(비)가 포함된다.
Hotel accommodation is included in the price of your holiday.

accounted - accounted

003 account

1) account + 명사 + (to be) + 보어 : ~를 ~라고 생각 하다, 간주하다

나는 그가 지각 있는 사람이라고 생각한다.
I account him (to be) a man of sense.

법적으로는 한 사람이 유죄로 입증될 때까지 무죄인 것으로 간주된다.
In a law, a man is accounted (to be) innocent until he is proved guilty.

**2) account for : 설명하다, 책임지다, 이유가 되다,
　　　　　　　　(비율을) 점하다, 상세히 보고하다**

그는 그 사고에 대해 설명했다.
He accounted for the accident.

중국은 지난 4년간 세계 원유 수요 증가의 40%를 차지했다.
China alone accounts for some 40 percent of global oil demand growth over the past four years.

나는 나의 부모님들에게 매달 용돈에 대해 상세히 보고한다.
I am to account to my parents for the monthly allowance.

그것이 그의 결석을 설명한다.
That accounts for his absence.

파생어
- 명 accountant : 회계사

004 accuse

1) accuse + 명사 : ~를 비난, 고발하다

누구도 그 아이를 비난할 수 없다.
No one can accuse the child.

2) accuse + A of B : A를 B의 혐의로 비난, 고발하다

그녀는 그를 자동차를 훔친 죄로 고발했다.
She accused him of stealing her car.

잔다르크는 마녀인 것으로 고발당했다.
Joan of Arc was accused of being a witch.

3) accuse + A as B : A를 B로서 비난, 고발하다

그는 그의 친구 제임스를 살인범으로 고발했다.
He accused his friend James as a murderer.

4) accuse + 명사 + that S + P : ~를 ~하다고 고발하다

그녀는 그가 자신의 자동차를 훔쳤다고 고발했다.
She accused him that he had stolen her car.

파생어

ⓜ accusation : 혐의 (제기), 비난, 고발, 기소

그는 그 문제들을 무시했다는 혐의를 부인했다.
He denied the accusation that he had ignored the problems.

005 acknowledge

1) **acknowledge + 명사 / V-ing / that S + P** : 인정하다, 마지못해 인정하다

   그는 그것의 정당함을 인정했다.
   He acknowledged the truth of it.

   그는 그 자신이 잘못했다고 인정했다.
   He acknowledged that he was wrong.

2) **acknowledge + 명사 + (to be) + 보어** : 인정하다, 마지못해 인정하다

   그는 그 남자를 적자로 인정했다.
   He acknowledged the man to be his legitimate child.

3) **acknowledge + A(명사) + as + B(명사)** : 인정하다, 마지못해 인정하다

   그는 그것이 맞다고 인정했다.
   He acknowledged it as (being) true.

파생어

명 acknowledgement : 인정

그는 그 문제들을 무시했다는 혐의를 인정했다.
He made acknowledgement of the accusation that he had ignored the problems.

006 add

1) **add + 명사** : ~ 를 더하다

   뉴욕에 사시는 거주자 분들은 8%의 부가세를 더 내기 바랍니다.
   Residents in New York, please add 8% sales tax.

2) **add + A to B** : A를 B에 더하다

   그는 차에 설탕을 첨가했다.
   He added sugar to tea.

3) **add to** : 증가시키다

   이것은 우리의 기쁨을 더해줄 것이다.
   This will add to our pleasure.

4) **add + that S + P** : 부연하여 말하다, 덧붙이다

   그는 작별을 고하였고 즐거운 방문이었다고 덧붙였다.
   He said good bye and added that he had had a pleasant visit.

파생어

- 명 **addition** : 덧셈, 추가된

  저희 회사 여러 차 종에 덧붙여 나온 최신 차 종이 출시 될 것이다.
  The latest addition to our range of cars will be released.

- 명 **additive** : 첨가물, 첨가제

  첨가물이 안 들어간 오렌지 주스가 선호된다.
  Additive-free orange juice is preferred.

007 address

1) **address + 명사** : ~에게 연설하다, 말을 걸다, 주소를 적다,
   ~에 적극적으로 대처하다

   그는 일동에게 연설하기 위해 일어섰다.
   He stood up to address an assembly.

   슬픈 표정을 한 한 남자가 기차 안에서 나에게 말을 걸었다.
   A man with a sad look on his face addressed me on the train.

   나는 편지의 주소를 할아버지 앞으로 적었다.
   I addressed a letter to my grandfather.

   그는 즉각 그 문제에 대처했다.
   He addressed the matter immediately.

2) **address + A as B** : A를 B로 칭하다

   당신은 그를 '장군'으로 불러야 한다.
   You are to address him as 'General'.

   우리는 왕을 '폐하'라고 부른다.
   We address the king as Your Majesty.

3) **address + A to B** : B에게 A를 전하다, 제출하다

   그는 친구에게 경고를 보냈다.
   He addressed a warning to his friend.

008 admit

1) admit + 명사 : ~를 인정하다, A에게 입장을 허가하다

이 표로 두 사람이 입장할 수 있다.
This ticket admits two persons.

2) admit + V-ing : ~하는 것을 인정하다

그는 자기가 그것을 했음을 인정하고 있다.
He admits having done it himself.

3) admit + that S + P : ~을 인정하다

그녀는 자기가 실수를 했다고 인정했다.
She admitted that she had made a mistake.

그들은 무엇을 손질해야 하고 손질하지 말아야 하는지를 결정하는 것이 아주 어렵다는 것을 인정한다.
They admit it is extremely difficult to determine what should and should not be retouched.

4) admit + 명사 + (to be) + 보어 : ~를 ~라고 인정하다

그는 그 실수를 자신의 것으로 인정했다.
He admitted the error to be his own.

5) admit + A + to / into + B : A를 B에 들어오도록 인정하다

우리는 우리 클럽에 외국인들을 입장시킨다.
We admit aliens into our club.

그는 3학년에 편입되었다.
He was admitted to the third-year class.

파생어

명 admission : 입장, 입학

009 advise

1) **advise + 명사 + to inf.** : ~에게 ~하도록 조언하다, 충고하다

   그는 나에게 거기에 가지 않는 것이 좋겠다고 말했다.
   He advised me not to go there.

2) **advise + that + S + (should) + R** : ~해야 한다고 충고하다

   우리는 그들에게 일찍 출발하라고 충고했다.
   We advised that they (should) start early.

3) **advise + A on B** : A에게 B에 관하여 조언하다

   그는 나에게 직업선택에 대하여 조언해 주었다.
   He advised me on the choice of a career.

파생어

- 명 **advice** : 조언, 충고

  우리는 법률적 조언을 구하라는 충고를 들었다.
  We were advised to seek legal advice.

010 afford

1) **afford + 명사** : ~를 제공하다, 산출하다

   미국은 여러 가지 종류의 광물을 산출한다.
   The U.S.A. affords minerals of various kinds.

   독서는 나에게 큰 즐거움을 준다.
   Reading affords great pleasure to me.

2) **afford + to inf.** : ~할 여유가 있다 (의문문, 부정문, 가정법에서)

   나는 새 차를 살 여유가 없다.
   I cannot afford to buy a new car.

파생어

- 형 **affordable** : 줄 수 있는, 입수 가능한, (가격이) 알맞은

  대도시에는 예산에 맞는 아파트가 거의 없다.
  There are few affordable apartments in big cities.

011 agree

1) agree to + 명사 : ~에 동의하다

나는 너의 계획에 동의할 수 없다.
I can't agree to your plan.

2) agree with + 명사 : ~에 일치하다

나는 부분적으로 당신과 일치한다.
I agree with you in part.

3) agree on + 명사 : ~에 대해 합의를 보다

우리는 이미 최소형 모델로 합의를 보았다.
We had already agreed on the smallest model.

4) agree + to inf. : ~하는 것을 동의하다

대통령은 기다리는 기자들에게 연설을 하는데 동의했다.
The President agreed to speak to the waiting journalists.

5) agree + that S + P : ~라는 것에 동의하다

대부분의 의사는 흡연이 해로운 습관이라는데 의견을 같이 한다.
Most doctors agree that smoking is a pernicious habit.

파생어

⑲ agreement : 협정, 합의

마침내 노사 간에 합의가 이루어졌다.
An agreement was finally reached between management and employees.

012 allow

1) allow + I.O.(명사) + D.O.(명사) : 'I.O.'에게 'D.O.'를 허락해주다

우리는 가정부에게 1주일에 하루 쉬게 한다.
We allow our maid one day off a week.

2) allow + 명사 + to inf. : ~가 ~하는 것을 허락하다

나는 네가 그렇게 행동하는 것을 허락할 수 없다.
I can't allow you to behave like that.

귀하의 앞으로의 문학적인 노력에 행운이 있기를 빌어마지 않습니다.
Please allow me to offer my best wishes for your future literary efforts.

3) be allowed + to inf. : ~하도록 허락되다

의장이 자기 후임자를 지명하는 것이 허용된다.
The chairman is allowed to designate his own successor.

이러한 정보가 없다면, 당신은 그 그룹과 함께 여행하는 것이 허락되지 않을 것이다.
Without this information, you will not be allowed to travel with the group.

4) allow for : ~을 고려하다, 참작하다

그 여행은 대체로 3주 걸리지만 악천후로 인한 지연을 참작해야 한다.
The journey usually takes 3 weeks, but you should allow for delays caused by bad weather.

파생어

⑲ **allowance** : 용돈, 비용, 허용량

의복 수당을 받으세요?
Do you get an allowance for clothing?

013 announce

1) **announce + A to B** : A를 B에게 알리다

   우리는 그녀의 죽음을 몇몇 친구에게만 알렸다.
   We have announced her death to some friends only.

2) **announce + that S + P** : ~라고 알리다, 발표하다, 고지하다

   그 우주 비행사가 9월에 이 나라를 방문한다고 발표되었다.
   It has been announced that the astronaut will visit this country in September.

3) **announce + A(명사) + as / to be + B** : A를 B로서 알리다, 발표하다, 고지하다

   브라운씨가 후원자로 발표되었다.
   Mr. Brown was announced as / to be the sponsor.

◯ 파생어

  명 **announcement** : 발표 (내용), 소식

  오늘의 평화 합의안 발표는 수 주 동안의 논의 뒤에 나온 것이다.
  Today's announcement of a peace agreement came after weeks of discussion.

014 annoy

1) **annoy + 명사** : ~를 귀찮게 하다, 성가시게 하다

그는 붉은 천으로 그 소를 성나게 하고 있었다.
He was annoying the bull with a red rag.

2) **be annoyed + at / by / about / to inf. / that S + P** : ~때문에 성가시다

나는 그 방해에 성가셨다.
I was annoyed at the interruption.

그들의 팬들은 이 모욕에 대해 화나고 속상해 있다.
Their fans are now upset and annoyed about this insultation.

그녀에 의해 성가심을 당하지 않는다면 훨씬 좋을 것이다.
It would be much better not to be annoyed by her.

제가 너무 자주 성평등을 거론하는 일에 짜증나시 나요?
Are you annoyed that I too often invoke gender equality?

그들은 그런 무례한 손님들을 다루도록 강요받아 짜증 났다.
They were annoyed to be forced to deal with such rude customers.

파생어

⑲ **annoyance** : 짜증, 약이 오름

우리로서는 정말 짜증스럽게도 그들이 결국은 안 오기로 결정을 했다.
Much to our annoyance, they decided not to come after all.

015 answer

1) answer + 명사 : ~에 답하다

문에 나가보아라.
please answer the door.

2) answer + I.O.(명사) + D.O.(명사) : 'I.O.'에게 'D.O.'를 대답해주다

그는 나에게 한마디도 대답해주지 않았다.
He didn't answer me a word.

3) answer + that S + P : ~라고 대답하다

아버지를 기쁘게 해 드리기 위해서는 어떤 일이라도 하겠다고 그녀는 대답했다.
She answered that she would do anything to please her father.

4) be answered : 응답되어지다

내 소망은 이루어졌다.
My wishes were answered.

5) answer for : ~의 책임을 지다, 대가를 치르다

당신은 그 죄에 대한 책임을 져야 한다.
You must answer for the crime.

6) answer to : ~에 일치하다, 부합하다

용모가 인상착의에 부합한다.
The features answer to the description.

파생어

형 answerable : 책임질 수 있는, 응답할 수 있는

016 anticipate

1) anticipate + 명사 : ~를 (낙으로 삼고) 기다리다, 기대하다, 예상하다, 앞서다

나는 해변휴가를 기대하고 있었다.
I anticipated a good vacation on the beach.

당신은 수입을 예상해서는 안 된다.
You should not anticipate your income.

간호사는 그의 모든 희망사항을 미리 알아채고 해 주었다.
The nurse anticipated all his wishes.

2) anticipate + V-ing : ~하는 것을 기대하다

나는 여행하는 동안에 많은 정보를 얻게 될 것을 기대한다.
I anticipate picking up all the information while traveling.

3) anticipate + that S + P : ~하는 것을 예상하다

누구도 안 좋은 일이 있게 되리라는 것을 예상하지 못했다.
Nobody anticipated that there would be anything wrong.

파생어

명 anticipation : 예상, 기대

그는 자기가 초대한 사람들보다 더 많은 사람들이 올 것을 예상하고 식품을 추가로 샀다.
He bought extra food in anticipation of more people coming than he'd invited.

법정 안은 기대감에 가득 차 있었다.
The courtroom was filled with anticipation.

017 appear

1) **appear** : 나타나다, 보이다

   〈속담〉 호랑이도 제 말하면 온다.
   Speak of the devil, and he will appear.

2) **appear + 형용사** : ~한 상태로 보이다

   그는 부유하게 보인다.
   He appears rich.

3) **appear + to inf.** : ~인 것처럼 보이다

   그녀는 많은 친구를 가지고 있는 것 같다.
   She appears to have many friends.

4) **it + appears + that S + P** : ~처럼 보이다

   그가 자살한 것처럼 보인다.
   It appears that he has committed suicide.

파생어

- (형) **apparent** : 분명한, 누가 봐도 알 수 있는

  그들의 헌신은 누가 봐도 분명했다.
  Their devotion was apparent.

- (명) **appearance** : 겉모습, 외모

  겉모습에 의한 판단은 오해의 소지가 있다.
  Judging by appearances can be misleading.

018 apply

1) apply + A to B : A를 B에 적용하다, 의뢰하다, 문의하다

우리는 해결책을 찾는 데 마음을 쏟았다.
We applied our minds to finding a solution.

그는 자신의 상처에 반창고(고약, 약제 붕대, 약제를 섞은 반죽 등)를 발랐다.
He applied a plaster to his wound.

그는 상당한 액수를 자선사업에 충당했다.
He applied a sum of money to charity.

그들은 증기를 항해에 응용하기 시작했다.
They started to apply steam to navigation.

2) apply to : ~에 적용되다

정기 구독에 한해서 할인이 적용된다.
Discounts apply to standing orders.

3) apply for : ~에 지원하다, ~을 신청하다

다른 자리에 지원해도 됩니까?
Can I apply for another one?

나는 영사에게 비자를 신청했다.
I applied to the Consul for a visa.

파생어

⑲ application : 지원서, 적용, 펴서 바름

법원에 제출한 그의 보석 신청은 기각되었다.
His application to the court for bail has been refused.

그 발명품은 산업 부문에서 폭넓게 응용될 수 있을 것이다.
The invention would have wide application in industry

⑲ appliance : 가정용 기기

그들은 세탁기, 식기세척기 등 대단히 다양한 가정용 기기를 판매한다.
They sell a wide range of domestic appliances—washing machines, dishwashers and so on.

⑲ applicant : 지원자

그 일자리에 지원자가 500명이 넘었다.
There were over 500 applicants for the job.

㉻ applicable : 해당 (적용)되는

그 양식의 많은 부분이 내게는 해당되지 않았다.
Much of the form was not applicable to me.

appointed - appointed

019 appoint

1) **appoint + 명사** : ~를 임명하다, 정하다

   사장은 새로운 비서를 임명했다.
   The boss appointed a new secretary.

   우리는 다음번 회의를 위한 시간과 날짜를 지정했다.
   We appointed the date and time for the next meeting.

2) **appoint + A(명사) + (to be / as) + B(명사)** : A를 B로 임명하다

   그들은 그를 의장으로 임명했다.
   They appointed him chairman.

3) **appoint + 명사 + to inf.** : ~가 ~하도록 명하다

   통치자는 사람들에게 의무를 다하도록 명했다.
   The governor appointed people to do the duty.

4) **appoint + that + S + (should) + R** : ~가 ~해야 한다고 정하다, 명하다

   신이 이것은 이루어져야 한다고 정하셨다.
   God appointed that it (should) be done.

○ 파생어

> 명 **appointment** : (특히 업무 관련) 약속, 임명
>   (책임 있는) 직위, 직책
>
> 난 3시에 치과에 예약이 되어 있다.
> I've got a dental appointment at 3 o'clock.
>
> 그의 교장 임명은 의심스럽다.
> His appointment as principal is doubtful.

020 appreciate

1) appreciate + 명사 : ~를(에) 감사하다, 감상(평가)하다, 이해하다

당신의 염려에 감사드립니다만 당신이 상관할 일이 아닌 것 같네요.
I appreciate your concern, but it's none of your business.

우리가 그 문헌을 연구하면 할수록 우리는 더욱더 그것을 쓴 사람들의 지혜를 (높이) 평가하게 된다.
The more we study the document, the more we appreciate the wisdom of the men who wrote it.

나는 당신의 어려움을 이해합니다.
I appreciate your difficulty.

2) appreciate + that S + P : ~을 이해하다, 인정하다

우리는 우리의 결론들이 잘못이었다는 것을 지금 이해(인정)합니다.
We appreciate now that our conclusions were wrong.

3) appreciate + V-ing : 행위에 대해 감사하게 생각하다

그 책을 한 권 받는다면 정말 고맙겠습니다.
I would very much appreciate receiving a copy of the book.

파생어

- (명) **appreciation** : 감탄, 감상, 공감, 감사

  그녀는 좋은 음악에 별로 감탄하지 않는다.
  She shows little appreciation of good music.

- (명) **appreciator** : 진가를 이해하는 사람, 감상자, 감사하는 사람

  동양미술의 이해자가 절실히 필요하다.
  An appreciator of oriental art is badly needed.

- (형) **appreciative** : 고마워하는, 감탄하는

  회사가 나의 노고에 대해 매우 고마워했다.
  The company was very appreciative of my efforts.

021 approve

1) approve + 명사 : ~를 승인하다, 인가하다, 찬성하다

러시아 의회는 급진적 경제 개혁 프로그램을 승인했다.
The Russian Parliament has approved a program of radical economic reforms.

2) approve of + 명사 : ~를(제안 등을) 반기다, 찬성하다

모든 사람이 그 축제를 반기는 것은 아니다.
Not everyone approves of the festival.

파생어

명 **approval** : 인정, 찬성, 승인

그녀는 아버지로부터 인정을 받기를 간절히 원했다.
She desperately wanted to win her father's approval.

저는 제 동업자의 승인 없이는 무엇에도 동의할 수 없습니다.
I can't agree to anything without my partner's approval.

argue

1) **argue with** + 사람 : ~와 논쟁하다

   나는 당신과 논쟁하고 싶지 않지만, 나는 당신이 비현실적이라고 생각한다.
   I won't argue with you, but I think you're being impractical.

2) **argue** + **that S + P** : ~을 주장하다

   콜럼버스는 서쪽으로 가면 인도에 도달한다고 주장했다.
   Columbus argued that he could reach India by going west.

3) **argue** + **명사 / 명사 + (to be) + 보어** : ~를 논하다, 입증하다, 보이다

   그의 예의범절은 바르게 자랐음을 보여준다.
   His manners argue good upbringing.

   그것은 그를 악한사람으로 입증해 준다. (그것으로 그가 나쁜 사람임을 안다.)
   It argues him (to be) a villain.

파생어

argument : 논쟁, 말다툼, 논거, 주장

약간의 열띤 논쟁 끝에 마침내 결정이 내려졌다.
After some heated argument, a decision was finally taken.

그녀의 주된 논거는 도덕적인 것이었다.
Her main argument was a moral one.

023 arrange

1) arrange + 명사 : ~를 정리하다, 정하다, 편곡(개작)하다

그녀는 약간의 짬이 날 때 마른 꽃을 정리하는 것을 즐긴다.
When she has a little spare time, she enjoys arranging dried flowers.

그녀는 약속을 금요일 오후 4시 15분으로 정했다.
She arranged an appointment for Friday afternoon at four-fifteen.

2) arrange + to inf. : (약속 계획 따위를) ~하기로 정해놓다

나는 금요일 아침에 그를 만나기로 했다.
I've arranged to see him on Friday morning.

3) arrange for : ~을 마련하다

우리는 이곳에서 우리를 태워갈 버스를 마련해 놓았다.
We have arranged for the bus to pick us up here.

파생어

⑲ arrangement : 준비, 마련, 방식, 합의, 배열

누군가가 당신을 공항에 마중 갈 수 있도록 주선해 놓겠어요.
I'll make arrangements for you to be met at the airport.

가격에 대해서는 우리가 합의를 볼 수 있습니다.
We can come to an arrangement over the price.

그녀는 꽃꽂이 기술이 있다.
She has the art of flower arrangement.

024 ask

1) ask + 명사 : ~를(에게) 묻다, 요청하다

많은 사람들이 그 사고에 대해 나에게 물었다.
Many people asked me about the accident.

2) ask + I.O.(명사) + D.O.(명사) : 'I.O.'에게 'D.O.'를 부탁하다, 요청하다

나는 당신께 한 가지 호의를 부탁드리고 싶습니다.
I wish to ask you a favor.

3) ask + 명사 + wh- / if + S + P : ~에게 ~ 인지 아닌지 물어보다

그에게 아는지 물어보아라.
Ask him whether / if he knows.

4) ask for + 명사 : ~를 요구하다

그는 급료 인상을 요청하러 갔다.
He went to ask for a raise.

5) ask + to inf. : ~할 것을 요청하다

나는 용서받을 것을 요청해야 한다.
I must ask to be excused.

6) ask + A for B : A에게 B를 요구하다, 요청하다

사장한테 하루 휴가를 달라고 할 것이다.
I'll have to ask the boss for a day off.

옛날에, 만족을 모르던 말 한 마리가, 더 길고 더 날씬한 다리와 백조 같은 목과 그의 위에서 자라는 안장을, 신에게 요청했다.
A long time ago, a dissatisfied horse asked the gods for longer, thinner legs, a neck like a swan, and a saddle that would grow upon him.

7) ask + 명사 + to inf. : ~에게 ~할 것을 요청하다

나는 그에게 더 오래 머물 것을 요청했다.
I asked him to stay longer.

8) ask + that + S + (should) + R : ~해야 한다고 요구하다

누구도 그녀가 결혼해야 한다고 요구하지 않았다.
No one asked that she (should) marry him.

025 assemble

1) **assemble** + 명사 : ~를 모으다, 집합시키다, 조립하다

   많은 유명 인사들이 정원에 모여졌다.
   Many distinguished persons were assembled in the garden.

   그들은 부품들을 조립하여 하나의 기계장치를 만든다.
   They assembled parts into a unit.

2) **assemble** : 모이다, 회합하다

   우리는 축제를 위해서 모였다.
   We assembled for the feast.

파생어

명 **assembly** : 의회, 입법 기관, 집회, (차량·가구 등의) 조립

유엔 총회가 취소되었다.
The UN General Assembly has been canceled.

그는 그 쟁점에 대해 대중 집회에서 연설을 하기로 되어 있었다.
He was to address a public assembly on the issue.

우리는 자동차 조립 공장을 지을 것이다.
We will build a car assembly plant.

026 **assess**

assessed - assessed

1) assess + 명사 : ~를 평가하다

그 손해는 백 달러로 평가되었다.
The damages were assessed at 100 dollars.

2) assess + I.O.(명사) + D.O.(명사) : 'I.O.'에게 'D.O.'를 할당하다

각 회원들에게는 여행경비로 일 달러씩 할당될 것입니다.
Each member of the club will be assessed one dollar to pay for the trip.

027 **assign**

assigned - assigned

1) assign + 명사 : ~를 할당하다, (임무 등을) 부여하다, 지명하다

나의 일은 각자에게 일을 할당하는 것이다.
My job is to assign work to each man.

2) assign + 명사 + to inf. : ~에게 ~하도록 명하다

그는 내게 집을 지키도록 명했다.
He assigned me to watch the house.

3) assign + I.O.(명사) + D.O.(명사) : 'I.O.'에게 'D.O.'를 배당하다

그는 우리에게 그 호텔의 가장 좋은 방을 배정해 주었다.
He assigned us the best room of the hotel.

○ 파생어

(명) **assignment** : 과제, 임무, 배치

여러분은 매 학기 세 건의 과제물을 작성하여야 할 것이다.
You will need to complete three written assignments per semester.

028 associate

1) associate + A with B : A를 B와 연관 짓다, 연루시키다

우리는 종종 선물을 주는 것을 성탄절과 연관 짓는다.
We often associate giving presents with Christmas.

2) be associated with : ~와 연관되다, 연루되다

나는 커다란 법률회사에서 그와 연루되어 있었다.
I was associated with him in a large law firm.

3) associate with + 명사 : ~와 교제하다

사람의 성격은 그가 교제하는 사람들의 종류로 알 수 있다.
A man's character can be measured by the types of men with whom he associates.

파생어

명 **association** : 협회, 연계, 유대

당신은 어디 전문직 협회나 사업자 협회에 소속되어 있습니까?
Do you belong to any professional or trade associations?

그녀는 그 시인 그룹과의 유대를 통해 유명해졌다.
She became famous through her association with the group of poets.

029 assume

1) assume + 명사 / to inf. : (권력, 책임 등을) 취하다, 떠맡다

Cross씨는 4명의 이사로 구성된 팀과 함께 대표자 자리를 맡게 될 것이다.
Mr. Cross will assume the role of Chief Executive with a team of four directors.

그녀는 쾌활한 척했다.
She assumed an air of cheerfulness.

2) assume + 명사 + to be + 보어 : ~가 ~하다고 추정(추측)하다, 가정하다

그는 부자로 추측된다.
He is assumed to be wealthy.

3) assume + that S + P : ~을 추정(추측)하다, 가정하다

그 두 대륙이 유사하다고 가정하는 것은 잘못된 생각이다.
It is a misconception to assume that the two continents are similar.

4) assuming + that S + P : ~을 가정하면

그게 정말이라면, 이제 우리는 무엇을 해야만 하는가? (어떻게 해야만 하는가?)
Assuming that it is true, what should we do now?

파생어

assumption : 추정, 상정

우리는 서양 철학의 기본적인 일부 추정 사항들에 대해 이의를 제기할 필요가 있다.
We need to challenge some of the basic assumptions of Western philosophy.

030 assure

1) assure + I.O.(명사) + D.O.(명사) : 'I.O.'에게 'D.O.'를 보장 해주다

그녀의 업적은 역사책 속에서 그녀에게 한 자리를 보장했다.
Her achievement has assured her a place in the history books.

2) assure + 명사 + that S + P : ~에게 ~을 보장 해주다

나는 너에게 그의 결백을 보장한다.
I assure you that he is innocent.

3) assure + A of B : A에게 B를 보장하다

그는 나에게 진심의 원조를 보장했다.
He assured me of his hearty assistance.

4) rest assured + that S + P : ~에 대해 안심하다

이런 일이 다시 일어나지 않는다는 사실에 대해 안심해도 됩니다.
You may rest assured that this will not happen again.

파생어

assurance (명) : 확언, 장담, 자신감

그렇지 않다는 거듭된 장담들에도 불구하고, 실업이 계속 증가하고 있는 것 같다.
Unemployment seems to be rising, despite repeated assurances to the contrary.

그에게서는 편안한 자신감과 함께 차분한 분위기가 느껴졌다.
There was an air of easy assurance and calm about him.

031 attempt

1) **attempt + 명사** : ~를 시도하다, 꾀하다

   나는 당신이 어려운 일을 시도하는 것을 원치 않는다.
   I don't want you to attempt a difficult task.

2) **attempt + to inf.** : ~하는 것을 시도하다

   우리가 그런 일을 시도한 유일한 시기는 필라델피아에 있었을 때였다.
   The only time that we attempted to do something like that was in the city of Philadelphia.

3) **attempt + V-ing** : ~하는 것을 꾀하다

   우리는 적의 전선을 무너뜨리는 것을 꾀했다.
   We attempted breaking the lines of the enemy.

032 attend

1) attend + 명사 : ~(회의 등)에 참가하다, 출석하다
~(교육기관, 교회 등)을 다니다

그들은 함께 펜실베니아 대학교에 다녔다.
They attended college together at the University of Pennsylvania.

그 회의는 많은 나라로부터 온 재정 각료들에 의해 출석 되어질 것이다.
The meeting will be attended by finance ministers from many countries.

2) attend + 명사 : ~를 돌보다, 동행(동반)하다

그는 열이 동반되는 감기를 가지고 있는 것으로 보인다.
He seems to have a cold attended with fever.

그 간호사가 환자를 돌볼 것이다.
The nurse will attend the patient.

3) attend on + 명사 : ~의 시중 들다

그는 왕자의 시중을 들게 되어있다.
He is supposed to attend on the prince.

4) attend to + 명사 : ~에 주의하다, ~를 보살피다

중요한 일은 부상자들을 돌보는 것이다.
The main thing is to attend to the injured.

파생어

(명) attendance : 출석, 참석

교사는 반드시 학생들의 출석을 계속 기록해야 한다.
Teachers must keep a record of students' attendances.

(명) attention : 주의, 주목, 관심, 흥미

나는 내 주장의 허점에 사람들의 주의가 쏠리지 않도록 하려고 했다.
I tried not to draw attention to the weak points in my argument.

(명) attendant : 종업원, 안내원

그는 비행기 승무원으로 일하고 싶어 한다.
He wants to work as a flight attendant.

033 attach

1) **attach + A to B** : A를 B에 붙이다

   그는 그 트렁크에 그의 이름을 붙였다.
   He attached his name to the trunk.

   그는 처음에는 자유당원이었다.
   He first attached himself to the Liberals.

   그는 사람들을 그에게 들러 붙이는(따르게 하는) 재능이 있다.
   He has the gift of attaching people to him.

   햄릿은 그의 아버지에게 깊이 애착을 가지고 있었다.
   Hamlet has been deeply attached to his father.

   당신은 그의 말에 중요성을 붙입니까?(즉 중시하십니까?)
   Do you attach much importance to what he says?

파생어

attachment : 애착, 믿음, 부착, 부가물, 임시 근무, (이메일의) 첨부 파일

민주 정부에 대한 대중의 지지가 그 쿠데타가 성공하는 것을 막았다.
The popular attachment to the democratic government was what prevented the coup from succeeding.

1981년 이후에 제작된 모든 승용차에는 안전 제어 장치의 부착을 위한 자리가 만들어져 있다.
All cars built since 1981 have points for the attachment of safety restraints.

availed - availed

034 avail

1) **avail** : 소용이 되다 (보통 부정구문에서)

   행동이 없는 말은 소용이 없다.
   Talk will not avail without work.

2) **avail + 명사** : ~ 에게 소용이 되다 (보통 부정구문에서)

   그것은 너에게 거의 소용이 없을 것이다.
   It will avail you little or nothing.

3) **avail oneself of** : ~을 이용하다

   우리는 이 기회를 이용해야 한다.
   We should avail ourselves of this opportunity.

파생어

형 **available** : 구할(이용할) 수 있는, 시간(여유)이 있는

추가 내용은 요청하시면 이용하실 수 있습니다.
Further information is available on request.

오늘 오후에 그분이 시간이 될까요?
Will she be available this afternoon?

035 average

1) **average + 명사** : ~를 평균값으로 하다.

   그 작가는 한 달 평균 3편의 이야기를 쓴다.
   The writer averages 3 stories a month.

2) **average out (at something)** : 결국 평균이 (…이) 되다

   비용은 결국 평균 1인당 6파운드 정도가 될 것이다.
   The cost should average out at about £6 per person.

3) **명사 average**

   (1) **strike / take + an average** : 평균을 내다, 평균하다

   A와 B를 평균 내면 적정 값을 얻게 될 것이다
   Strike an average between A and B, and you will get a proper value.

   (2) **an / the + average** : 평균하여, 대략

036 awake

1) **awake** : 잠깨다

   그는 마침내 위험에 눈을 떴다.
   He, at last, awoke to the danger.

   어떤 날 잠을 깨보니 그는 그의 꿈에 더 가까이 있음을 알았다.
   One morning he awoke to find himself nearer his dream.

2) **awake + 명사** : ~를 깨우다

   한 밤중의 총성이 나를 깨웠다.
   The gunshot awoke me in the middle of the night.

037　back

1) back + 명사 : ~를 후원(지지)하다, 역행시키다

많은 그의 친구가 그 계획을 지지했다.
Many of his friends backed his plan.

나의 작은 농장은 뒤에 숲이 있다.
My little farm is backed by woods.

나는 서서히 차를 후진시켜 차고에 넣었다.
I slowly backed my car into the garage.

038　ban

1) ban + 명사 : ~를 금지하다

이 호수에서 수영은 금지되어 있다.
Swimming is banned in this lake.

2) ban + 명사 + from + V-ing : ~가 ~하는 것을 막다

아버지는 내가 밤새 노는 파티에 가는 것을 금하신다.
Father bans me from joining any overnight party.

039 be

was/were - been

1) be : 존재하다

나는 생각한다. 그러므로 나는 존재한다.
I think, therefore I am.

사느냐 죽느냐 그것이 문제로다.
To be or not to be ; that is the question.

2) be + 전치사 + 명사 : ~에 있다, 존재하다

나는 그 파티에 참석해 있었다.
I was at the party.

그는 건강한 상태이다.
He is in good health.

3) 전치사 + 명사 + be + S : ~에 S가 있다

죽은 사람 가운데 그녀의 남편도 있었다.
Among the dead was her husband.

4) There + be + S : S가 존재하다

그녀가 무죄라는 확실한 증거가 있다.
There is good evidence that she is innocent.

5) be + 형용사 : ~한 상태이다

그 살찐 고양이는 하얗다.
The fat cat is white.

6) be + 명사 : ~ 이다, ~가 되다

아는 것이 힘이다.
Knowledge is power.

국회의원은 입법자이다.
Congressmen are lawmakers.

7) be + V-ing : ~하는 것이다

보는 것이 믿는 것이다.
Seeing is believing.

핵심동사 콜로케이션

8) **be** + V-ing / p.p : (남을) ~한 상태로 만들다, (주어가) ~한 상태가 되다

그의 강의는 지루했다.
His lecture was boring.

나는 아주 지루했다.
I was very bored.

9) **be** + to inf. : ~하는 것이다 (운명, 예정, 가능, 소망, 의도, 명령)

나의 바람은 그녀를 다시 만나는 것이다.
My wish is to meet her again.

우리의 목표는 적을 패배시키는 것이다.
Our goal is to defeat the enemy.

우리는 7시에 모이기로 되어있다.
We are to meet at 7.

아무도 보이지 않았다.
No one was to be seen.

너는 나를 따라와야 한다.
You are to follow me.

당신이 새로운 직업에 성공하기를 원한다면 당신은 지금 열심히 일해야 한다.
If you are to succeed in your new job, you must work hard now.

이 건물을 나가서는 안 된다.
You are not to leave this building.

그는 고향에 다시는 못 돌아갈 운명이었다.
He was never to see his home again.

10) **be** + that / wh- + S + P : 'that / wh-'는 것이다

문제는 그가 그녀를 좋아한다는 것이다.
The trouble is that he likes her.

우리들의 문제는 그와 어떻게 연락하느냐 하는 것이다.
Our problem is how we should get in touch with him.

그녀는 예전의 그녀가 아니다.
She is not what she used to be.

11) be aware

(1) be aware of : ~을 알고 있다

당신들은 적절한 협상 책략을 알고 있어야 한다.
You should be aware of proper negotiation tactics.

(2) be aware (of) + wh- + (S) + P : ~을 알고 있다

나는 당신이 그들에게 무엇을 가르치는지 알고 있다.
I am aware (of) what you teach them.

(3) be aware + that S + P : ~을 알고 있다

나는 그것이 위험하다고 잘 알고 있었다.
I was well aware that it was dangerous.

> **파생어**
>
> 명 awareness : (무엇의 중요성에 대한) 인식 (관심)
>
> 인터넷이 어떻게 사용될 수 있는지에 대해 학생들이 인식을 키우는 것이 중요하다.
> It is important that students develop an awareness of how the Internet can be used.

12) be conscious

(1) be conscious of + 명사 : ~를 알다

그는 그 방안에 있는 나의 존재를 알지 못했다.
He was not conscious of my presence in the room.

(2) be conscious of + V-ing : ~하는 것을 알다

나는 몸이 공중으로 들어올려지는 것을 알았다.
I was conscious of being lifted from the ground.

(3) be conscious + that S + P : ~을 알다

그녀는 몸이 쇠약해지는 것을 알았다.
She was conscious that her strength was failing.

(4) be conscious (of) + wh- S + P : ~을 알다

당신은 남들이 그런 행동에 대해 무엇이라고 생각할지 결코 알지 못한다.
You are never conscious (of) what others will think about such conduct.

> **파생어**
>
> 명 **consciousness** : 의식, 자각
>
> 그녀는 의식을 회복하지 못하고 그다음 날 사망했다.
> She did not regain consciousness and died the next day.

13) be likely

(1) be likely + to inf. : ~할 것 같다, ~할 가능성이 크다

당신은 방해 받지 않을 것 같은 매우 조용한 장소로 가라.
Go to a fairly quiet place where you are not likely to be disturbed.

(2) it is likely + that S + P : ~일 것 같다

그가 올 것 같지 않다.
It is not likely that he will come.

> **파생어**
>
> 명 **likelihood** : 가능성
>
> 그가 너를 위해 올 가능성이 매우 크다.
> There is much likelihood that he will come for you.

14) be worth

(1) be worth + 명사 : ~의 가치가 있다.

그는 적어도 백만 달러의 가치를 가지고 있다.
He is worth at least a million dollars.

그것은 얼마의 가치가 있습니까?
How much is it worth?

그것이 그런 수고를 할 가치가 있습니까?
Is it worth all the trouble?

(2) be worth + V-ing : ~할 만한 가치가 있다

그 책은 읽을 만한 가치가 있다.
The book is worth reading.

이런 삶은 정말로 살아 볼 가치가 있다.
This life is really worth living.

그 민간단체에서 일하는 것은 가치 있다.
It is worth working for the NGO. (가주, 진주구조이나 비문)

파생어

- (형) **worthy** : ~을 받을 만한, (~을 받을) 자격이 있는, 훌륭한

  그는 자신이 그녀를 얻을 자격이 없다고 느꼈다.
  He felt he was not worthy of her.

  우리가 모금하는 돈은 아주 훌륭한 대의를 위해 쓰일 것이다.
  The money we raise will be going to a very worthy cause.

- (형) **trustworthy** : 믿을 만한

- (형) **roadworthy** : (자동차가) 도로 위를 달릴 만한(달릴 수 있는)

040 bear

1) bear + 명사 : ~를 낳다, 지탱하다, 참다, 지니다

그의 노력이 마침내 열매를 맺었다.
His efforts at last bore fruit.

그는 영국인 어머니에게서 태어났다.
He was borne by an English woman.

얼음이 너무 얇아 네 무게를 지탱할 수 없다.
The ice is too thin to bear your weight.

그의 비서는 그의 화를 견뎌내야 했다.
His secretary has to bear the brunt of his temper.

그 편지는 영국우표를 지니고 있다.
The letter bears a British stamp.

2) bear + to inf. : ~하는 것을 견디다

차마 그것을 눈뜨고 볼 수 없다.
I cannot bear to see it.

3) bear + I.O.(명사) + D.O.(명사) : 'I.O.'에게 'D.O.'를 낳아 주다
(누구에게 악의 등을 품다)

너에게 아무런 원한도 품지 않는다.
I bear you no grudge.

그녀는 그에게 다섯 아이들을 낳아 주었다.
She has born him five children.

4) bear + V-ing : ~하는 것을 견뎌내다

이 옷감은 빨래당하는 것을 견뎌낸다. (세탁할 수 있다)
This cloth will bear washing.

041 beat

1) beat + 명사 : ~를 때리다, 치다, 물리쳐 이기다, 앞서가다

그 새는 날개 짓을 매우 빠르게 한다.
The bird beats its wings so fast.

그는 융단에서 먼지를 털어 낸다.
He beats the dust out of the carpet.

너를 심하게(응아를 싸도록) 패줄 것이다.
I will beat the shit out of you.

교통신호보다 앞서 가지 마라.
Don't beat the traffic signals.

스포츠로서 요트를 능가하는 것은 없다.
Nothing can beat yachting as a sport.

2) 관용표현

문을 두드리지 마세요.
Stop beating at the door.

비가 창문에 세차게 부딪히고 있었다.
The rain is beating against the window.

042 beckon

1) beckon + 명사 : ~에게 손짓하다

나는 그에게 오라고 손짓했다.
I beckoned him to come over.

2) beckon : 부르다

푸른 바다가 부른다.
The blue sea beckons.

> **파생어**
> ⓐ beckoner : (손짓·몸짓으로) 부르는 사람, 유혹자

043 become

1) become + 형용사 : ~한 상태가 되다

그의 호흡은 불규칙해졌다.
His breathing became irregular.

2) become + 명사 : ~가 되다, 어울리다

그는 사업가가 되었다.
He became a businessman.

이 코트가 내게 어울리니?
Does this coat become me?

불평하다니 자네답지 않아.
It doesn't become you to complain.

3) what become of : (what 을 주어로 하여) 어떻게 되다

그가 어떻게 되었지?
What has become of him?

그 아기가 어떻게 될지 알 수가 없다.
I don't know what will become of the baby.

044 beg

1) beg + 명사 : ~를 빌다, 구하다

당신의 용서를 구합니다. (실례합니다.)
I beg your pardon.

cf. 끝을 올려 말해 → "다시 한 번 말씀 해주시겠습니까?" (=Pardon?)

2) beg + 명사 + to inf. / that S + P : ~에게 ~할 것을 간절히 바라다

나는 당신에게 앉아주기를 바랍니다.
I beg you to sit down.

저는 당신께서 사실을 말해주시기를 바랍니다.
I beg that you will tell the truth.

파생어

(형) **beggar** : 거지

거지는 거지를 시기하고 시인은 시인을 시기한다.
Beggar is jealous of beggar and poet of poet.

(동) **beggar** : 가난하게 만들다

왜 내가 자네 때문에 거지가 되어야 하나?
Why should I beggar myself for you?

045 believe

1) believe + 명사 : ~를 믿다, 신뢰하다

나는 그의 경건함을 믿지 않는다.
I don't believe his piety.

2) believe in + 명사 : ~의 존재(가치)를 믿다

나는 신의 존재를 믿는다.
I believe in God.

3) believe + that S + P : ~하다고 믿다

우리는 네가 학교에서 열심히 공부한 것처럼 직장에서도 열심히 일하리라 믿는다.
We believe your future career will benefit from the same effort that you've devoted to your academic work.

예를 들어, 한 어린 소년은 그가 코 때문에 매력적이지 못하다고 믿을 수 있다.
A young boy, for example, may believe that he is unattractive because of his nose.

나는 그가 말한 것을 믿을 수 없다.
I can't believe what he has said.

4) S + be believed + to inf. : ~라고 믿어지다

점들은 또한 미래를 예언해 준다고 믿어진다.
Moles are also believed to foretell the future.

파생어

- 명 **belief** : 신념, 확신

  자기가 하는 일에 대한 그의 열정적인 신념이 나는 존경스럽다.
  I admire his passionate belief in what he is doing.

- 형 **believable** : 그럴듯한, 믿어질 수 있는

  그녀의 해명은 분명 그럴듯하게 들렸다.
  Her explanation certainly sounded believable.

046 belong

1) belong + here / to / in / on... : 소속되다, 속해있다

이 책은 내 것이다.
This book belongs to me.

그녀는 여기 소속이 아니다.
She doesn't belong here.

이 컵들은 선반 위에 놓여 있는 것들이다.
These cups belong on the shelf.

그는 사업가이다.
He belongs in the business.

파생어

 belongings : 소유물

benefited/benefitted - benefited/benefitted

047 benefit

1) **benefit** : 득을 얻다, 혜택 받다

    그녀는 그 약으로 효험을 보았다.
    She benefitted from the medicine.

    그 지역은 그 새 정책으로 득을 볼 것이다.
    The community will benefit from the new policy.

2) **benefit + 명사** : ~에게 득을 주다

    신선한 공기가 너에게 득이 될 것이다.
    The fresh air will benefit you.

파생어

- (명) **beneficence** : 선행, 은혜, 자선

    가난한 사람에 대한 자선
    beneficence to the poor

- (명) **beneficiary** : 수혜자

    소득세 삭감의 주된 수혜자는 누가 되죠?
    Who will be the main beneficiary of the cuts in income tax?

- (형) **beneficial** : 유익한, 이로운

    이사회에 어떤 질문을 하는 것이 유익할 것이라고 당신은 생각하나요?
    What questions do you think would be beneficial to ask the board of directors?

- (형) **beneficent** : 도움을 주는, 선을 베푸는, 친절한

    그는 자비심 많은 노인으로 파리 한 마리 해치려 하지 않았다.
    He was a beneficent old man and wouldn't hurt a fly.

048 bet

1) **bet + 명사** : ~를 걸다

   그들은 그 검은 말에 엄청난 돈을 걸었다.
   They betted a great deal on the black horse.

   당신의 마지막 돈까지 걸어도 좋다. (확실하다)
   You can bet your bottom dollar.

2) **bet + I.O.(명사) + D.O.(명사)** : 'I.O.'에게 'D.O.'를 걸다

   당신에게 내가 가진 모든 것을 걸겠다.
   I will bet you all I have.

3) **bet + A(명사) + B(명사) + that S + P** : ~에 대하여 A에게 B를 걸다

   그가 잊었다는 사실에 대해 너에게 일 파운드 걸겠다. (3중 목적어 용법)
   I bet you a pound that he has forgotten.

4) **I bet / you bet ...** : 확실하다

   그가 옳은 것이 확실하다.
   I bet he is right.

   확실하다. 정말이다.
   You bet.

betrayed - betrayed

049 betray

1) betray + 명사 : ~를 배반하다

내가 누군가에게 그의 신뢰를 배반하지 않겠다고 말할 때, 나는 내 말을 지킨다.
When I tell someone I will not betray his confidence, I keep my word.

2) betray A + (to + B) : A를 (B에게) 누설하다

비밀을 아무개에게 누설한다는 것은 무엇을 의미하는가?
What does it mean to betray a secret to a person?

3) betray + 명사 / that절 / 명사 + (to be) + 보어 : ~임을 나타내다

그녀는 그의 얼굴을 관찰했지만 그것은 아무것도 드러내지 않았다.
She studied his face, but it betrayed nothing.

○ 파생어

⑲ betrayal : 배신, 배반

나는 그녀의 행동들을 내 신뢰에 대한 배신으로 보았다.
I saw her actions as a betrayal of my trust.

⑲ betrayer : 매국노, 배신자

이혼은 파괴자고, 배신자이며, 남의 마음을 아프게 하는 것이다.
Divorce is the destroyer, the betrayer, the heartbreaker.

bewared - bewared

050 beware

1) beware of + 명사 : ~를 조심하다

소매치기를 조심해라.
Beware of pickpockets.

2) beware + that S + P : ~을 조심하다

그를 화나게 하지 않도록 조심해라.
Beware that you do not anger him.

084 최우선 영단어

051 bid

1) bid + 명사 + (to) inf. : ~에게 ~하라고 명령하다

그는 하인에게 그 소년을 방 안으로 불러들이라고 명령했다.
He bade the servant call the boy into the room.

2) bid + 명사 + farewell / welcome / goodbye : ~에게 작별 등을 고하다

그는 우리에게 작별을 고했다.
He bade us farewell.

3) bid + on / against / for : 입찰하다

그들은 그 새 건물에 입찰했다.
They bid on the new building.

누군가가 그 보다 비싼 값을 입찰했다.
Someone was bidding against him.

그녀는 그 테이블을 사려고 좋은 값을 불렀다.
She bid a good price for the table.

052 blame

1) be to blame : 비난 받을 책임이 있다

우리는 당신이 비난받을 책임이 없다고 생각한다.
We consider that you are not to blame.

2) blame + 명사 : ~를 비난하다, ~탓으로 돌리다

그를 책망하지 마라.
Don't blame him.

3) blame + A for B : B의 이유로 A를 비난하다

그들의 부모가 저지른 비행에 대해 그들을 탓하는 것은 공정하지 못하다.
It's not fair to blame them for their parent's misdeeds.

053 blow

1) **blow** : 불다, 불어 날려지다

   바람이 세게 분다.
   It is blowing hard.

   우리는 맞바람을 맞고 있다.
   The wind is blowing against us.

   서류들이 불어 날렸다.
   The papers blew off.

   모래 먼지가 갈라진 틈으로 불어 들어왔다.
   Sand dust blew in through the crevices.

   경적은 정오에 울린다.
   The whistle blows at noon.

2) **blow + 명사** : ~를 불다

   그는 뿔피리를 분다.
   He blows a horn.

   나는 풍선 부는 것을 좋아합니다.
   I like to blow bubbles.

   바람이 커튼을 불어 날렸다.
   The wind blew the curtains.

   누구에게도 득이 되지 않게 부는 바람은 없다.
   It is an ill wind that blows nobody any good.

3) **blow + up / off / out** : 불어 일으키다, 부풀게 하다, 폭파하다, 불어서 끄다

   불씨를 불어 살려서 불을 키우자.
   Let's blow up the fire.

   그는 먼지를 불어서 털어냈다.
   He blew the dust off.

   돌풍에 촛불이 불어 꺼졌다.
   The candle was blown out by a gust of wind.

054 blur

1) blur : 흐려지다

그녀의 눈은 눈물로 흐려졌다.
Her eyes blurred with tears.

2) blur + 명사 : ~를 흐릿하게 하다

연기는 경치를 흐리게 했다.
Smoke blurred the landscape.

그 인쇄는 다소 흐릿하다.
The printing is somewhat blurred.

파생어

형 **blurry** : 흐릿한, 모호한

흐릿하고 일그러진 사진들
blurry, distorted photographs

055 boast

1) **boast of** : 자랑하다

   그는 결코 성공을 자랑하지 않는다.
   He never boasted of his success.

   그녀는 그 상을 탄 것을 자랑했다.
   She boasted of having won the prize.

2) **boast + that S + P** : ~을 자랑하다

   그는 자기가 무찌르지 못할 자가 없다고 자랑했다.
   He boasted that there was nobody he could defeat.

3) **boast + 명사** : ~를 자랑거리로 소유하다

   그 마을은 멋진 성이 자랑거리이다.
   The village boasts a fine castle.

파생어

형 **boastful** : 뽐내는, 자랑하는

나는 뽐내는 것처럼 들리지 않으면서 나의 장점들을 강조할 수 있도록 애썼다.
I tried to emphasize my good points without sounding boastful.

056 bother

1) bother + 명사 : ~를 귀찮게 하다, 괴롭히다

일하는 동안은 나를 귀찮게 하지 마라.
Do not bother me while I work.

그런 문제로 골치 아프지 마라.
Stop bothering your head about it.

2) bother + to inf. : ~하는 수고를 하다

나를 위해 일부러 도시락을 만드는 수고를 하지 마세요.
Don't bother to fix a lunch for me.

3) bother : 골치 아파하다

나는 그런 일에 골치 아파하지 않습니다.
I don't bother with such things.

○ 파생어

(형) bothersome : 골치 아프게 하는

057 break

broke - broken

1) break + 명사 : ~를 깨뜨리다, 부수다, 꺾다, 타파하다, 어기다, 길들이다

그는 나무에서 가지를 하나 꺾었다.
He broke a branch off the tree.

그 자동차의 속도가 모든 기록을 깼다.
The speed of the car has broken all records.

약속을 깨지 마세요.
Do not break your promise.

내 마음을 아프게 하지 마세요.
Do not break my heart.

이 백 달러 지폐를 잔돈으로 바꾸어주세요.
Will you please break this one hundred dollar bill?

누가 이 암호를 해독할 수 있는가?
Who can break this code?

그는 그 야생마를 안장에 길들일 수 있다.
He can break the wild horse to the saddle.

이 신발은 쉽게 길이 들지 않는다.
These shoes can not be easily broken in.

2) break : 꺾어지다, 부서지다, 부러지다, 끊어지다, 허물어지다

그녀의 아이가 죽었을 때 그녀의 마음은 갈갈이 부서졌다.
Her heart broke when her child died.

적은 허물어져서 도망쳤다.
The enemy broke and fled.

목소리가 갈라지기 시작했다. (또는 변성기가 시작되다.)
My voice began to break.

날이 밝기 시작했다.
The day began to break.

3) break + away / through : 무너뜨리다, 탈퇴하다, 돌파하다

그는 나쁜 친구들로부터 멀어질 수 있었다.
He managed to break away from bad friends.

태양은 구름을 헤집고 나오고 있다.
The sun is breaking through the clouds.

한국군은 일본 방어군을 돌파하는 데 성공했다.
The Korean Army has succeeded in breaking through the Japanese defence line.

4) **break + up / out** : 분쇄하다, 해산하다, 나빠지다, 탈출하다, 발발하다

우리는 땔감으로 사용하기 위해 상자를 부수는 것이 좋겠다.
We had better break up a box for firewood.

호수 위의 얼음이 녹고 있는 중이었다.
The ice on the lake was breaking up.

일기가 나빠지고 있었다.
The weather was breaking up.

그들은 포로수용소를 탈출했다.
They broke out of the prison camp.

근처에 있는 가게에서 화재가 발발했다.
A fire broke out in a neighboring store.

5) **break + free / loose** : 탈출하다, 자유롭게 되다

말이 도망쳤다.
The horse has broken loose.

나는 자유롭고 싶다. (벗어나고파)
I want to break free.

파생어

- ⑲ **breakaway** : 탈퇴, 파격, 탈피

  그의 이전 노래 스타일로부터의 탈피
  a breakaway from his earlier singing style

- ⑲ **breakdown** : 고장, 실패, 와해

  가장 심각한 문제는 가장의 붕괴이다.
  The most serious problem is the breakdown of the head of families.

- ⑲ **breakthrough** : 돌파구

  그의 연구는 암 퇴치에 획기적인 돌파구를 가져왔다.
  His research led to a major breakthrough in the fight against cancer.

- ⑲ **daybreak** : 새벽, 동틀 녘

  해돋이를 보려고 새벽 전에 산꼭대기로 출발했다.
  We started for the top of the mountain before daybreak in order to watch the rising sun.

- ⑲ **coffee break** : (일을 잠깐 쉬며 커피를 마시는) 휴식 시간

  커피휴식 시간을 갖다.
  to have a coffee break

058 bring

1) bring + I.O.(명사) + D.O.(명사) : 'I.O.'에게 'D.O.'를 가져오다

나에게 뭔가 마실 것을 좀 갖다 주십시오.
Please bring me something to drink.

2) bring + A into B : A를 B의 상태가 되게 하다

이 사실로 인해 그의 이야기가 불신을 당하게 되었다.
This fact brought his story into discredit.

3) bring about + 명사 : ~를 야기하다, 초래하다

협정의 체결은 양국 간의 외교적 화해를 가져왔다.
The pact brought about a diplomatic rapprochement between the two countries.

4) bring in : 가지고 들어오다

이 신사를 위해 저녁식사를 들여오라.
Bring in dinner for this gentleman.

5) bring out : 가지고 나가다, 내놓다

따뜻한 날씨가 벚꽃을 나오게 했다.
The warm weather has brought out cherry blossoms.

그들은 나의 신간 소설을 내년에 내놓을 것이다.
They will bring out my new novel next year.

6) bring on : 초래하다, 일으키다

습한 날씨가 그녀의 신경통을 초래할 것이다.
Damp weather will bring on her rheumatism.

7) bring up : 키우다, 끌어내다, 게우다

그녀는 잘 처신하도록 양육되었다.
She was brought up to behave well.

먹은 것을 끌어올릴 (토할) 것 같다.
I think I will bring up all I've had.

8) **bring off** : 구출하다, 성취하다

등반가들은 구조팀들에게 구출되었다.
The mountaineers were brought off by the rescue party.

그 작가는 최신작으로 성공을 거두었다.
The author has brought off success with his latest work.

9) **bring back** : 돌려주다, 도로 찾다, 되부르다, 상기시키다

동창회는 많은 기억을 상기시켰다.
The class reunion brought back a lot of memories.

10) **bring down** : 짐을 내리다, 격추시키다, 떨어뜨리다

그들은 많은 적기들을 격추시켰다.
They have brought down many enemy airplanes.

11) **bring** + 명사 + **into** + **being** / **existence** : ~를 생겨나게 하다

그는 존재하지 않던 것을 생겨나게 할 수 있다.
He is able to bring into being something that doesn't exist.

059 call

1) **call + 명사** : ~를 부르다, 전화하다

   택시를 불러라.
   Call a taxi.

   그는 회의를 소집했다.
   He called a meeting.

   한 사람이 당신에게 전화한다.
   A person calls you on the telephone.

2) **call + I.O.(명사) + D.O.(명사)** : 'I.O.'에게 'D.O.'를 불러주다

   나는 그에게 택시를 불러주었다.
   I called him a taxi.

3) **call + 명사 + O.C.** : ~를 'O.C.'라고 부르다

   그의 이름은 Richard이지만 우리는 그를 Dick이라고 부른다.
   His name is Richard but we call him Dick.

4) **call for + 명사** : ~를 요구하다

   상황은 즉각적인 조처를 요구하고 있다.
   The situation calls for prompt action.

5) **call on + 명사** : ~를(에) 방문하다, 들르다

   방해가 되지 않을까 해서 방문하지 않았다.
   I didn't call on you for fear of disturbing you.

6) **call + A by B** : A를 B라고 부르다

   당신은 그녀를 이름으로 부를 정도로 그녀를 잘 아세요?
   Do you know her well enough to call her by her Christian name?

7) **call up + 명사** : ~(병력 등)를 소집하다, 전화로 부르다

   나는 그 전쟁을 위해 차출될 것이다.
   I will be called up for the war.

   예비군들은 소집될 준비를 갖추어야 한다.
   The reservists should be ready to be called up.

8) **call it a day** : 하루의 일과를 마치다

일을 마치자.
Let's call it a day.

9) **call a game** : 게임을 중지하다

그것은 점수의 차이가 커서 중간에 중지된 게임이었다.
It was a called game.

10) **call** : 카드의 패를 보겠다고 동의하다

베팅을 두 배로 하겠다. 동의한다.
I will double the bet. Call.

11) **명사 call**

큰일 날 뻔했다.
That was a close call.

060 care

1) **care for** : 돌보다, 신경 쓰다, 상관하다

   간호사는 환자를 간호한다.
   Nurses care for the sick.

   그는 음악만 신경 쓰는 것처럼 보인다.
   He seems to care for nothing but music.

2) **care about** : 신경 쓰다, 관심을 가지다

   마이크와 나 둘 다 인공지능(A.I)에 대해 정말로 관심을 가지고 있다.
   Both Mike and I really care about AI.

3) **care + to inf.** : ~하고 싶어 하다

   나는 그녀를 만나고 싶지 않다.
   I don't care to see her.

4) **care** : 신경 쓰다

   나는 그것에 대해서 신경 쓰지 않는다.
   I don't care about it.

   누가 상관하겠는가?
   Who cares?

   전혀 신경 쓰지 않고 있었다.
   I couldn't care less.

   나는 신경 안 쓴다.
   I don't care.

5) **명사 care**

   (1) take care of : 보살피다

   내 아기를 잘 보살펴주세요.
   Please take good care of my baby.

> **파생어**
>
> 형 **careful** : 조심하는, 주의 깊은, 세심한
>
> 그는 눈에 띄지 않도록 조심했다.
> He was careful to keep out of sight.
>
> 우리는 세심히 숙고한 후 당신을 그 자리에 모시기로 결정했습니다.
> After careful consideration, we have decided to offer you the job.

061　carry

carried - carried

1) carry + 명사 : ~를 나르다, 지탱하다, 휴대하다, 생기다
　　　　　　　~의 자세를 취하다, 공감을 얻다,

금속은 열을 잘 전달한다.
Metals carry heat easily.

그 기둥들이 지붕을 지탱했다.
Those columns carried the roof.

그의 연기는 만장의 갈채를 받았다.
His acting carried the house.

그는 많은 현금을 가지고 다니지 않는다.
He never carries much money with him.

그 채권은 6퍼센트의 이자가 붙는다.
The bond carries 6 percent interest.

2) carry : 도달하다, 닿다

내 목소리는 그렇게 멀리 미치지 못한다.
My voice does not carry so far.

이 총은 총알이 반 마일까지 도달할 수 있다.
This gun will carry a half-mile.

3) carry + about / away / on / out : 휴대하다, 휩쓸어가다, 계속하다, 수행하다

나는 작은 사전을 휴대하고 다닌다.
I carry about a small dictionary with me.

파도에 노가 휩쓸려 갔다.
The oars were carried away by the waves.

그들은 대화를 계속했다.
They carried on the conversation.

그 명령은 수행되지 않았다.
The orders were not carried out.

파생어

- 명 **carriage** : (기차의) 객차, 마차

  철도 객차
  a railway carriage

- 명 **carrier** : 항공사, 항공모함, 보균자

062 cast

1) cast + 명사 : ~를 던지다, 드리우다, 주조하다, ~의 배역을 주다

연못에 그물을 던져라.
Cast the net into the pond.

달은 나무의 그림자를 흰 벽에 드리웠다.
The moon cast a shadow of a tree on the white wall.

그것은 그 주제에 새로운 빛을 드리울 것이다. (새롭게 밝혀줄 것이다)
That will cast a new light on the subject.

그는 그녀에게 눈길을 던졌다.
He cast her a glance.

그 뱀은 일 년에 두 번 그 껍질을 던진다. (벗는다)
The snake casts its skin twice a year.

금속을 녹여 종을 만드는 것이 그의 직업이었다.
It was his job casting metal into a bell.

Meg은 신데렐라 역에 배정되었다.
Meg was cast for the part of Cinderella.

2) cast away : 물리치다, 표류시키다

그는 100일간을 표류했습니다.
He has been cast away for 100 days.

3) cast out : 추방하다

그는 조국을 배반한 혐의로 추방될 것이다.
He shall be cast out for his betrayal against his fatherland.

파생어

- 동 **broadcast** : 방송하다, 널리 알리다

    난 우리 아버지가 회사 소유주라는 사실을 광고하고 싶지 않아요.
    I don't like to broadcast the fact that my father owns the company.

- 명 **castaway** : 조난자 (배가 난파되어 표류하다 외딴 섬에 이르게 된 사람)

    난파당한 이들은 아무도 살지 않는 열대 섬의 해안가로 헤엄쳐 갔다.
    The castaways swam ashore to a deserted, tropical island.

- 명 **forecast** : 예측, 예보

    예보에서는 간간이 해가 나고 소나기가 온다고 했다.
    The forecast said there would be sunny intervals and showers.

063 catch

caught - caught

1) catch + 명사 : ~를 잡다, 발견하다, 불 붙다, 걸리다, 따라 잡다, 시간에 대다

그는 나의 목덜미를 잡았다.
He caught me by the collar.

나는 내 과수원에서 그 소년이 사과를 훔치는 순간을 목격했다.
I caught the boy stealing apples from my orchard.

그는 현행범으로 잡혔다.
He was caught in the act.

이 재료는 쉽게 불이 붙는다.
This material will catch fire easily.

나는 그 기차를 잡아 탈 수 없다.
I can't catch the train.

2) catch + 명사 : 얽히게 하다, 타격하다, 시선을 끌다, 이해하다

돌멩이 하나가 나의 코에 맞았다.
A stone caught me on the nose.

그 못이 내 코트에 걸렸다.
The nail caught my coat.

나의 발이 책상다리에 걸렸다.
I caught my foot on a leg of a table.

그는 문에 손가락이 끼었다.
He caught his fingers in the door.

그녀의 아름다움은 눈길을 끈다.
Her beauty catches the eyes.

나는 그가 말하는 것을 이해하지 못했다.
I could not catch what he said.

3) catch 주요표현

물에 빠져 죽으려는 사람은 지푸라기라도 잡으려 한다.
A drowning man will catch at a straw.

이번 가을은 짧은 바지가 유행할 것이다.
Short pants will catch on this coming fall.

우리는 소나기를 만났다.
We were caught in a shower.

그는 멀리 가버려서 우리는 따라잡을 수가 없었다.
He went so far so we could not catch up.

너의 소매가 못에 걸렸다.
Your sleeve has caught on a nail.

caused - caused

064 cause

1) cause + 명사 : ~를 야기하다, ~의 원인이 되다

어떤 박테리아는 질병을 일으킨다.
Certain bacteria cause diseases.

과일을 씻기 위해 세제를 사용하는 것도 추가적인 수질오염을 야기시킬 수 있다.
The use of detergent to clean the fruit can also cause additional water pollution.

2) cause + I.O.(명사) + D.O.(명사) : 'I.O.'에게 'D.O.'를 초래하다

너의 편지는 그녀에게 많은 걱정을 초래했다.
Your letter caused her a great deal of distress.

3) cause + 명사 + to inf. : ~가 ~하도록 야기 시키다

그 비는 강을 넘치게 만들었다.
The rain caused the river to overflow.

○ 파생어

(형) causal : 인과 관계의

빈곤과 질병 사이의 인과 관계
the causal relationship between poverty and disease

065 change

1) change : 변화하다, 바뀌다

광고에 나오는 패션은 자주 바뀐다.
Fashions in advertising change frequently.

2) change + A for B : A를 B로 바꾸다

젖은 옷을 마른 옷으로 갈아입는 것이 좋겠다.
You had better change wet clothes for dry ones.

3) change + A into B : A를 바꾸어 B로 만들다

그들은 작은 오두막을 멋진 저택으로 바꾸었다.
They changed the little cottage into a splendid house.

산업체들은 경쟁적으로 그들의 사업을 전자 상거래로 바꾸고 있어 이에 필요한 인력은 계속 늘어날 전망이다.
Industries are competitively changing their businesses into e-businesses, and thus the demand for the required workforce is expected to grow.

4) change into : ~로 바뀌다

애벌레가 나비로 바뀐다.
A caterpillar changes into a butterfly.

5) 명사 change

나는 계절의 변화를 느낄 수 있다.
I can feel a change of season.

나는 기분 전환을 위해 외출했다.
I went out for a change.

잔돈은 가지세요.
Keep the change.

파생어

- 형 **changeable** : 바뀔 수도 있는, 변덕이 심한

    매년 이맘때는 날씨가 변덕이 아주 심하다.
    The weather is very changeable at this time of year.

- 명 **changeabout** : (위치·방향 따위의) 반전, 전환

066 charge

1) **charge + 명사** : ~(의무, 책임 등)를 지우다, 부과하다, ~를 고소(고발)하다, 충전하다

   저는 당신에게 이 편지를 전하도록 분부받았습니다.
   I am charged to give you this letter.

   그들은 그를 고소하기 위한 증거를 가지고 있다.
   They have the evidence to charge him.

   알렉스는 배터리 충전하는 것을 잊고 있었다.
   Alex had forgotten to charge the battery.

2) **charge + I.O.(명사) + D.O.(명사)** : 'I.O.'에게 'D.O.(세금 요금 등)'를 청구하다

   그 건축가는 우리에게 750 파운드의 요금을 청구했다.
   The architect charged us a fee of seven hundred and fifty pounds.

3) **charge + that S + P** : ~을 비난하다

   일부 사람들은 그 병원이 불결하다고 비난했다.
   Some people charged that the hospital was unclean.

4) **charge** : 돌격하다

   그 선수는 나에게 돌진했다.
   The player charged at me.

5) **명사 cahrge** : 요금, 고소, 비난, 책임

   그것은 무료입니다.
   It is free of charge.

   입장료는 무료입니다.
   No charge for admission.

   그는 절도죄로 소환될 것이다.
   He will be summoned on a charge of theft.

   내가 책임자이다.
   I am in charge.

   그가 영업부를 책임지고 있다.
   He is in charge of the sales department.

   분대를 책임져 주세요.
   Please take charge of the platoon.

067 check

1) check + 명사 : ~를 막다, 대조하다, 물표(물건을 맡긴 증표)를 받고 맡기다

경찰은 그 시위행렬을 막으려고 애썼다.
The police tried to check the demonstration parade.

당신의 해답을 내 것과 대조해 보세요.
Check your answers with mine.

물표를 받고 짐을 맡기셨습니까?
Have you checked your luggage?

2) 관용표현

그를 만나 조사해 보겠다.
I will check with him.

투숙(탑승) 절차를 했습니까?
Have you checked in?

한 번에 5권을 대출할 수 있습니다.
You can check out 5 books at once.

저는 내일 투숙을 끝낼 작정입니다.
I am going to check out tomorrow.

승객들의 명단을 철저히 조사해 주세요.
Please check up the list of passengers' names.

투숙(탑승 수속) 시간을 알고 계세요?
Do you know your check-in time?

3) 명사 check : 수표

한국에서는 개인발행수표를 거의 사용하지 않는다.
We rarely use a personal check in Korea.

파생어

명 **checkup** : 대조, 점검, 정밀 검사, 건강 진단

chose - chosen

068 choose

1) **choose + 명사 : ~를 고르다**

    그는 도서관에서 책 한 권을 골랐다.
    He chose a book from the library.

    나는 그녀에게 좋은 선물 하나를 골라 주었다.
    I chose her a nice present.

    당신은 누구를 총수로 골랐습니까?
    Whom have you chosen as president?

2) **choose + to inf. : ~하기로 택하다**

    그는 선거에 나가기로 결정했다.
    He chose to run for election.

    당신이 가기로 선택한다면 나도 따르겠다.
    If you choose to go, I will follow you.

3) **choose**

    그는 그 둘 사이에서 선택을 해야 했다.
    He had to choose between the two.

    우리는 남아있는 것들로부터 골라야 했다.
    We had to choose from what remained.

4) **cannot choose + but to inf. : ~하지 않을 수 없다**

    당신은 그가 제안한 것을 받아들일 수밖에 없다.
    You cannot choose but to accept what he has offered.

○ 파생어

   ⓐ **choice** : 선택, 선택 가능성

   가족과 일(직장) 사이에서 선택을 강요당하는 여성들
   women forced to make a choice between family and career

069 claim

1) claim : (~ 에 대한 손해배상을) 요구하다, 고소하다

그들은 그 세 명의 의사들에게 피해에 대한 손해배상을 요구했다.
They intended to claim for damages against the three doctors.

2) claim + 명사 : ~를 (권리로서) 요구하다, 청구하다

이제 그들은 자신들의 것을 요구하기 위해 되돌아오고 있다.
Now they are returning to claim what was theirs.

그녀는 그가 죽었을 때 유산을 요구했다.
She claimed the inheritance on his death.

3) claim + 명사(주로 생명에 관한 명사) : (병, 재해 등이) ~(인명)를 빼앗다

심장병은 연간 18만 명의 목숨을 앗아가는 가장 큰 사망원인이다.
Heart disease is the biggest killer, claiming 180,000 lives a year.

4) claim + to inf. / that S + P : ~라고 주장하다, 공언하다

그는 그것이 모두 자신에 대한 음모라고 주장했다.
He claimed that it was all a conspiracy against him.

그는 그 산의 정상에 도달했다고 주장했다.
He claimed to have reached the top of the mountain.

070 clear

1) clear + 명사 : ~를 맑게 하다, 제거하다, 개간하다, 해결하다

그 식물은 진흙탕 물을 정화시킬 수 있다.
The plant can clear the muddy water.

농부들은 곡물을 위해 너무 많은 땅을 개간한다.
Farmers clear too much land for crops.

2) clear : 맑아지다, 환히 트이다

안개가 걷히기 시작했다.
The haze began to clear.

3) clear + A of B : A에게서 B를 제거하다

그들은 그 숲에서 덤불을 제거했다.
They cleared the woods of the undergrowth.

파생어

⑧ clarify : 명확하게 하다, 분명히 말하다

그녀는 그에게 무슨 뜻인지 분명히 말해 달라고 했다.
She asked him to clarify what he meant.

071 close

1) close + 명사 : ~를 닫다, 완료하다

모든 창과 문들이 닫혀있다.
All the doors and windows have been closed.

그 낡은 다리는 교통에 폐쇄되어 있다.
The old bridge is closed to traffic.

나는 그 은행과의 통장거래를 중지했다.
I have closed an account with the bank.

그 거래는 완료되었다.
The deal has been closed.

2) close in : 포위하다, 가까워지다

겨울이 우리에게 다가오고 있었다.
Winter was closing in on us.

○ 파생어

(동) enclose : 두르다(둘러싸다), 동봉하다

모든 번역어들은 괄호로 묶여야 한다.
All translated words should be enclosed in brackets.

작성된 양식을 최근에 찍은 사진을 동봉하여 다시 보내 주세요.
Please return the completed form, enclosing a recent photograph.

(동) disclose : 밝히다(폭로하다), 드러내다

대변인은 그 인수 작업에 대한 자세한 내용을 언론에 밝히기를 거부했다.
The spokesman refused to disclose details of the takeover to the press.

072 combine

1) combine + 복수명사 : ~을 합치다

나는 여러 개의 요소들을 종합하여 하나의 결론을 만들어냈다.
I have combined several factors into one conclusion.

2) combine + A with B : A를 B와 합치다

지식의 추구는 지혜와 합쳐져야 한다.
The pursuit of knowledge should be combined with wisdom.

3) combine with : 합쳐지다

두 개의 수소원자가 하나의 산소와 합쳐져서 물이 된다.
Two atoms of hydrogen combine with one of oxygen to form water.

4) 복수주어 + combine : 합쳐지다

산소와 수소가 합쳐져서 물이 된다.
Oxygen and hydrogen combine to form water.

파생어

⑲ combination : 조합물

과학 기술과 훌륭한 경영. 그것이 성공을 위한 조합이다.
Technology and good management. That's a winning combination.

073 come

1) come to an end : 끝나다

마치 세상이 끝장이라도 난 것 같았다.
It was as if the world had come to an end.

2) come + to inf. : ~하게 되다

나는 정부의 경제 정책이 오도되었다고 믿게 되었다.
I have come to believe that the government's economic policy is misguided.

3) come before : ~앞에 위치하다

네 차례가 내 차례 앞이야.
Your turn comes before mine.

대사는 공사보다 앞서는 직위이다.
The ambassador comes before the minister.

4) come + 형용사 : ~한 상태가 되다

손잡이가 느슨해졌다.
The handle has come loose.

나는 내 꿈을 실현시킬 것이다.
I will make my dream come true.

너의 신발 끈이 풀렸다.
Your shoes have come untied.

5) 관용표현

들어오세요.
Please come in.

굴의 제철이 돌아 왔다.
Oysters have just come in.

잠시 건너오실래요?
Will you come over for a moment?

잠시 들러주실래요?
Please come by for a moment?

그 물건을 어디서 획득하셨나요?
Where did you come by the stuff?

그는 영속적인 해결책을 생각해 냈다.
I finally came up with a permanent solution.

우리는 결론에 도달할 수 있어요.
We can come to a conclusion.

사진이 막 나왔습니다.
The picture has just come out.

어떻게 네 라고 말하지 않을 수 있었던 거지요?
How did it come that you didn't say yes? = How come you didn't say yes?

쉽게 얻은 것은 쉽게 잃는다.
Easy come, easy go.

다신 같은 일이 일어나지 않도록 하세요.
Don't let it come about again.

그는 다락방에서 이상한 물건을 우연히 보았다.
He came upon a strange thing in the attic.

이상한 생각이 내 마음을 가로질러갔다.
A strange thought came across my mind.

나는 이상한 책 한 권을 우연히 발견했다.
I came across a very interesting book.

그는 그녀와 함께 왔다.
He came along with her.

돈이란 돌고 도는 것이다.
Money will come and go.

그 사고 이후 냉랭함이 우리 사이에 생겼다.
After the accident, some coldness came between us.

그녀의 스커트는 발목까지 내려왔다.
Her skirt came down to her ankles.

그 노인은 전락하여 도둑질을 하게 되었다.
The old man came down to stealing.

그는 독감으로 쓰러졌다.
He came down with the flu.

표면에서 페인트가 떨어져 나갔다.
The paint has come off the surface.

제발 그만둬.
Come on, stop it.

어둠이 엄습했다.
Darkness came on.

한 신사가 나에게 바짝 다가왔다.
A gentleman came up to me.

어떤 일이 있어도 비밀을 지키겠다.
Come what may, I will keep the secret.

그의 은퇴는 놀랍지 않은 일로 다가왔다.
His retirement came as no surprise.

074 command

1) **command + 명사 : ~를 명하다**

   그는 침묵을 명했다. (잠자코 있으라고 명했다.)
   He commanded silence.

2) **command + 명사 + to inf. : ~에게 ~하라고 명하다**

   대위는 그의 부하들에게 후퇴하라고 명령했다.
   The captain commanded his men to retreat.

3) **command + that + S + (should) + R : ~해야 한다고 명령하다**

   왕은 노예들이 석방되어야 한다고 명했다.
   The king commanded that the slaves be free.

4) **command + 명사 : ~를 지배하다, 모으다, 차지하다**

   그는 자제할 수 있다. (자기 자신을 지배하다.)
   He can command himself.

   그는 그의 정직성 때문에 많은 존경을 모았다.
   He commanded much respect for his honesty.

   그 집은 좋은 전망을 차지한다.
   The house commands a fine view.

5) **명사 commad**

   (1) at one's command : ~의 마음대로 할 수 있다

   그 돈은 당신이 마음대로 해도 좋습니다.
   All the money is at your command.

파생어

- ⑲ comment : 논평, 언급
- ⑧ comment : 언급하다

  그는 아무런 언급도 하지 않고 그 서류를 내게 건네주었다.
  He handed me the document without comment.

075 commit

1) commit + 명사 : ~를 ~에 위임하다, 회부하다

의안을 위원회에 회부하다
to commit a bill to a committee

그는 감옥에 맡겨졌다.
He was committed to prison.

그 소년은 아저씨의 보호에 맡겨졌다.
The boy was committed to the care of his uncle.

2) commit + 명사 : ~를 범하다, 저지르다

나는 어떠한 범죄도 저지른 적이 없다.
I have never committed any crime.

3) commit + oneself to : ~에 몸을 맡기다, 전념하다

당신 자신을 의사에게 맡기시오.
Commit yourself to the doctor.

4) commit suicide : 자살하다

그가 자살을 기도했다는 것을 보여주는 미확인된 증거들이 있다.
There are unconfirmed reports he tried to commit suicide.

파생어

명 **commission** : 위원회(위원단), 수수료(커미션)

정부가 그 교도소 소란 행위들을 조사하기 위한 조사 위원회를 발족시켰다.
The government has set up a commission of inquiry into the disturbances at the prison.

당신은 판매하는 모든 물품에 대해 10%의 수수료를 받습니다.
You get a 10% commission on everything you sell.

동 **commission** : 의뢰하다

출판사들이 그 책의 프랑스어 번역을 의뢰해 왔다.
Publishers have commissioned a French translation of the book.

명 **commitment** : 약속, 전념

공공 서비스 부문에 매진하겠다는 정부의 약속
the government's commitment to public services

명 **committee** : 위원회

위원회는 8명으로 구성되어 있다.
The committee is comprised of eight members.

076 communicate

1) communicate + A + (to + B) : A를 (B에게) 전달하다

그녀는 자신의 의혹을 남편에게 전했다.
She communicated her suspicion to her husband.

열이 방으로 전달됩니다.
Heat is communicated to a room.

2) communicate + A with B : A를 B와 배분하다, 함께하다

그는 물건을 함께 나누려고 하지 않는다.
He doesn't like to communicate a thing with another.

3) communicate with : 함께 이야기하다, 통신하다, 서신 왕래하다

인간들은 다양한 도구로 의사소통한다.
Human beings communicate with one another by various instruments.

파생어

명 communication : 의사소통

말은 사람들 사이에서 가장 빠른 의사소통 수단이다.
Speech is the fastest method of communication between people.

077 compare

1) compare + A with B : A와 B를 비교하다

네 자신을 다른 사람과 비교하지 마라.
Don't compare yourself with others.

2) compare + A to B : A를 B에 비유하다

시인들은 잠을 죽음에 비유해 왔다.
Poets have compared sleep to death.

그 무엇도 당신에게 비교할 수 없다.
Nothing compares to you.

파생어

comparison : 비교

비교를 위해 그 두 가지 계획안을 동봉합니다.
I enclose the two plans for comparison.

comparable : 비슷한, 비교할 만한

미국의 상황을 영국의 상황과 바로 비교할 수는 없다.
The situation in the US is not directly comparable to that in the UK.

comparative : 비교를 통한, 비교의, 상대적인, 비교적

두 나라 교육 제도 비교 연구
a comparative study of the educational systems of two countries

그 당시에는 그가 비교적 안락하게 살고 있었다.
Then he was living in comparative comfort.

compensated - compensated

078 compensate

1) **compensate** + A for B : B에 대해 A를 보상해주다

   고용주들은 부상에 대해 근로자에게 보상을 해야 한다.
   Employers should compensate their workmen for injuries.

2) **compensate** for : ~에 대해 보상하다

   근면이 능력부족을 보상할 때도 있다.
   Industry sometimes compensates for lack of ability.

complained - complained

079 complain

1) **complain** + of / about : ~에 대해 불평하다

   나는 경찰에게 내 이웃의 개에 대해 불평했다.
   I complained to the police about my neighbor's dog.

2) **complain** + that S + P : ~에 대해 불평하다

   그는 그의 일이 그에게 만족을 주지 못한다고 불평한다.
   He complains that his job gives him no satisfaction.

파생어

⑲ **complaint** : 불평, 고소

우리는 고객들로부터 주차 시설이 부족하다는 많은 항의를 받았다.
We received a number of complaints from customers about the lack of parking facilities.

080 compose

1) compose + A of B : A를 B로 구성하다

스위철랜드는 22개의 주로 구성되어 있다.
Switzerland is composed of 22 cantons.

모짤트는 교향곡을 포함하여 다양한 음악들을 작곡했다.
Mozart composed various pieces of music, including symphonies.

2) compose + 명사 + (for / to inf.) : ~(마음)를 가라앉히다

그는 마음을 가라앉히고 책을 읽기 시작했다.
He composed himself to read a book.

마음을 가라앉히세요.
Try to compose your mind.

파생어

⑲ **component** : (구성) 요소, 부품

신뢰가 어떤 관계에서든 핵심 요소이다.
Trust is a vital component in any relationship.

⑲ **composition** : 구성 요소들, 구성

이사회의 구성원들
the composition of the board of directors

081 conceive

1) conceive + that / wh- + S + P : ~라고 생각하다, 상상하다

나는 무엇인가 어려움이 있음에 틀림없다고 생각했다.
I conceived that there must be some difficulties.

나는 어떻게 그가 이 실수를 저질렀는지 상상이 안 간다.
I cannot conceive how he made this mistake.

2) conceive + 명사 : ~를 품다

그는 그녀에게 사랑을 품었다.
He conceived a love for her.

그녀는 아이를 가질 수 없다.
She is unable to conceive a baby.

○ 파생어

⑬ **conceivable** : 상상할(믿을) 수 있는, 가능한

언젠가는 인류가 화성에 도착한다는 것을 상상할 수 있다.
It is conceivable that man will someday reach Mars.

⑬ **conception** : (계획 등의) 구상, 이해

그 계획은 그것의 구상에서는 훌륭했지만 자금 부족으로 실패했다.
The plan was brilliant in its conception but failed because of a lack of money.

082 concentrate

1) concentrate on : ~에 집중하다

그녀는 자신의 일에 집중할 수 없었다.
She couldn't concentrate on her work.

2) concentrate + A on B : A를 B에 집중시키다

우리는 교육을 향상시키는데 노력을 집중해야만 한다.
We must concentrate our efforts on improving education.

파생어

⑲ **concentration** : 집중

이 책은 대단히 많은 정신 집중을 요한다.
This book requires a great deal of concentration.

083 concern

1) **concern + 명사** : ~와 관계되다, ~에 중요하다, ~를 걱정시키다

   전화는 내 여동생에 관한 것이었다.
   The call concerned my sister.

   당신 아이의 미래에 대해 스스로를 걱정시키지 마세요.
   You must not concern yourself about the future of your child.

2) **be concerned with** : ~와 관련이 있다

   뇌의 우측은 상상력 및 직관과 관련이 있다.
   The right side of the brain is concerned with imagination and intuition.

   스타일링은 표면처리와 외양, 제품의 표현적 특성과 관계가 있다.
   Styling is concerned with surface treatment and appearance, the expressive qualities of a product.

3) **be concerned about** : ~에 대해 걱정하다

   대통령이 이 쟁점에 대해 깊이 염려하고 있다.
   The President is deeply concerned about this issue.

4) **as far as I am concerned** : 내가 관련되는 한, 나로서는

   나로서는 그의 귀환이 좋다.
   As long as I am concerned, I approve of his coming back.

084 conclude

1) conclude : 마치다, 종결하다

그 행사는 저녁식사 및 연설들과 함께 끝마쳐졌다.
The event concluded with dinner and speeches.

2) conclude + 명사 : ~를 마치다, 종결하다

G7 주요 국가 들은 연간 수뇌회담을 오늘 종결하였다.
The Group of Seven major industrial countries concluded its annual summit meeting today.

3) conclude + that S + P : ~라고 결정하다, (추정하여) 결단하다

그는 가기로 결정했다.
He concluded that he would go.

4) conclude + 명사 + to be + 보어 : ~를 ~라고 판단하다

그녀는 그 소문이 사실이라고 판단했다.
She concluded the rumor to be true.

○ 파생어

⑲ **conclusion** : 결론, (최종적인) 판단, (연설·글 등의) 결말

새로운 증거는 우리가 틀렸다는 결론을 이끌지도 모른다.
New evidence might lead to the conclusion that we are wrong.

그 책의 결말은 실망스러웠다.
The conclusion of the book was disappointing.

085 condemn

1) condemn + 명사 : 비난하다, 유죄 선고하다, 운명 짓다

동물학대는 비난받아야 한다.
Cruelty to animals should be condemned.

그 죄수는 유죄선고받을 것이 확실하다.
The prisoner is sure to be condemned.

그는 생계를 위하여 온 나라 안을 떠돌아다닐 운명이었다.
He was condemned to touring the whole country for a living.

이러한 가정주부들은 싱크대 앞에서 많은 시간을 보낼 운명이다.
These housewives are condemned to spend many hours at the kitchen sink.

086 confess

1) confess + 명사 : ~를 고백하다

그는 자신의 죄를 고백했다.
He confessed his sins.

2) confess + that S + P : ~을 고백하다

그는 자신이 그 돈을 훔쳤다고 고백했다.
He confessed that he had taken the money.

3) confess to + 명사 : ~에 대해 인정하다

나는 내 아들의 성공을 자랑스러워한다고 인정한다.
I confess to being proud of my son's success.

그는 애벌레들에 관한 두려움을 인정한다.
He confesses to a dread of caterpillars.

○ 파생어

  명 confession : 자백, 인정

087 confide

1) **confide in + 명사** : ~에 대해 신뢰하다

  당신은 그녀의 충성을 믿어도 좋다.
  You can confide in her good faith.

2) **confide + 명사** : ~를 털어 놓다, 맡기다

  그 아이들은 이웃의 보호에 맡겨졌다.
  The children were confided to the care of a neighbor.

  그는 자신의 비밀을 친구에게 털어놓았다.
  He confided his secret to his friend.

파생어

명 confidence : 신뢰, 자신감

실업률 감소가 소비자 신뢰 회복에 도움이 될 것이다.
A fall in unemployment will help to restore consumer confidence.

여자아이들은 자신감이 부족한 반면 남자아이들은 흔히 자신의 능력을 과대평가한다.
While girls lack confidence, boys often overestimate their abilities.

형 confident : 자신감 있는, 확신하는

교사는 학생들이 이해를 하지 못할 때 질문하는 것에 대해 자신감을 갖기를 바란다.
The teacher wants the children to feel confident about asking questions when they don't understand.

형 confidential : 비밀(기밀)의, 신뢰를 받는

당신의 의료 기록은 엄격한 비밀입니다.
Your medical records are strictly confidential.

088 confirm

1) confirm + 명사 : ~를 확실하게 하다, 굳히다, 확인하다, 확증하다

그 정보를 확인해 주시겠습니까?
Will you confirm the information?

당신이 나에게 말해준 것으로써 나는 나의 의견에 대해 확신했습니다.
I was confirmed in my opinions by what you had told me.

2) confirm + I.O. + that S + P : ~에게 ~를 확신시키다

이러한 말들은 우리의 평가가 틀리지 않다는 것을 우리에게 확신시킨다.
These words confirm us that we are right in our estimate.

089 consider

1) consider + 명사 : ~를 고려하다, 참작하다

네 제안을 고려해 보겠다.
I'll consider your suggestion.

2) consider + V-ing : ~하는 것을 숙고하다, 생각하다

나는 런던에 갈까 생각하고 있습니다.
I am considering going to London.

3) consider + that S + P : ~라고 생각하다

나는 그가 나를 도와주어야 할 것으로 생각하고 있다.
I consider that he ought to help me.

4) consider + 명사 + O.C. : ~가 'O.C.' 하다고 생각하다, 간주하다

그녀는 자신이 운이 좋다고 여긴다.
She considers herself lucky.

우리는 그를 위대한 시인이라고 여긴다.
We consider him a great poet.

사람들은 종종 일부러 무례한 것처럼 여겨진다.
People are often considered to be rude intentionally.

5) **consider it + O.C. + to inf.** : ~하는 것이 'O.C.'하다고 생각하다, 여기다

당신이 끼어드는 것이 현명하다고 생각하세요?
Do you consider it wise to interfere?

회교도들은 사원 내부에서 신발을 신는 것을 신성모독이라 여긴다.
Muslims consider it sacrilege to wear shoes inside a mosque.

6) **consider + A as B** : A를 B라고 여기다, 간주하다

그는 「햄릿」을 셰익스피어 비극의 한 전형으로 생각했다.
He considered Hamlet as an example of a Shakespearean tragedy.

○ 파생어

⑱ **considerable** : 상당한, 많은

그 프로젝트는 많은 양의 시간과 돈을 허비했다.
The project wasted a considerable amount of time and money.

⑱ **considerate** : 사려 깊은, (남을) 배려하는

그녀는 직원들을 항상 정중하고 사려 깊게 대한다.
She is always polite and considerate towards her employees.

㊊ **consideration** : 사려, 숙고, 고려사항, 배려

몇 분 동안의 숙고 후에, 그가 말을 시작했다.
After a few moments' consideration, he began to speak.

시간이 또 다른 중요 고려 사항이다.
Time is another important consideration.

090 consist

1) **consist of** : ~로 이루어지다

   물은 수소와 산소로 이루어져 있다.
   Water consists of hydrogen and oxygen.

2) **consist in** : ~에 있다, 존재하다

   행복은 만족하는 것에 있다.
   Happiness consists in contentment.

파생어

- 명 **consistency** : (태도·의견 등이) 한결같음, 일관성

  우리는 고객들에게 서비스의 일관성을 보장해야 한다.
  We need to ensure the consistency of service to our customers.

- 형 **consistent** : 한결같은, 일관된

  우리는 규칙들을 적용하는 것에 있어서 일관성이 있어야 한다.
  We must be consistent in applying the rules.

091 continue

1) continue + 명사 : ~를 계속하다, 유지시키다

그들은 여행을 계속했다.
They continued their journey.

장관은 자리에서 유임되었다.
The secretary was continued in office.

2) continue + to inf. : ~하는 것을 계속하다

가격은 계속 오른다.
Prices continue to rise.

3) continue + V-ing : ~하는 것을 계속하다

일은 얼마나 오래 계속할 것입니까?
How long will you continue working?

4) continue : 지속되다, 머물다

비 오는 날씨는 계속될지도 모른다.
The wet weather may continue.

도로는 수마일 계속된다.
The road continues for miles.

왕의 통치는 30년 동안 지속되었다.
The king's reign continued for 30 years.

파생어

⑱ continuous : 계속되는, 계속 이어지는

그녀는 65세까지 계속 직장 생활을 했다.
She was in continuous employment until the age of sixty-five.

092 convince

1) **convince** + 명사 + **that** S + P : ~에게 ~을 확신시키다

   그는 내가 팀원으로 적합하지 않다는 사실을 나에게 납득시키려고 애썼다.
   He tried to convince me that I wasn't good enough for the team.

   어떤 것도 그에게 다른 사람들이 그의 코에 전혀 관심을 기울이지 않는다고 확신시킬 수 없다.
   Nothing can convince him that other people are paying no attention to his nose at all.

2) **convince** + 명사 + **to inf.** : ~에게 ~하도록 확신시키다

   당신이 그들에게 투표하도록 확신을 준 것이 무엇인가요?
   What convinced you to vote for them?

3) **convince** + A **of** B : A에게 B를 확신시키다

   그는 나에게 자기의 무죄를 확신시키려고 애썼다.
   He tried to convince me of his innocence.

093　cost

1) cost + 명사 : ~의 비용이 들다

이 강의는 12명으로 제한되어 있으며 50 달러가 든다.
This course is limited to 12 people and costs $50.

2) cost + A(명사) + B(비용-명사) : A에게 B의 비용이 들게 하다

이 집은 그에게 엄청난 양의 돈을 들게 한다.
This house costs him a great deal of money.

3) cost + A(명사) + B(명사) : A에게 B를 희생시키다, 잃게 하다

그의 삶은 그로 하여금 시력을 잃게 만든 수술에 의해서 구해졌다.
His life was saved by an operation that cost him his sight.

파생어

(형) **costly** : 많은 돈(비용)이 드는, 대가(희생)가 큰

새로 가구를 들이는 것은 너무 비용이 많이 드는 것으로 드러날 수도 있다.
Buying new furniture may prove too costly.

094 count

1) count : 중요성을 지니다

정직함은 요즘 중요성을 지닌 것처럼 보이지 않는다.
Honesty doesn't seem to count 4 these days.

당신의 인생 매 순간이 중요하다.
Every minute of your life counts.

2) count + 명사 : ~를 세다

우리는 그 방에 있는 사람들을 세었고 30명이 있다는 것을 알았다.
We counted the people in the room and found there were thirty.

나는 그를 더 이상 나의 친구 속에 넣어 세지 않는다. (간주하지 않는다.)
I no longer count him among my friends.

3) 명사 count : 백작

> **파생어**
>
> ㉫ countless : 무수한, 셀 수 없이 많은
>
> 그 새 치료법은 엠마의 목숨과 다른 무수한 사람들의 생명을 구할 수 있을 것이다.
> The new treatment could save Emma's life and the lives of countless others.
>
> ㉫ countess : 백작부인

dared - dared

095 dare

1) **dare + to inf.** : 감히 ~하다

   그는 감히 우리에게 말하지 못한다.
   He does not dare to tell us.

   나는 그녀가 감히 어떻게 그런 말을 하는지 궁금하다.
   I wonder how she dares to say that.

   감히 할 수만 있다면 할 텐데.
   I would do if I dared (to do).

   계속해서 그는 달렸다, 감히 뒤를 돌아보지 못하고.
   On and on he ran, never daring to look back.

   나에게 감히 손대지 마라.
   Don't you dare to touch me.

2) **dare + 명사** : ~를 모험적으로 해 보다, 위험을 무릅쓰다, 도전하다

   무슨 일이든 감히 하겠다.
   I dare everything.

   그는 감히 나에게 싸우자고 도전했다.
   He dared me to the fight.

핵심동사 콜로케이션 131

096 decide

1) decide + that S + P : ~라고 판단하다

배심원들은 그가 유죄라고 결정했다.
The jury decided that he was guilty.

2) decide + to inf. : ~할 것을 결정하다

그녀는 혼자 가지 않기로 결정했다.
She decided not to go alone.

3) decide + wh- to inf. : ~할지를 결정하다

그는 어디로 가야 할지 결정할 수 없었다.
He could not decide where to go.

4) decide on + 명사 : ~에 관하여 결정하다

그들은 새로운 집터에 대해서 결정했다.
They decided on a site for their new house.

5) decide + that + S + (should) + R : ~해야 한다고 결정하다

배심원단은 그가 유죄판결 되어야 한다고 결정했다.
The jury decided that he (should) be sentenced to guilty.

파생어

- ⑲ decision : 결정, 판단, 결단력

  우리는 다음 주까지 이것에 대한 결정을 내려야 한다.
  We need a decision on this by next week.

- ⑲ decisive : 결정적인, 결단력(과단성) 있는

  그녀가 그 평화 협상에서 결정적인 역할을 했다.
  She has played a decisive role in the peace negotiations.

097 declare

1) declare + 명사 : ~를 선언하다

그들은 그 제안에 대한 자신들의 지지를 선언했다.
They declared their support for the proposal.

2) declare + that S + P : ~라고 단언하다, 주장하다

그는 그녀의 주장이 허위라고 단언했다.
He declared that her allegation was a lie.

3) declare + 명사 + O.C. : ~를 'O.C.'로 선언하다

윌슨대통령은 'Mother's Day'를 공휴일로 선언했다.
President Woodrow Wilson declared Mother's Day an official holiday.

파생어

명 declaration : 선언문, 선언, 공표, 맹세(진술)

독립 선언(문)
the Declaration of Independence

098 decline

1) decline : 기울다, 쇠하다

해는 서쪽으로 기운다.
The sun declines toward the west.

직원의 수가 217,000명에서 114,000명으로 감소했다.
The number of staff has declined from 217,000 to 114,000.

2) decline + 명사 / to inf. : ~(제의)를 정중히 사절하다, 사양하다

그는 그들의 초대를 거절했다.
He declined their invitation.

그 밴드는 그 이야기에 대하여 언급하기를 사양했다.
The band declined to comment on the story.

099 demand

1) demand + 명사 : 요구하다, 묻다

김씨는 즉각적인 설명을 요구했다.
Mr. Kim demanded an immediate explanation.

그는 그 아이의 이름을 물었다.
He demanded the name of the child.

2) demand + to inf. : ~할 것을 요구하다

나는 그가 왜 그것을 했는지 알기 원한다.
I demand to know why he had done it.

3) demand + that + S + (should) + R : ~를 해야 한다고 요구하다

그는 나에게 그를 도와달라고 요구했다.
He demanded that I (should) help him.

100 deny

1) **deny + 명사** : ~를 부인하다

나는 그가 내 요청을 거절할 수 없을 것이라고 생각한다.
I think he can't deny my request.

2) **deny + V-ing** : ~하는 것을 부인하다

그들 모두는 그녀를 본 것에 대해 부인을 했다.
They all denied ever having seen her.

3) **deny + that S + P** : ~라는 것을 부인하다

그 기소된 남자는 그가 그녀를 만났다는 것을 부인했다.
The accused man denies that he has ever met her.

4) **deny + I.O.(명사) + D.O.(명사)** : 'I.O.'에게 'D.O.'를 인정하지 않다

만일 그가 운이 없다면, 그는 그의 전 부인이 그에게 아이들에 대한 접근권을 허락하지 않는다는 사실을 알게 될지 모른다.
If he is unlucky, he may find that his ex-partner denies him access to his children.

파생어

⑲ denial : 부인, 거부

부정하며 그는 머리를 가로저었다.
He shook his head in denial.

derived - derived

101 derive

1) derive + A from B : B로부터 A를 끌어내다.

우리는 독서로부터 지식을 얻어낸다.
We derive knowledge from reading books.

많은 영어 어휘가 라틴어 출처에서 얻어진다.
A large part of English vocabulary is derived from Latin sources.

2) derive from : ~로부터 유래되다

이 전통은 오래된 인디언의 기우제에서 유래된다.
This tradition derives from an old Indian rain inviting ceremony.

described - described

102 describe

1) describe + 명사 : ~를 묘사하다, 기술하다

말로써는 그 광경을 묘사할 수 없다.
Words cannot describe the scene.

나에게 그 도둑의 모습을 말해줄 수 있습니까?
Can you describe the thief to me?

2) describe + A as B : A를 B로서 표현하다

우리는 그녀를 성품 좋은 여자로 묘사할 수 있다.
We might describe her as a good-natured woman.

파생어

(명) **description** : 서술, 묘사, 표현

그 소설가의 묘사력
the novelist's powers of description

(형) **descriptive** : 서술(묘사)하는

나는 그 소설의 서술 부분에 감명받았다.
I was impressed with the descriptive passages in the novel.

103 design

1) **design + 명사** : ~를 설계하다, 밑그림을 그리다

   그 골프천재가 이 18홀 과정을 설계했다.
   The golf genius designed this 18-hole course.

2) **design + to inf. / that S + P** : 의도하다

   나는 법률가가 되려고 했다.
   I designed to be a lawyer.

   당신이 이것을 들어야 한다고 의도하지는 않았다.
   I did not design that you should have heard it.

3) **design + 명사 + to inf.** : ~가 ~하도록 의도하다

   그의 아버지는 그가 목사가 될 것을 의도했다.
   His father designed him to be a minister.

104 designate

1) **designate + 명사** : ~를 명확히 나타내다

   이 지도에서 붉은 선은 주도로를 명백히 표시한다.
   On this map, red lines designate main roads.

2) **designate + A as B** : A를 B로 지명하다

   그는 다음번 사무총장으로 임명되었다.
   He has been designated as the next General Secretary.

3) **designate + O(명사) + O.C.(명사)** : 'O'를 'O.C.'로 칭하다

   그들은 그 통치자를 왕으로 칭했다.
   They designated the ruler king.

> **파생어**
>
> (명) **designation** : 지정, 지명, 명칭
>
> 그 지구는 보존 지역 지정을 고려 중이다.
> The district is under consideration for designation as a conservation area.

105 desire

1) desire + 명사 : ~를 바라다

우리 모두는 행복을 바란다.
We all desire happiness.

그것은 더 바랄 데가 없다.
It leaves nothing to be desired.

2) desire + to inf. : ~할 것을 바라다

나는 이곳에서 죽을 때까지 머물고 싶다.
I desire to stay here until I die.

3) desire + 명사 + to inf. : ~가 ~하길 바라다

내가 무엇을 해주길 바라십니까?
What do you desire me to do?

4) desire + that + S + (should) + R : ~해야 한다고 바라다

그녀는 사후 그 모든 편지가 불태워져야 한다고 바랬다.
She desired that all the letters be burnt after her death.

파생어

- **desirous** : 바라는, 원하는

  그는 외국에 나가기를 갈망하고 있다.
  He is desirous of going abroad.

- **desirable** : 바람직한, 호감 가는, 가치 있는

  그러한 조치들이 필수적인 것은 아닐지라도 바람직하다.
  Such measures are desirable, if not essential.

106 determine

1) determine + to inf. : ~하겠다고 결심하다

나는 결코 수입 이상의 과분한 생활을 하지 않겠다고 결심한다.
I never determine to live above my income.

2) determine + that + S + (should) + R : ~해야 한다고 결정하다

무엇도 바꾸어져서는 안 된다고 결정했다.
I determined that nothing (should) be changed.

3) determine + 명사 + to inf. : ~에게 ~하도록 결심시키다

무엇이 당신을 그 계획에 반대하도록 결심시켰습니까?
What determined you to oppose the plan?

이 편지가 그로 하여금 그녀를 다시 보지 않겠다고 결심시켰다.
This letter determined him not to see her again.

나는 다시 시도해 보기로 결심했다.
I was determined to give it a second try.

4) determine + wh- S + P : ~할지 결정하다

졸업 후에 무엇을 할지 결정하셨나요?
Have you determined what you are going to do after graduation?

파생어

determination : 투지, 결정

그는 용기와 투지를 갖고 병과 싸웠다.
He fought the illness with courage and determination.

107 dip

1) dip + 명사 : ~를 담그다, 적시기 위해 담그다, 떠내다

그는 펜을 잉크에 살짝 찍었다.
He dipped his pen into the ink.

물 한 양동이를 떠내라.
Dip a bucket of water up.

그녀는 국자로 국물을 떠냈다.
She dipped out the soup with a ladle.

그는 언제나 양복바지주머니에 손을 꽂고 있다.
He is always dipping his hands into this trouser pocket.

2) dip : 기울다, 하강하다

그 새는 날아서 내려갔다.
The bird dipped in its flight.

태양은 바다 아래로 떨어졌다.
The sun dipped below the sea.

그 땅은 남쪽으로 완만하게 경사져있다.
The land dips gently to the south.

108 direct

1) direct + 명사 : ~를 지도하다, 지휘하다

그 반을 지도할 선생이 없다.
There was no teacher to direct the class.

2) direct + 명사 + to inf. : ~에게 ~하도록 명령하다, 지휘하다

그의 부하들에게 전진하도록 명령했다.
The captain directed his men to advance.

3) direct + that + S + (should) + R : ~해야 한다고 지시하다

그는 방책이 세워지도록 지시했다.
He directed that barricades be built.

4) direct + A to B : A에게 B로 가는 길을 가리키다

가장 가까운 역으로 나에게 방향을 알려주세요.
Can you direct me to the nearest station?

파생어

⑲ **direction** : 방향, 지시, 목표, 명령

톰은 집(고향) 쪽을 향해 길을 나섰다.
Tom went off in the direction of home.

그것은 작은 진전이지만 적어도 올바른 방향으로 나아가는 한 걸음이다.
It's only a small improvement, but at least it's a step in the right direction.

⑮ **directly** : 곧장, 똑바로, 즉시

그녀가 우리를 똑바로 바라보았다.
She looked directly at us.

109 discharge

1) **discharge + 명사** : 짐을 내리다,
    ~를 방출하다, 배설하다, 배출하다, 해방시키다

그 배의 짐을 내려주시오.
Please discharge the ship.

그 병사는 군복무에서 해방되었다.
The soldier has been discharged from his duty.

그 환자는 병원에서 퇴원했다.
The patient was discharged from the hospital.

환부가 경화되기 전에 고름을 짜내라.
Discharge pus before the affected area is hardened.

그 강은 주로 태평양으로 대부분의 물을 배출한다.
The river discharges most of its water into the Pacific Ocean.

110 dispose

1) dispose + 명사 : ~를 배치하다

전함들은 일직선으로 배치되었다.
The battleships were disposed in a straight line.

2) dispose of + 명사 : ~를 처분하다, 없애다

그 물질을 처리하는 것은 힘들다.
It is hard to dispose of the material.

3) dispose + 명사 + to inf. : ~에게 ~할 마음이 내키게 하다

승진의 가망성이 그가 그 제안을 받아들이고 싶어 하도록 했다.
The chance of promotion disposed him to accept the offer.

파생어

- ⓜ disposal : 처리, 처분

  우리는 핵폐기물 처리를 해결해야 한다.
  We should address the disposal of nuclear waste.

- ⓜ disposition : 타고난 기질, 성향

  두 자매는 성질이 같지 않다.
  The two sisters are in unlike disposition.

111 do

1) do : 행동하다, 도움이 되다, 충분하다

내가 말하는 대로 하세요.
Do as I tell you.

이 가방은 해외여행에는 도움이 되지 않는다.
This bag won't do for traveling abroad.

2) do well in school : 학교의 성적이 좋다

메리는 학교 성적은 좋지 않으나 상식은 있다.
Mary doesn't do well in school, but she has a good head on her shoulders.

3) do + 명사 : ~를 하다

그런 것을 해서는 안 된다.
You should not do that.

다음번에 당신을 해드릴게요. (서비스 등의 경우)
I will do you next.

그들은 햄릿을 하고 있다. (공연)
They are doing Hamlet.

자신의 일을 하세요. (너나 잘하세요.)
Do your own business.

제가 그 심부름을 할게요.
Let me do the errand.

그녀는 머리와 손톱을 한다. (미용)
She does hair and nails.

나는 꽃꽂이가 즐겁다.
I enjoy doing flowers.

내가 설거지하는 것을 도와주겠니?
Will you help me do the dishes?

자정 이후에는 빨래를 하지 마세요.
Don't do laundry after midnight.

과거지사는 돌이킬 수 없다.
What's done is done. = What is done cannot be undone.

그것이면 저에게 충분합니다.
That will do me very well.

우리 자동차는 시속 70 마일로 달렸다.
Our car did 70 miles in an hour.

4) **do + I.O.(명사) + D.O.(명사)** : 'I.O.'에게 'D.O.'를 가져다 주다

저에게 호의를 베풀어 줄 수 있나요?
Will you do me a favor?

휴가를 갖는 것이 당신에게 이로울 것이다.
It will do you good to have a holiday.

그는 시험에서 스스로에게 제대로 하지 않았다.
He didn't do himself justice in the exams.

5) **do + the + V-ing** : ~을 하다

내가 칠을 할 것이다.
I will do the painting.

그녀는 주중에는 장을 보지 않는다.
She doesn't do the shopping during weekdays.

그 소녀는 세탁하는 것을 싫어한다.
The girl hates doing the washing.

6) **관용표현**

나는 그 사고와 관계가 없다.
I have nothing to do with the incident.

그것은 그 동물의 생존과 많은 관계가 있다.
It has much to do with the survival of the animals.

그것이 나와 무슨 관계가 있는가?
What does it have to do with me?

저녁을 식은 고기로 때울 수 있습니까?
Can you do with cold meat for dinner?

당신은 나의 고양이에게 무엇을 했나요?
What did you do with my cat?

이 책을 다 읽으셨나요?
Have you done this book?

이것은 제대로 되었군요. (철저히 처리했다.)
This is well done.

우리는 그 낡은 포로수용소들을 없애야 할 것입니다.
We will have to do away with those old prison camps.

이 관행은 폐지되어야 한다.
This practice should be done away with.

일단 당신이 그것을 시작했으면 끝내도록 하라.
Once you start it, let it be done.

당신 없이는 견딜 수 없다.
I cannot do without you.

그 죄수는 전등이 없이 지낸다는 것이 매우 힘들다는 것을 깨달았다.
The prisoner found it very hard to do without the lights.

7) 명사 do

7세 아이들을 보살피는 데에는 해야 할 일들과 하지 말아야 할 일들이 있습니다.
There are do's and don'ts in caring for 7 years olds.

> 파생어
>
> 명 deed : 행위

112 double

1) **double + 명사** : ~를 두 배가 되게 하다, 겹치게 하다

   나는 너의 월급을 두 배로 올려 주겠다.
   I will double your salary.

   그녀는 샌드위치를 만들려고 빵 조각을 겹쳤다.
   She doubled her slice of bread to make a sandwich.

2) **double** : 두 배가 되다

   창문이 깨졌을 때 그 소음은 두 배가 되었다.
   The noise doubled when the window was broken.

3) **double as** : 겸하다

   거실은 식당을 겸한다.
   The living room doubles as a dining area.

113 doubt

1) **doubt + 명사** : ~를 수상히 여기다, 의혹을 품다

   나는 그녀의 정직성에 의혹을 품는다.
   I doubt her honesty.

2) **doubt + that S + P** : ~이 아니라고 생각하다

   당신은 지구가 둥글다는 것을 의심할 수 있는가?
   Can you doubt that the earth is round?

3) **doubt + whether + S + V** : ~인지 아닌지 수상히 여기다

   그가 그곳에 있었는지 어떤지 수상하게 생각한다.
   I doubt whether he was there.

drained - drained

114 drain

1) **drain + 명사** : ~(물 등)을 빼내다, 배수하다, 유출시키다

그들은 물을 빼내기 위해 도랑을 파야 한다.
They have to dig a drench to drain water out.

우리는 곡물을 경작할 땅을 얻기 위해 소택지를 배수해야 한다.
We should drain the swamps to get more land for crops.

그 전쟁은 나라의 재산과 인명을 유출시켰다.
The war drained the country of its people and money.

2) **drain** : 물이 빠지다, 물기가 없어져 마르다, 쇠퇴하다

그 거리는 배수가 잘 된다.
The street drains well.

drew - drawn

115 draw

1) **draw + 명사** : ~를 끌다, 당기다, (커튼 등을) 치다, (결론 등을) 내다, (돈을) 인출하다(~out)

커튼을 친 후에 그녀는 촛불에 불을 붙였다.
After drawing the curtains, she lit a candle.

그는 그들의 주의를 끌기 위해 팔을 흔들고 있었다.
He was waving his arms to draw their attention.

그는 벽난로에 그의 의자를 더 가깝게 끌어왔다.
He drew his chair nearer the fireplace.

그녀는 현금 인출기에서 현금을 인출하고 있었다.
She was drawing out cash from a cash machine.

그녀가 내 주의를 끌었다.
She has drawn my attention.

내 생각에 결승전은 많은 관중들을 끌 것이다.
The final match will draw many spectators, I guess.

148 최우선 영단어

일단 당신이 칼을 뽑으면 목숨을 걸어야 할 것이다.
Once you draw the sword, you will have to risk your own life.

길이가 짧은 못들은 다 뽑아내야 합니다.
You have to draw all the nails which are too short in length.

2) **draw + 명사** : ~를 그리다

로고를 위한 대강의 디자인을 그려보아라.
Draw a rough design for a logo.

직선을 그리기가 힘들다.
It is hard to draw a straight line.

3) **draw + 명사 + to inf.** : ~를 꾀어서 ~하게 하다

당신은 예쁘니까 손님을 끌어들여 그것들을 사도록 할 거예요.
Pretty as you are, you would draw customers to buy them.

4) **draw + game** : 무승부가 되다

그 게임은 무승부가 되었다.
The game was drawn.

5) **draw near** : 다가오다

성탄절이 다가온다.
Christmas is drawing near.

6) **명사 draw**

그 게임은 무승부로 끝났다.
The game ended in a draw.

○ 파생어

㊅ drawback : 결점, 문제점

그것의 주된 문제점은 비용이다.
The main drawback to it is the cost.

㊅ drawer : 서랍

116　dream

dreamed/dreamt - dreamed/dreamt

1) **dream** : 꿈꾸다, 꿈같은 느낌을 받다

   그는 좀처럼 꿈을 꾸지 않는다고 말한다.
   He says he seldom dreams.

   그는 꿈꾸고 있었음에 틀림없었다.
   He must have been dreaming.

2) **dream + of / about** : ~에 대하여 꿈꾸다, 상상하다

   그녀를 다시 만날 거라는 꿈을 거의 꾸지 못했다.
   Little did I dream of meeting her again.

   그와 같은 일을 하리라는 꿈을 꾸지 않는다.
   I shouldn't dream of doing such a thing.

3) **dream + 명사** : ~를 꿈꾸다

   그는 무서운 꿈을 꾸었다.
   He dreamed a horrible dream.

4) **dream + that S + P** : ~하는 꿈꾸다, 상상하다

   그가 집에 있는 꿈을 꾸었다.
   I dreamt that he was home.

   그녀의 기분을 상하게 했을 거라고는 생각하지 않았다.
   I little dreamed that I had offended her.

117 drive

1) drive + 명사 : ~를 몰다, 운전하다, 가동시키다

우리는 학교에 가고, 스포츠 활동에 참여하며, 자동차를 운전하고 때로는 갈등에 연루되기도 한다.
We may go to school, participate in sports, drive cars, and sometimes become involved in conflicts.

무엇이 기린목의 진화를 가동시켰는가?
What drove the evolution of the neck of the giraffe?

2) drive + 명사 + 형용사 : ~를 ~한 상태로 만들다

그의 무례함이 그녀를 화나게 만들었다.
His rudeness drove her angry.

3) drive + 명사 + to inf. : ~에게 ~하게 하다

한 번 이상(수차례), 우울증은 그에게 자살을 시도하도록 만들었다.
More than once, depression drove him to attempt suicide.

earned - earned

118　earn

1) **earn** + 명사 : ~를 벌다

   그는 하루에 10달러를 번다.
   He earns ten dollars a day.

   그는 임시직으로 생계를 유지한다.
   He earns his living by doing odd jobs.

2) **earn** + I.O.(명사) + D.O.(명사) : 'I.O.'에게 'D.O.'를 얻게 해주다

   당신의 지칠 줄 모르는 노력이 당신에게 당신을 아는 모든 이들의 존경을 얻게 해 줄 것이다.
   Your untiring efforts will earn you the respect of all who know you.

eased - eased

119　ease

1) **ease** + 명사 : ~를 완화시키다, 덜다, 편하게 하다, 안심시키다, 늦추다

   그 약은 그녀의 고통을 덜어주었다.
   The medicine eased her pain.

   내가 당신의 마음을 어루만져주겠다.
   I will ease your mind.

   나는 벨트를 약간 느슨하게 했다.
   I eased the belt a little.

2) **ease** + A of B : A에게서 B를 덜어주다

   그는 나에게서 그 짐을 덜어주었다.
   He eased me of the burden.

3) **ease oneself** : 안심하다, 기분을 풀다, 대·소변을 보다

   이 근처에서 용무를 보시면 안 됩니다.
   You can't ease yourself around here.

120 employ

1) employ + 명사(주로 사람) : ~를(에게) 고용하다, 일을 주다

이 일은 60명의 남자들을 고용할 것이다.
This work will employ 60 men.

2) employ + 명사 : ~(물건, 시간, 힘 등)를 소비하다, 사용하다

나는 이 연구에 사용된 접근형태들과 방법을 좋아하지 않는다.
I don't like the approaches and methods employed in the study.

파생어

employment : 직장, 고용

대졸자들이 직장을 구하기가 점점 더 힘들어지고 있다.
Graduates are finding it more and more difficult to find employment.

employee : 종업원

그 회사는 종업원이 500명이 넘는다.
The firm has over 500 employees.

employer : 고용주

그들은 아주 좋은 고용주이다.
They're very good employers.

121 engage

1) engage + A(명사) + to + B(명사) : A와 B를 약혼 시키다

나는 그녀와 약혼 중이다.
I am engaged to her.

나는 아들을 그녀의 딸과 약혼시킬 것이다.
I will engage my son to her daughter.

2) engage + A(명사) + in + B(명사) : A를 B에 종사시키다, 몰두시키다

그 배는 해외무역에 종사되어진다. (사용된다)
The ship is engaged in foreign trade.

그는 의학연구에 종사하고 있었다.
He was engaged in medical researches.

우리는 전선에서 교전 중이었다.
We were engaged at the front.

3) engage + to inf. / that S + P / for + 명사 : ~을 장담하다, 약속하다

시간이 없으면 그 일을 하겠다고 약속하지 않는 것이 좋겠다.
You had better not engage to do the work unless you have time.

나는 그가 약속을 지킨다는 것을 보증합니다.
I will engage that he will keep the promise.

그것은 내가 보증할 수 있는 일 이상입니다.
That is more than I can engage for.

○ 파생어

⑲ engagement : 약혼, 약속

나는 선약이 있어서 거절해야 했다.
I had to refuse because of a prior engagement.

122 ensure

1) ensure + 명사 : ~를 안전하게 하다

그 비판가들로부터 자신을 지켜야 한다.
You should ensure yourself against the critics.

2) ensure + 명사 / V-ing / that S + P : ~를 확실하게 하다, 보증하다, 확보하다

그들은 그가 그 상을 획득할 것을 보증했다.
They ensured his obtaining the prize.
= They ensured that he will obtain the prize.

3) ensure + I.O.(명사) + D.O.(명사) : 'I.O.'에게 'D.O.'를 보장 해주다

이 소개장은 당신에게 면회를 보장해 줄 것이다.
This letter of recommendation will ensure you an interview.

당신에게 한 자리를 보장해 줄 수는 없다.
I cannot ensure you a post.

123 entitle

1) entitle + 명사 + O.C. : ~를 'O.C.'라고 칭하다

그 책은 국부론이라고 제목이 붙었다.
The book was entitled 'The wealth of nations'.

2) entitle + A to B : A에게 B에 대한 권리, 자격을 주다

당신의 경험은 당신에게 젊은 사람들의 존경에 대한 자격을 준다.
Your experience entitles you to the respect of the young.

당신은 그 직책에 대한 자격이 있다.
You are entitled to the position.

124 equip

1) equip + A with B : A에게 B를 갖추게 하다

가장 우선적 일은 그 요새에 총포와 탄약을 갖추게 하는 것이다.
The top priority is to equip the fort with guns and ammunition.

그 방은 내장 시설을 갖추고 있다.
The room is equipped with a built-in system.

그는 모든 자녀들에게 훌륭한 교육을 갖추게 했다.
He equipped all his children with a good education.

2) equip + 명사 + to inf. : ~에게 ~할 준비를 갖추게 하다

그는 유학 가서 공부할 준비가 잘 갖추어지길 원했다.
He wanted to be well equipped to study abroad.

3) equip + A for B : A를 B에 대비시키다

그는 그 여행을 위해 스스로를 대비시켰다.
He has equipped himself for the trip.

그 배는 항해할 준비가 되었다.
The ship is equipped for a voyage.

파생어

equipment : 장비, 용품, 설비

그들은 야영 여행용 장비를 챙겼다.
They packed equipment for their camping trip.

125 escape

1) escape + 명사 / V-ing : ~를 면하다, 피하다

그는 죽음을 면했다.
He escaped death.

그의 이름이 내 기억을 피해 갔다.
His name escaped my memory.

너를 피해 갈 수 있는 것은 없구나. (철두철미하다)
Nothing escapes you.

2) escape : 탈출하다, 새어 나오다, 도망치다

죄수 중 하나가 수용소에서 탈출했다.
One of the prisoners escaped from the camp.

개스가 낡은 파이프에서 새고 있다.
The gas is escaping from the old pipe.

126 examine

1) examine + 명사 : ~를 시험하다

그 교사는 학생들의 역사에 관한 지식에 대해 테스트를 했다.
The teacher examined students on their knowledge of history.

2) examine + 명사 / wh- S + P : ~를 검사하다, 조사하다, 진찰하다

그는 그녀의 여권을 검사하고 그것에 도장을 찍었다.
He examined her passport and stamped it.

또 다른 의사가 그녀를 진찰했는데 여전히 아무런 이상도 발견하지 못했다.
Another doctor examined her and could still find nothing wrong.

그들은 손수 그 음식을 맛봄으로써 독이 있는지의 여부를 검사한다.
They examine whether the food is poisonous by tasting it themselves.

> **파생어**
>
> 명 examination : 조사, 검토, 시험
>
> 당신의 제안서는 아직 검토 중입니다.
> Your proposals are still under examination.

127 excuse

1) excuse + 명사 : ~를 용서하다, 너그러이 봐주다

답장을 좀 더 빨리 보내지 못한 것에 대해 나를 용서해 주십시오.
(~것에 대해 죄송합니다.)
Excuse me for not having answered your letter sooner.

법에 대한 무지가 용서해 줄 수 있는 사람은 없다.
Ignorance of the law excuses no man.

나는 당신을 내 수업에 참석하는 것으로부터 면제시켜 줄 수 없다.
I can't excuse you from attending my classes.

2) excuse + 명사 : ~에 대해 변명하다

그것은 우리 어머니의 행동에 대해 변명할 수 없다. (~에 대한 구실이 되지 못한다.)
That doesn't excuse my mother's behavior.

128 expect

1) expect + A + (of + B) : (B에게서) A를 기대하다

나는 네가 나에게 많은 것을 기대하지 않기를 바란다.
I hope you don't expect much of me.

신사한테서 기대되어질 수 있듯이, 그는 약속을 지켰다.
As might be expected of a gentleman, he was as good as his words.

편할 때 오시면 됩니다.
I shall not expect you till I see you.

나는 최악을 예상했었다.
I expected the worst.

2) expect + to inf. : ~할 것을 기대(예상)하다

당신은 당신과 함께 일하게 될 모든 사람들을 좋아할 거라 기대할 수 없다.
You cannot expect to like all the people you will work with.

3) expect + that S + P : ~라고 기대(예상)하다

나는 네가 (다음에) 뒤따라 올 내용을 추측할 수 있을 거라 기대한다.
I expect (that) you can guess what follows.

4) expect + 명사 + to inf. : ~가 ~할 것을 기대하다

한국은 2010년에 세계 4대 자동차 생산국 대열에 들것으로 예상된다.
Korea is expected to be among the world's top four auto-making countries by 2010.

파생어

⑲ expectation : 예상, 기대

우리는 완전히 회복하리라는 우리의 예상에 자신이 있습니다.
We are confident in our expectation of a full recovery.

129 explain

1) explain + 명사 : ~를 설명하다

네 의견을 간단히 설명해 보아라.
Explain your opinion briefly.

나는 언제나 나의 유년 시절에 나의 크리스마스 경험을 설명해 주는 쪽지를 집어넣었다.
I always included a note explaining my Christmas experience as a child.

2) explain + A to B : A를 B에게 설명하다

그녀는 자신의 행동을 사장에게 설명했다.
She explained her conduct to her boss.

3) explain + that/wh- + S + P : ~을 설명하다

그는 기차가 연착되었다고 설명했다.
He explained that his train had been delayed.

지각한 이유를 말해보아라.
Explain why you were late.

파생어

⑲ explanation : 해명, 이유, 설명

그녀는 아무 이유(설명) 없이 갑자기 방을 나갔다.
She left the room abruptly without explanation.

⑲ explanatory : 이유를 밝히는, 설명하기 위한

책의 뒷부분에 주석이 있다.
There are explanatory notes at the back of the book.

130 face

1) **face + 명사** : ~에 면하다, ~를 향하다, 마주하다

   크리스티는 그가 기자단과 마주쳤을 때 침착하고 진정되어 보였다.
   Christie looked relaxed and calm as he faced the press.

2) **be faced with** : ~에 직면하다

   우리는 심각한 문제에 직면해 있다.
   We are faced with a serious problem.

3) **명사 face**

   (1) wear a long face : 인상을 쓰다
   (2) make a face : 인상을 쓰다
   (3) face to face : 서로 마주보고
   (4) save one's face : 체면을 살리다
   (5) in the face of : ~을 맞대놓고, ~에도 불구하고

파생어

⑱ facial : 얼굴의, 안면의

그는 절대 얼굴 표정을 바꾸지 않았다.
He didn't change his facial expression once.

131 fail

1) **fail + 명사** : ~를 잃다, 저버리다, ~에서 낙제하다

   나는 감사를 표현할 말을 잃었습니다.(어떻게 감사의 말을 드리면 좋을지 모르겠네요)
   I fail words to express my thanks.

   나는 그가 역사 과목에서 낙제했다는 사실을 듣고 놀랐다.
   I was surprised to hear that he had failed history.

   그는 최후의 순간에는 나를 저버렸다.
   He failed me at the last time.

2) **fail + to inf.** : ~하지 못하다

   저에게 그것에 대해서 알려주는 것을 실패하지 말아 주십시오.
   Don't fail to let me know about that.

   그는 결코 안 늦는 법이 없다.
   He never fails to be late.

3) **fail in** : ~가 모자라다, ~하는 일에 실패하다

   만일 우리가 그 나라에서 발생한 일을 보고하지 않는다면, 우리는 우리의 의무를 수행하지 못하는 것이 될 것이다.
   If we did not report what was happening in the country, we would be failing in our duty.

4) **fail** : 약해지다, 망가지다

   그의 시력이 약해지기 시작했다.
   His sight has begun to fail.

   그의 건강이 나빠졌다.
   His health failed.

   오랜 등산 후에 다리가 후들거렸다.
   My legs failed after the long hiking.

   불쌍한 노인, 정신이 오락가락하고 있어.
   Poor old man, his mind is failing.

   목소리가 제대로 안 나온다.
   My voice is failing.

> **파생어**
>
> 명 failure : 실패
>
> 그 계획의 성공과 실패는 네게 달렸다.
> The success or failure of the plan depends on you.

fell - fallen

132 fall

1) **fall** : 떨어지다, 내려앉다, 늘어지다, 전락하다, 쓰러지다, 죽다, 함락되다

눈이 내리고 있었다.
The snow was falling.

벚꽃이 눈송이처럼 나무에서 떨어지고 있다.
The cherry blossoms are falling from the trees like snowflakes.

땅은 해안까지 완만하게 이어진다.
The land falls gently to the beach.

그녀는 머리칼을 어깨 위로 떨어뜨린 채 내 앞에 서 있었다.
She stood before me with her hair falling over her shoulders.

그 아이는 실족하여 넘어졌다.
The child stumbled and fell.

그 전사는 자신의 칼 위에 쓰러졌다. (자결했다)
The warrior fell on his sword.

베를린이 연합군 측에 떨어졌다. (수중에 들어갔다)
Berlin fell to the Allies.

2) **fall** : 가라앉다, 찾아 들다, 날짜에 해당되다, 귀속되다

어둠이 떨어지기 시작했다.
The night began to fall.

그의 생일은 목요일이다.
His birthday falls on Thursday.

모든 책임은 당신에게 귀속됩니다. 왜냐하면 당신이 연장자이기 때문입니다.
All the responsibility falls on you, because you are a senior.

복권이 그에게 당첨되었다.
The lot fell upon him.

혐의가 나에게 씌워졌다.
Suspicion fell on me.

3) **fall + 보어 : ~한 상태가 되다**

그 계약은 만기가 되었다.
The contract has fallen due.

그것은 뱀의 먹이가 된다.
It falls a prey to the snake.

그는 집을 떠나 있을 때 쉽게 병이 든다.
He easily falls sick while he is away.

나는 그 음악을 들으면서 잠들었다.
I fell asleep, listening to the music.

그 사슴은 쓰러져 죽었다. (추가보어적 해석)
The deer fell dead.

4) **관용표현**

나는 그녀와 사랑에 빠졌다.
I fell in love with her.

그는 빈곤에 빠졌다.
He fell into poverty.

그 소식은 그의 입에서 나왔다.
The news fell from his lips.

그 주자는 뒤로 처졌다.
The runner fell behind.

133 fancy

1) fancy + 명사 / V-ing / that S + P : ~를 상상 하다

우리는 전기 없는 생활을 상상할 수 없다.
We cannot fancy a life without electricity.

나는 그 집에 불이 났다고 상상했다.
I fancied that the house was on fire.

그가 너에게 거짓말을 하고 있다고 상상해 봐.
Fancy his telling a lie to you.

나는 그가 50세쯤이라고 생각한다.
I fancy he is about fifty.

2) fancy + 명사 : ~를 즐기다, 마음에 들어하다

뭐 단것 좋아하는 것 없니?
Do you fancy anything sweet?

3) fancy + 명사 + 보어 : ~를 ~로 생각하다

그 여자는 제 딴에 예쁘다고 생각한다.
She fancies herself beautiful.

스스로를 걸리버라고 상상해 보라.
Fancy yourself to be Gulliver.

134 fear

feared - feared

1) **fear + 명사 / V-ing / to inf.** : ~를 두려워하다

그는 두려워하는 것이 없다.
He feared nothing.

그녀는 그 집에 혼자 머무는 것을 두려워한다.
She feared staying alone in the house.

그는 그 음식을 먹기가 두려웠다.
He feared to eat the food.

2) **fear + that S + P** : ~을 염려하다

그가 꿈을 너무 많이 꾸는 것 같아서 걱정이다.
I fear that he dreams too much.

◯ 파생어

- ⑱ **fearful** : 걱정하는, 무시무시한

    부모는 언제나 자식에 대해 걱정을 한다.
    Parents are ever fearful for their children.

- ⑱ **fearsome** : 무시무시한

    너에게 무시무시한 이야기를 말해주게 해 달라.
    Let me tell you a fearsome story.

135 feed

1) feed + 명사 : ~에게 먹이를 주다, ~를 부양하다

그것으로 100명을 먹이기에는 충분하지 않다.
That's not sufficient to feed a hundred men.

너를 먹이는 손을 깨물지 말라. (은혜를 원수로 갚으면 안 된다)
Don't bite the hand that feeds you.

제대로 먹여지면 제대로 길러진다. (의식이 충분해야 예절이 산다)
Well fed, well bred.

2) feed + I.O.(명사) + D.O.(명사) : 'I.O.'에게 'D.O.'를 (먹이로) 주다

우리의 대리인들이 그 지역의 시장상황에 대해 정기적인 정보를 우리에게 제공한다.
Our overseas agents feed us regular information about the state of the market in their area.

3) feed on : ~을 먹고 살다

증오는 질투를 먹고 산다.
Hatred feeds on envy.

136 feel

1) feel + 명사 : ~를 만져보다, 느끼다

그들의 고통을 느껴보세요.
Feel their pain.

2) feel + 형용사 : ~한 상태로 느끼다

나는 기분이 매우 좋다.
I feel so good.

3) feel for : ~의 감정을 알다, 이해하다, 촉각으로 찾다

그녀의 남편이 죽었을 때 나는 그녀를 정말 동정했다.
I really felt for her when her husband died.

나는 어둠 속에서 스위치를 더듬어 찾으려 했다.
I tried to feel for the switch in the dark.

4) **feel + 명사 + inf.** : ~가 ~하는 것을 느끼다

그는 얼굴이 달아오르는 것을 느꼈다.
He felt his face flush.

5) **feel + 명사 + V-ing** : ~가 ~하는 것을 느끼다

우리는 지면이 내려앉는 것을 느꼈다.
We felt the ground sinking.

6) **feel + 명사 + p.p** : ~가 ~되는 것을 느끼다

내 자신의 몸이 위로 들려지는 것을 느꼈다.
I felt myself lifted up.

7) **feel that S + P** : ~을 느끼다

재난이 임박한 것 같은 느낌이 든다.
I feel that some disaster is impending.

8) **feel + it + O.C. + to inf.** : ~하는 것이 'O.C.'하다고 생각하다, 느끼다

그녀는 그를 돕는 것이 자기 의무라고 생각했다.
She felt it her duty to help him.

9) **feel at home** : 집처럼 편하다

나는 그의 집에서 편안함을 느낀다.
I feel at home at his home.

10) **feel like + V-ing** : ~하고 싶어하다, ~하는 느낌이 들다

나는 구름 위를 걷는 것 같은 기분이다.
I feel like walking on the clouds.

137 figure

1) figure + (out) + 명사 : ~를 나타내다, 계산하다, 어림잡다

비둘기는 평화를 상징한다.
A dove figures peace.

당신이 나의 소득세를 계산해 주겠소?
Will you figure out my income tax?

2) figure + 명사 + (to be) + 보어 : ~를 ~라고 생각하다, 판단하다

나는 그 사람을 50세 정도로 판단했다.
I figured him to be about fifty.

3) figure + that S + P : ~라고 생각하다, 판단하다

그녀는 그녀와 Ned가 모두 그 경험으로부터 많은 것을 배웠다고 생각했다.
She figured that both she and Ned had learned a lot from the experience.

4) figure as + 명사 : ~의 역을 연기하다, 두각을 나타내다

그는 그 연극에서 왕의 역할을 했다.
He figured as a king in the play.

그는 자선가로 통한다.
He figures as a philanthropist.

5) figure out : 이해하다, 파악하다

그들은 이 모든 상황의 동기에 대해 이해하려고 노력하고 있다.
They're trying to figure out the politics of this whole situation.

138 fill

1) **fill + 명사** : ~를 채우다

    군중이 정원을 채웠다.
    The crowd filled the garden.

2) **fill + A with B** : A를 B로 채우다

    병을 물로 채우시오.
    Fill the bottle with water.

3) **fill + I.O.(명사) + D.O.(명사)** : 'I.O.'에게 'D.O.'를 채워주다

    그는 나에게 위스키 한잔을 채워주었다.
    He filled me a glass of whiskey.

4) **fill with** : ~로 가득 차다

    그 여자의 눈은 눈물로 가득 찼다.
    Her eyes filled with tears.

5) **fill in** : 빈 곳을 채우다

    알맞은 말들로 빈칸을 채우시오.
    Fill in the blanks with suitable words.

6) **fill out** : 살찌다, 문서의 여백을 메우다

    그 문서에 기입을 하시오.
    Fill out the form.

7) **fill up** : 가득히 채우다

    가득 채워주세요. (주유소에서 혹은 자신의 술잔에)
    Fill it up please.

139 find

1) **find + 명사** : ~를 찾다, 발견하다, 알다

   우리는 금광을 발견했다.
   We found a gold mine.

2) **find + that S + P** : ~을 알다, 파악하다

   그는 자기가 잘못했음을 알았다.
   He found that he was mistaken.

3) **find + I.O.(명사) + D.O.(명사)** : 'I.O.'에게 'D.O.'를 찾아주다

   저에게 좋은 것을 찾아주시지 않겠습니까?
   Will you find me a good one?

4) **find + 명사 + O.C.(명사)** : ~를 'O.C'라고 알다, 파악하다

   나는 그들을 학생으로 파악했다.
   I found them the students.

5) **find + 명사 + 형용사** : ~가 ~한 상태임을 알다

   나는 지갑이 없어진 것을 깨달았다.
   I found my purse gone.

6) **find + it + O.C. + to inf.** : ~하는 것이 'O.C.'하다는 것을 알게 되다

   우리는 그렇게 하는 것이 어렵다는 것을 알았다.
   We found it difficult to do so.

7) **be found + 명사 / 형용사 / to inf.** : ~로(한 상태로) 발견되다, 알게 되다

   그는 죽은 상태로 발견되었다.
   He was found dead.

   그가 적과 내통하고 있음이 발각되었다.
   He was found to be hand in glove with the enemy.

   그녀는 선생님으로 파악되었다.
   She was found a teacher.

140 fix

1) **fix + 명사** : ~를 고착시키다, 확정하다, 수선하다, 마련하다

   이 말을 마음에 새겨두어라.
   Fix these words in your mind.

   여보~ 고장 난 변기 좀 고쳐줄 수 있어요?
   Honey, can you fix the broken toilet bowl?

   나는 모기장을 쳤다.
   I fixed a mosquito net.

   회의할 장소를 결정했습니까?
   Have you fixed a place for the meeting?

   샐러드를 마련해라.
   Fix a salad.

2) **fix + A on B** : A를 B에 고정시키다

   그의 눈길은 멀리 배에 고정되어 있었다.
   His eyes were fixed on the distant ship.

3) **fix + I.O.(명사) + D.O.(명사)** : 'I.O.'에게 'D.O.'를 마련해주다

   나에게 점심을 차려줄래?
   Will you fix me lunch?

파생어

- (동) **affix** : 부착하다, 붙이다

  꼬리표가 단단하게 그 꾸러미에 붙여져야 한다.
  The label should be firmly affixed to the package.

flew - flown

141 fly

1) **fly** : 날다, 날아가다, 나부끼다

   시간은 쏜살같이 흐른다.
   Time flies like an arrow.

2) **fly + 명사** : ~를 날리다, 타고 날다

   나는 연을 날리고 싶다.
   I like to fly a kite.

   국적 항공사를 이용해 주세요.
   Please fly the national airlines.

> **파생어**
>
> ⓜ **flight** : 비행, 항공편
>
> 우리는 런던에서 파리로 가는 비행 편에서 만났다.
> We met on a flight from London to Paris.

focused/focussed - focused/focussed

142 focus

1) **focus on** : ~에(을) 집중하다

   그의 눈은 나에게 집중하지 않았다.
   His eyes did not focus on me.

2) **focus + A on B** : A를 B에 집중시키다

   다음 문제에 정신을 집중해 주시기 바랍니다.
   Please focus your minds on the following problem.

143 follow

1) **follow + 명사** : ~의 뒤를 잇다, 따라 가다, ~에 종사하다, ~를 추구하다, 본받다, 이해하다

여름은 봄을 이어간다.
Summer follows spring.

그는 선원이 되었다.
He followed the sea.

그는 농업에 종사했다.
He followed the plow.

이 길을 따라 모퉁이까지 가십시오.
Follow this street to the corner.

무슨 말씀을 하시는지 당신을 이해하지 못합니다.
I don't quite follow you.

2) **it + follows + that S + P** : 결과로써 당연히 ~ 하다

그 결과 그는 당연히 살인자가 아니다.
It follows that he is not the murder.

3) **as follows** : 다음과 같다

그가 한 말은 다음과 같았다.
His words were as follows.

144 fool

1) **fool** : 어리석게 굴다, 장난치다, 빈둥대다

빈둥거리고 있지 마라.
Don't stay fooling around.

2) **fool + 명사** : ~를 바보 취급하다, 속이다, 낭비하다

그는 나를 줄곧 속이고 있었다.
He has been fooling me all the time.

145 forbid

forbade - forbidden

1) forbid + 명사 : ~를 금지하다

우리는 식사 시간에 와인을 금한다.
We forbid wine during mealtime.

2) forbid + V-ing : ~하는 것을 금하다

나는 홀에서 담배 피우는 것을 금지한다.
I forbid smoking in the hall.

3) forbid + 명사 + to inf. : ~가 ~하는 것을 금지하다

그의 아버지는 그가 나를 만나는 것을 금지한다.
His father forbids him to see me.

4) forbid + I.O.(명사) + D.O.(명사) : 'I.O.'에게 'D.O.'를 금하다

나는 당신에게 그 사람에 대한 자비심을 금한다.
I forbid you all leniency with the man.

5) forbid + that + S + (should) + R : ~을 금지하다

경찰은 그 집이 공개되는 것을 금한다.
The police have forbidden that the house be opened.

파생어

형 forbidding : 험악한, 으스스한

그 집은 어둡고 으스스해 보였다.
The house looked dark and forbidding.

146 force

1) **force + 명사 : ~를 강행하다, 억지로 하게 하다**

   네가 그녀에게 강요하지 않는 한 그녀는 그 일을 하지 않을 것이다.
   She won't do it unless you force her.

2) **force + 명사 + to inf. : ~에게 ~하도록 강요하다**

   그들은 그에게 서류에 서명하도록 강요했다.
   They forced him to sign the paper.

3) **be forced + to inf. : (억지로) ~하게 되다**

   그들은 부상병들을 버리도록 강요당했다.
   They were forced to forsake their wounded soldiers.

4) **force + A(명사) + 전치사 + B(명사) : (강요해서) A를 B한 상태에 이르게 하다**

   나는 그를 강제로 퇴직시켰다.
   I forced him out of the position.

   그녀는 범죄를 저지르도록 강요받았다.
   She was forced into crime.

   당신에게 일을 강요해서 미안하다.
   I am sorry to force business on you.

5) **force + 명사 + 보어(형용사 / V-ing / p.p) : ~를 강제로 ~한 상태로 만들다**

   그 문은 강제로 열렸다.
   The door was forced open. (수동)

파생어

- ⓥ reinforce : 강화하다

   우리 팀은 수비를 보강해야 한다.
   Our team has to do something to reinforce its defense.

- ⓥ enforce : 집행하다

   경찰들은 교통 법규를 집행해야 한다.
   Police have to enforce traffic laws.

147 forget

1) **forget + to inf.** : ~할 것을 잊다

   나는 편지에 회답 쓸 것을 잊었다.
   I forgot to answer the letter.

2) **forget + V-ing** : ~한 것을 잊다

   나는 대통령의 연설을 들었던 일을 결코 잊지 못할 것이다.
   I shall never forget hearing the President's address.

3) **forget + 명사** : ~를 잊다

   그는 대사를 잊었다.
   He forgot his lines.

4) **forget + that S + P** : ~을 잊다

   너는 내가 온다는 것을 잊었니?
   Did you forget that I was coming?

5) **forget about** : ~에 관하여 잊어버리다

   잘못을 나에게로 돌리고 우리에 대해 서로 잊고 헤어집시다.
   Let's forget about us and please put the blame on me.

6) **forget oneself** : 자제심을 잃다

   무엇을 보더라도 자제심을 잃으면 안 됩니다.
   Don't forget yourself no matter what you may see.

148 forgive

1) **forgive + 명사** : ~를 용서하다

   나는 나를 속인 것에 대해 그 소년을 용서했다.
   I forgave the boy for deceiving me.

2) **forgive + I.O.(명사) + D.O.(명사)** : 'I.O.'에게 'D.O.'를 용서하다

   나에게 분별없음을 용서하시오.
   Forgive me my insensibility.

149 form

1) form : 형성되다, 생기다

어떤 계획이 그의 마음속에 형성되기 시작했다.
A plan began to form in his mind.

2) form + 명사 : ~를 만들다, 세우다

나는 잘 생각해 보지도 않고 의견을 형성하는 일은 하지 않는다.
I don't form opinions without careful consideration.

그들은 학생 연합을 결성했다.
They formed a federation of students.

물은 얼어서 얼음을 만든다.
Water freezes and forms ice.

요리사는 밀가루 반죽으로 빵 덩어리를 만들었다.
The cook formed the dough into loaves.

3) 명사 form

(1) take the form of : ~의 형태를 띠다

(2) in the form of : ~의 형태로

(3) for form's sake : 격식상

그것은 종교의 초기 형태를 띠게 된다.
It is to take the primary form of religion.

파생어

명 **formation** : 형성, 과정

우리 태양계가 형성되는 동안에 이런 충돌들은 흔한 일이다.
Such impacts were commonplace during the formation of our solar system.

형 **formal** : 격식을 차린, 정중한

그 식사는 격식을 차리는 행사였다.
The dinner was a formal affair.

150　gain

1) **gain** : 이익을 얻다, 벌다, 진보하다, 나아가다, 향상되다

   그 병든 아이는 날마다 건강이 호전되고 있다.
   The sick child is gaining in health daily.

   이 시계는 하루에 일분씩 빨리 간다.
   This watch gains by one minute a day.

2) **gain + 명사** : ~를 얻다, 벌다, 획득하다, 늘다

   이것이 내가 생계비를 버는 방식이다.
   This is how I gain my living.

   당신의 목적을 달성할 수 있는가?
   Can you gain your end?

   이번 달에 5파운드 체중이 불었다.
   I have gained five pounds this month.

   그녀는 체중이 늘어나고 있다.
   She is gaining weight.

got - gotten/got

151 get

1) **get** : 이르다, 도달하다, 당도하다

   우리는 그저께 기차로 여기에 도착했다.
   We got here by train the day before yesterday.

   너무 술수를 부리면 얻는 것이 없을 것이다.
   You will get nowhere if you are too tricky.

   이 분야에서 약간의 성공이라도 거두고 싶다.
   I want to get anywhere in this field.

2) **get + 형용사** : ~한 상태가 되다

   날이 어두워지자, 하루가 지난 걸 그들은 알았다.
   When it gets dark at night, they know that the day is over.

   늙어가고 있다.
   I am getting old.

3) **get + 명사** : ~를 얻다, 이해하다

   그것을 사겠습니다.
   I will get it.

   내 말을 이해하세요?
   Do you get me?

   그를 전화 상에서 불러주세요.
   Get him on the phone.

   그가 일등 상을 탔다.
   He got the first prize.

   그녀는 푸른 눈을 가지고 있다.
   She has got blue eyes.

4) **get + I.O.(명사) + D.O.(명사)** : 'I.O.'에게 'D.O.'를 얻어주다, 구해다 주다

   나에게 물을 한잔 가져다주세요.
   Get me a glass of water.

5) **get + 명사 + O.C.(형용사)** : ~를 ~한 상태로 만들다

나는 발이 젖었다.
I got my feet wet.

나를 오해하지 마라.
Don't get me wrong.

6) **get + to inf.** : ~하게 되다

나는 그의 힘을 인식하게 되었다.
I got to realize his power.

7) **get + 명사 + to inf.** : ~가 ~하도록 시키다

나는 이 문을 제대로 닫히게 할 수가 없다.
I can't get this door to shut properly.

8) **get + 명사 + p.p** : ~가 ~되도록 시키다, 되는 일을 겪다

내 팔이 부러지는 일을 당했다.
I got my arm broken.

당신의 일을 완수시켜라.
Get your work done.

9) **get + p.p** : (동작을 강조하는 수동형에서) ~되다

살해당하고 싶지 않다.
I don't want to get killed.

결혼하지 않을 것이다.
I am not getting married.

그는 술이 취했다.
He got drunk.

너는 그것에 익숙해질 것이다.
You will get used to it.

나는 그 오렌지들을 따다가 잡혔다.
I got caught picking the oranges.

10) have got + to inf. : ~해야 한다

당신은 야채를 더 많이 먹어야 한다.
You've got to eat more vegetable.

11) 관용표현

벌금으로 막을 수는 없다.
I can't get away with a fine.

금방 돌아와라.
Get back soon.

머리를 낮추어라.
Get down your head.

다음 정거장에서 내릴 것이다.
I will get off at the next stop.

자동차에 타라.
Get in the car.

제발 나가라.
Please get out.

우리 언제 만날까?
When shall we get together?

그는 일찍 일어나야 한다.
He has to get up early.

당신은 어떻게 지내고 있는가?
How are you getting along?

나는 그와 친하게 지낸다.
I get along with him.

152 give

1) **give + 명사 : ~를 주다**

   그는 가난한 사람들에게 돈을 주었다.
   He gave money to the poor.

   그는 그 장면에서 신음소리를 냈다.
   He gave a groan at the scene.

   추측해 볼 수 있는가?
   Can you give a guess?

   빠른 답변을 해라.
   Give a quick reply.

   주문을 하시겠어요?
   Will you give an order?

   나는 파티를 열 것이다.
   I will give a party.

   잡아 당겨 보아라.
   Give a pull.

   밀어보아라.
   Give a push.

   그는 약속했다.
   He gave his word.

   온도계는 30도를 가리켰다.
   The thermometer gave 30 degrees.

2) **give + I.O.(명사) + D.O.(명사) : 'I.O.'에게 'D.O.'를 주다**

   너에게 이 책을 주겠다.
   I'll give you this book.

   그는 나를 차갑게 쏘아보았다.
   He gave me a cold look.

   그것을 다시 한번 시도해 보라.
   Give it another try.

   그는 일생을 그 연구에 바쳤다.
   He gave his life to the studies.

3) **given + 명사 / that S + P : ~를 고려할 때**

그들 상품의 낮은 가격을 고려하면, 우리가 그들을 물리칠 가능성은 없다.
Given the low price of their product, we can't stand a chance to beat them.

4) **관용표현**

그는 아낌없이 자선한다.
He gives generously to charity.

서리가 녹고 있다.
The frost is giving.

공평하게 거래를 하자.
Let's give and take.

그들은 희망을 포기하지 않았다.
They did not give up hope.

당신은 흡연을 포기해야 한다.
You should give up smoking.

그들은 그녀를 죽은 것으로 포기했다.
They gave her up for lost.

그 장소는 아이들의 놀이터로 내주어져 있다.
The place is given over to a children's playground.

태양은 오랫동안 빛과 열을 방출하고 있다.
The sun has been giving off light and heat for such a long time.

went - gone

153 go

1) **go** : 가다, 진행되다, 사라지다

나는 갈 준비가 되어있다.
I am ready to go.

그는 시력을 잃어가고 있다.
His sight is going.

지붕이 무너졌다.
The roof went.

그 은행은 언제라도 붕괴될 수 있다.
The bank may go any day.

이 기계는 작동이 안 된다.
This machine is not going.

그 이야기는 이렇다.
The story goes like this.

자리로 돌아가 주세요.
Go back to your seat.

이제 고통은 사라졌다.
The pain has gone now.

사태는 어떻습니까?
How are things going?

이 칼들은 어디에 놓는 것입니까?
Where do these knives go?

2) **go** + 형용사 : ~한 상태가 되다

모든 계란이 변질되었다.
All the eggs went bad.

그는 장님이 되었다.
He has gone blind.

그는 그 소식을 듣고 미쳤다. (화났다)
He went mad at the news.

그는 잠들었다.
He has gone asleep.

어떤 미개인들은 항상 알몸이다.
Some savages always go naked.

그들은 애정에 목이 말라있다.
They go hungry for love.

3) **go + V-ing** : ~하러 가다

여자들을 울리고 다니지 마라.
Don't go breaking girls' heart.
(go fishing, go shopping, go mountain climbing, go surfing, go golfing...)

4) **go wrong** : 나쁜 상태가 되다

만사가 나빠졌다.
Everything went wrong.

5) **관용표현**

그는 대개 우리 사이를 중재한다.
He usually goes between us.

그는 항상 여자들만 따라다닌다.
He always goes after girls.

당신의 일이나 해라.
Go about your business.

해는 지고 폭풍이 일어난다.
The sun goes down and the storm rises.

내가 들렀을 때 그는 집에 없었다.
He was not in when I went by.

그의 명성은 멀리까지 미친다.
His reputation goes far.

그는 항상 돈을 추구한다.
He always goes for money.

그 아기는 잠들었다.
The baby has gone off.

오늘 아침 나의 알람이 울리지 않았다.
My alarm didn't go off this morning.

그는 그 일을 계속했다.
He went on with the work.

그는 계속 이야기했다.
He went on talking.

모든 불이 나갔다.
All the lights went out.

그 집을 사기 전에 점검을 다시 하는 것이 좋겠다.
You had better go over the house before you buy it.

달은 지구 둘레를 돈다.
The moon goes round the earth.

그녀는 나에게 식사를 함께 하는 것 까지도 허용해 주었다.
She went so far as to permit me to dine with her.

오싹함이 나를 뚫고 지나갔다.
A shiver went through me.

그는 모든 서랍을 뒤졌다.
He went through every drawer.

그는 모든 역경을 겪었다.
He went through all the hardship.

그는 대학을 졸업했다.
He went through college.

이 타이와 너의 정장은 잘 어울린다.
This tie and your suit go together.

우리는 함께 어울린다.(우리는 애인 사이이다)
We go together.

그는 너무 지나쳤다.(극단적이었다)
He went too far.

그 기계는 산산조각 났다.
The machine went to pieces.

바쁠 때 나는 점심 없이 지낸다.
When I am busy, I go without lunch.

자 간다, 받아라.
Here goes.

그는 내 손을 놓았다.
He let go of my hand.

나는 포장용 샌드위치를 주문했다.
I ordered a sandwich to go.

한 페이지 남았다.
There is only one more page to go.

당신은 3마일을 더 가야 한다.
You have 3 miles to go.

154 grant

1) grant + I.O.(명사) + D.O.(명사) : 'I.O.'에게 'D.O.(부탁 등)'을 들어주다(승인해주다)

프랑스는 그에게 정치적 보호를 허락(제공)할 것에 동의했다.
France has agreed to grant him political asylum.

신이 당신들 모두에게 성공을 허락하길 기원합니다.
May God grant success to you all.

2) granting + that S + P : ~라 해도

그가 이미 부자라 해도, 그는 살 수 있는 것을 여전히 원한다.
Granting that he is already wealthy, he still needs something that he can buy.

3) grant + 명사 / that S + P : ~을 인정하다

이것은 그렇다 치고 다음은?
This granted, what next?

내가 틀렸다는 것을 인정한다.
I grant that I am wrong.

4) take + 명사 + for granted : ~를 당연한 것으로 여기다

그는 그 초대(장)가 그의 부인을 포함시키고 있다는 사실을 당연한 것으로 여겼다.
He took it for granted that the invitation included his wife.

155 grasp

1) grasp + 명사 : ~를 잡다, 납득하다

다 잡으려 하면 다 놓친다.
Grasp all, lose all.

나는 그의 진의를 파악하기 어렵다.
I can hardly grasp his meaning.

2) grasp : 달려들다

그는 어떤 도움이라도 얻기 위해 달려들었다.
He tried to grasp for any support.

156 grow

1) grow : 자라다, 성장하다

바나나는 열대 지방에서 자란다.
Bananas grow in tropical areas.

그는 자라서 튼튼한 젊은이가 되었다.
He has grown into a robust young man.

그 나쁜 습성이 그에게 점점 심해졌다.
The bad habit grew upon him.

그는 경험이 커졌다.
He has grown in experience.

도시들이 매년 성장하고 있다.
The cities are growing every year.

2) grow up : 어른이 되다

그는 상냥하고 좋은 인간으로 성장했다.
He grew up gentle and good.

3) grow out of : 자라서 ~에서 벗어나다

그는 성장하여 그런 나쁜 습성에서 벗어났다.
He has grown out of the bad habit.

그는 성장해서 청바지가 안 맞게 되었다.
He has grown out of the blue jeans.

4) grow + 형용사 : ~한 상태가 되다

어두워지기 시작했다.
It began to grow dark.

그녀는 정신이 몽롱해졌다.
She grew faint.

5) grow + 명사 : ~를 기르다, 재배하다

우리는 정원에 채소를 키운다.
We grow vegetables in the garden.

6) **grow + to inf.** : (점차) ~하게 되다

나는 점차 그가 옳았다고 생각하게 되었다.
I have grown to think that he was right.

그는 점차 순종적이 되었다.
He grew to be obedient.

> **파생어**
>
> 몡 **growth** : 성장
>
> 생산성 증가율은 높고, 실업률은 낮다.
> Productivity growth is strong and unemployment is low.

157 guarantee

1) **guarantee + I.O. + D.O.** : 'I.O.'에게 'D.O.'를 보증하다, 보장하다

그는 우리에게 그 집에 대한 소유권을 6월까지 보증하였다.
He guaranteed us possession of the house by June.

2) **guarantee + (명사) + to inf.** : (~에게) ~할 것을 보증하다, 보장하다

나는 내 말의 진실성을 증명할 것을 보증한다.
I guarantee to prove the truth of my words.

3) **guarantee + that S + P** : ~을 보증하다, 보장하다

나는 그가 올 것이라고 장담한다.
I guarantee that he will come.

그는 참석하겠다고 보장했다.
He guaranteed that he would be present.

4) **명사 guarantee**

그는 그의 집을 담보로 제공했다.
He offered his house as a guarantee.

158　guess

1) guess + 명사 / 명사 + to inf. / 명사 절 / 명사 + to be + 보어
　　: ~을 추측하다, 짐작하다

　나는 다음에 무엇을 해야 할지 짐작이 가지 않는다.
　I cannot guess what to do next.

　너는 저 사람이 누구인지 알겠는가?
　Can you guess who the man is?

　나는 눈으로 거리를 짐작한다.
　I guess the distance by the eye.

　나는 그가 전과자라고 생각한다.
　I guess that he was an ex-convict.

　나는 자러 갈 것 같다.
　I guess that I'll go to bed.

2) guess at : ~에 대해 추측하다

　나는 그의 나이를 추측해 보았다.
　I guessed at his age.

3) guess what : 있잖아, 그거 알아? (상대의 주의를 환기시키거나 추측을 요구할 때)

　뭐~게? (맞춰봐.)
　Guess what?

　있잖아, 내가 영화에서 첫 역할을 맡게 되었어.
　Guess what, I just got my first part in a movie.

4) 명사 guess

　나의 체중이 얼마인지에 대해 추측해 보아라.
　Give a guess as to how much I weigh.

hand

1) hand + I.O.(명사) + D.O.(명사) : 'I.O.'에게 'D.O.'를 건네주다

그는 나에게 작고 네모난 흰 종이를 건네주었다.
He handed me a little rectangle of white paper.

2) hand in : 제출하다

나는 나의 논문의 초안을 제출했어야 한다.
I'm supposed to have handed in the first draft of my dissertation.

3) hand out + 명사 : ~를 나누어주다

선생님은 시험지를 나누어 주었다.
Teacher handed out the test paper.

4) hand over + 명사 : ~를 넘겨주다

그는 자녀에 대한 그의 권리를 아내에게 넘겨주었다.
He handed over his right for the children to his wife.

5) hand down + 명사 : ~를 물려주다

이 전통은 먼 조상들로부터 물려져 내려왔다.
This tradition has been handed down from far ancestors.

6) 명사 hand

그는 적의 손아귀에 들어갔다.
He fell into the enemy's hands.

나의 운명은 너에게 달려있다.
My life is in your hand.

손안에 있는 한 마리 새는 숲 속의 두 마리와 같은 가치이다.
A bird in the hand is worth two in the bush.

나는 바나나 한 송이를 샀다.
I bought a hand of bananas.

이 시계의 초침이 고장 났다.
The second hand of this watch is broken.

그는 제빵을 만드는 기술이 있다.
He has a hand for pastry.

그는 필체가 좋다.
He writes a good hand.

나는 사전을 항상 가까이에 둔다.
I always keep a dictionary at hand.

그는 하루 벌어먹고 산다.
He lives from hand to mouth.

그는 나에게 도움의 손길을 주었다.
He gave me a helping hand.

손대지 말 것.
Hands off.

손 들엇.
Hands up.

우리는 손에 손을 잡고 서있다.
We stand hand in hand.

반면에 그것은 긴 뒷다리를 가지고 있다.
On the other hand, it has long hinder legs.

파생어

혱 handy : 유용한, 편리한, 가까운 곳에 있는, 손재주가 있는

우리 집은 그 역에서 아주 가까운(편리한) 위치에 있다.
Our house is very handy for the station.

그는 연장을 쓰는데 솜씨가 있다.
He is handy with a tool.

160 hang

hung - hung

1) **hang** + 명사 : ~를 걸다, 교수형에 처하다

   모자걸이에 모자를 걸어라.
   Hang your cap on the hook.

   그에게 복종한다면 나를 교수형에 처해도 좋다.
   I shall be hanged if I obey him.

   나는 그 그림을 높이 걸 것이다.
   I'll hang the picture high.

2) **hang** : 걸리다, 매달려있다, 늘어지다

   창문에는 커튼이 쳐져 있다.
   There were curtains hanging over the windows.

3) **관용표현**

   어디 가지 말고 근처에서 배회하라.
   Don't go anywhere. Just hang around.

   포기하지 말고 버텨라.
   Don't give up, just hang on.

   그는 단지 수화기를 끊었다.
   He just hung up the phone.

161 happen

1) happen : 생기다, 발생하다, 일어나다

무엇인가가 일어날 것 같다.
Something is likely to happen.

그녀에게 무슨 일이 생기면 알려주세요.
Please let me know if anything happens to her.

2) happen + to inf. : 우연히(혹시라도) ~하다

나는 우연히 그녀 곁에 앉게 되었다.
I happened to sit beside her.

혹시라도 그녀의 이름을 아세요?
Do you happen to know her name?

혹시라도 무엇인가 필요하시면 언제나 제가 대기하고 있습니다.
Should you happen to need anything, I am at your service any time.

3) it + happens + that S + P : 우연히 ~을 하다

우연히 우리는 그때 런던에 있었다.
It happened that we were in London.

4) happen on + 명사 : ~를 우연히 만나다, 조우하다

우연히 내가 원하던 것을 찾았다.
I happened on the very thing I wanted.

5) as it happens : 공교롭게도

공교롭게도 그 책을 집에 두고 왔다.
I have left the book at home, as it happens.

162 have

1) have + 명사 : ~를 가지다, 먹다, (시간을) 보내다

그녀에게는 해군에 가 있는 조카를 가지고 있다.
She has a nephew in the navy.

나는 아침 식사를 하고 있다.
I am having breakfast.

우리는 즐거운 시간을 경험하고 있었다.
We were having a good time.

거기서 즐거웠다.
I had a good time there.

오늘은 수업이 없다.
I don't have lessons today.

한 번 봐주세요.
Please have a look.

오늘밤 한잔 하자.
Let's have a drink tonight.

그녀는 아이를 낳을 것이다.
She is going to have a baby.

나는 그녀를 독차지하고 있다.
I have her to myself.

그녀는 신발을 신지 않고 있다.
She has no shoes on.

2) have + (yet / only) + to inf. : ~해야 한다 (아직 해야, 하기만 하면)

너는 그들과 같이 있어야 한다.
You have to be with them.

그가 청결함을 얼마나 좋아하는지 알기 위해서는 그가 목욕을 즐기는 것을 보기만 하면 안다.
You have only to see him enjoy his bath to realize he has a real passion for cleanliness.

3) **have** + 명사 + **inf.** : ~가 ~하도록 시키다, 당하다

나는 다른 사람이 나에게 이거 해라 저거 해라 시키도록 내버려 두지 않겠다.
I won't have someone else tell me to do this or that.

어젯밤 어머니가 사망하는 일을 당했다.
I had my mother die last night.

4) **have** + 명사 + **p.p** : ~가 ~하게 되도록 시키다, 당하다

나는 선생님에게 작문을 교정받았다.
I had my composition corrected by the teacher.

그는 손목시계를 도둑맞았다.
He had his watch stolen.

5) **have got** = **have**

그는 두 아들에 한 딸을 가지고 있다.
He has got two sons and a daughter.

6) **had** + **better / sooner / rather** + **R** / **have** + **p.p**
   : ~하는 편이 낫다, 나았었다

내 충고를 듣는 편이 나았었다.
You had better listen to my advice.

내 충고를 듣는 편이 나았었다. (듣지 않았다)
You had better have listened to my advice.

163 hear

1) hear + 명사 : ~를 듣다

큰 목소리를 들어 보아라.
Hear a loud voice.

2) hear + of / from : 소문, 소식을 듣다

네가 성공했다는 말을 듣고 나는 기뻤다.
I rejoiced to hear of your success.

최근에 그로부터 소식이 없다.
I haven't heard from him lately.

3) hear about : ~에 대해 듣다

내일이면 우리는 그것에 대해 들을 것이다.
We shall hear about it tomorrow.

4) hear + 명사 + inf. / V-ing : ~가 ~하는 것을 듣다

우리는 누군가가 도와달라고 외치는 소리를 들었다.
We heard someone yelling for help.

그녀는 차가 다가와 밖에서 멈추는 소리를 들었다.
She heard the car approach and stop outside.

5) hear + 명사 + p.p : ~가 ~되는 것을 듣다

네 이름이 불리는 것을 들었니?
Did you hear your name called?

6) hear + that S + P : ~을 전해 듣다

우리는 당신이 Beautiful Mind Books에서 제안한 일자리를 수락했다고 들었다.
We've heard you accepted a job offer at Beautiful Mind Books.

나는 네가 한국어와 한국 문화를 공부하러 한국에 간다는 말을 들으니 기쁘다.
I'm glad to hear that you're going to Korea to study the Korean language and culture.

help

1) help + 명사 : ~를 돕다

하늘은 스스로 돕는 자들을 돕는다. (속담)
Heaven helps those who help themselves.

제가 손수 만든 그 케이크 좀 드세요.
Help yourself to the cake I made myself.

2) help + A with B : A의 B를 돕다

그녀는 순한 남편에게 집안일도 거들게 한다.
She gets her tame husband to help her with domestic chores.

3) help + (to) inf. : ~하는 것을 돕다

이 장난감들은 아기들을 즐겁게 하도록 도와줄 것이다.
These toys will help to keep the baby amused.

앉아서 편지를 쓰려는 행동만으로도 당신의 삶은 감사의 마음으로 가득 채우는 것을 도울 것이다.
The act of sitting down to write helps fill your life with appreciation.

4) help + V-ing : (주로 부정문, 의문문, 가정법에서) ~하는 것을 꺼리다, 피하다

나는 웃지 않을 수 없었다.
I could not help laughing.

5) help + it : (주로 부정문, 의문문, 가정법에서) 꺼리다, 피하다

나는 어찌할 도리가 없다.
I cannot help it.

되도록이면 집안에 있을 것이다.
I will stay indoors, if I can help it.

6) help + 명사 + (to) inf. : ~가 ~하는 것을 돕다

나는 그가 물건을 찾는 것을 도와주었다.
I helped him (to) find his things.

다른 것들은 그들이 그들의 갈망과 그리움의 느낌을 표현하는 것을 도와주었다.
Others helped them express their feelings of longing and loneliness.

165 hinder

1) hinder + 명사 : ~를 방해하다

그 진창이 부대의 전진을 방해했다.
The mud hindered the advance of the troops.

2) hinder + 명사 + from + V-ing : ~가 ~하는 것을 방해하다

사람은 자기가 선택한 것을 생각하는데 방해받아서는 안 되지만 그것이 타인에게 고통을 줄 정도로 진실이 아니거나 적절하지 않을 경우 그것을 표현하는 것은 억제 되어질 수 있다.
A man can never be hindered from thinking whatever he chooses but can be hindered from expressing it if it is not true or proper enough to make others suffer.

3) 형용사 hider : 후방의

뒷다리
hinder leg

파생어

⑲ hindrance : 방해, 저해

솔직히 말하면 그녀는 도움이 되기보다 방해가 더 많이 되었다.
To be honest, she was more of a hindrance than a help.

166 hint

1) hint + 명사 : ~를 넌지시 알리다

잿빛 하늘은 우리에게 이른 겨울을 암시했다.
Gray skies hinted to us an early winter.

2) hint + that S + P : ~을 암시하다

그녀는 자고 싶다는 사실을 암시했다.
She hinted that she wanted to go to bed.

167 hit

1) hit + 명사 : ~를 치다, 쳐서 맞히다, 우연히 발견하다, ~에 적합하다, 타격을 가하다

그는 나무 배트로 공을 쳤다.
He hit a ball with a wooden bat.

화살은 과녁의 정중앙을 맞혔다.
The arrow hit the bull's eye.

그는 나의 머리를 때렸다.
He hit me on the head.

그것은 나의 기호에 맞다.
It hits my taste.

그의 신작 소설은 비평가들의 혹평을 받았다.
His new novel was hit by the reviewers.

2) hit + upon : 우연히 생각나다

마침내 그녀는 하나의 생각을 떠올렸다.
At last, she hit on an idea.

168 hold

held - held

1) hold + 명사 : 잡다, 가지다, 지지하다, 개최하다

당신이 올라탈 동안 내가 배를 꽉 붙잡고 있을게요.
I'll hold the boat steady while you climb in.

그 선반은 너무 무거운 것을 견디지 못한다.
The shelf will not hold much weight.

그들 중의 일부는 상당히 우익적인 신념을 지니고 있다.
Some of them hold very right-wing beliefs.

우리는 다음 주에 파티를 개최할 것이다.
We will hold a party next week.

이 나뭇가지가 나를 지탱할 수 있을까?
Will this branch hold me?

비단 띠는 모자를 제자리에 꽉 고정시키기 위해 턱 아래에 묶는다.
The sashes are tied under the chin to hold the hat tightly in place.

끊지 마세요, 그를 불러올게요.
Hold the line, I'll get him.

나는 숨을 죽였다.
I held my breath.

버스 좀 잡아주세요.
Hold the bus for me.

나를 꼭 안아주세요.
Hold me tight.

이 방은 50명을 수용할 수 있다.
This room can hold 50 people.

그는 내 멱살을 잡았다.
He held me by the collar.

2) **hold on to** + 명사 : ~를 고수하다, 집착하다

인생은 귀중하며 미래의 꿈에 집착하는 것만큼 현재에 살 필요가 있다는 것을 명심하라.
Remember that life is precious and you need to live in the present as well as hold on to your dreams for the future.

3) **hold** + 명사 + 형용사 : ~가 ~한 상태 라고 여기다, 간주하다
　　　　　　　　　　　~를 ~한 상태로 유지하다, 해두다

그는 자신의 명성이 고결하다고 여긴다.
He holds his reputation dear.

문을 열어두세요.
Hold the door open.

당신은 스스로를 책임 있는 상태로 여겨야 한다.
You must hold yourself responsible.

4) **hold** + **that** S + P : ~라고 주장하다

그녀는 아직까지 정부의 정책이 잘못되었다고 주장하고 있다.
She still holds that the government's policy is mistaken.

5) **hold** : 계속되다, 지속되다

날씨가 지속되길 바란다.
I hope that the weather will hold.

그 규칙은 이 경우에는 적용되지 않는다.
The rule does not hold in this case.

6) **hold** + 형용사 : ~한 상태를 유지하다

그 계약은 아직도 효력이 있다.
The contract still holds good.

169 hope

1) hope + to inf. : ~하기를 바라다, 희망하다

곧 우승자를 발표할 수 있기를 바랍니다.
I hope to announce the winner shortly.

2) hope + that S + P : ~을 바라다, 희망하다

관리들은 수입규제가 경제의 심각한 인플레이션을 치유할 수 있기를 바랐다.
Officials hoped that import controls might cure the economy's serious inflation.

우리는 자녀들이 도덕적이고 윤리적으로 행동하는 방식을 배워서 정직하고 사려 깊은 사람으로 성장하기를 희망한다.
We hope they'll learn to behave morally and ethically, and grow up to be honest and considerate.

3) hope for + 명사 : ~를 기대하다, 바라다

나는 올해 풍작을 기대한다.
I am hoping for a good crop this year.

더 이상 희망을 걸 것이 없다.
There is nothing to be hoped for.

나는 최상을 기대한다. (낙관한다)
I hope for the best.

파생어

⑱ hopeful : 희망에 찬, 기대하는

나는 우리가 곧 알맞은 집을 찾게 될 것으로 기대하고 있다.
I feel hopeful that we'll find a suitable house very soon.

170 hurry

1) hurry : 서두르다

그는 서둘러 귀가했다.
He hurried home.

그는 서둘러 옷을 입었다.
He hurried into his clothes.

나는 모자를 집어 들고 서둘러 떠났다.
I picked up my hat and hurried off.

그는 서둘러 자기 자리로 돌아갔다.
He hurried back to his seat.

서둘러라. 아침식사에 늦겠다.
Hurry up. You'll be late for breakfast.

2) hurry + 명사 : ~를 재촉하다

그 일을 서두르지 마라.
Don't hurry the work.

나는 발걸음을 재촉했다.
I hurried my steps.

hurt - hurt

171 **hurt**

1) **hurt : 아프다**

   아프다.
   It hurts.

   내 발이 아프다.
   My foot hurts.

   아프냐?
   Does it hurt?

2) **hurt + 명사 : ~를 아프게 하다**

   기침을 하면 아프다.
   It hurts me to cough.

> **파생어**
>
> ⑱ hurtful : 마음을 상하게(아프게) 하는
>
> 그녀의 새 책에 대한 안 좋은 평들이 그녀에게는 몹시 아픈 일이었다.
> The bad reviews of her new book were very hurtful to her.

172　identify

1) identify + A(명사) + (as + B) : A를 (B로) 확인하다

그녀는 그 만년필이 그녀의 것이라고 확인했다.
She identified the fountain pen as hers.

2) identify + A with B : A를 B와 동일시하다

그들은 존스를 곧 그 회사의 진보와 동일시했다.
(존스야말로 곧 회사의 발전이라고 생각했다.)
They identified Jones with the progress of the company.

파생어

- ⓜ **identifiction** : 신원 확인, 인지, 공감

  그 충돌 사고 희생자들의 신원 확인은 시간이 걸리고 힘든 작업이었다.
  The identification of the crash victims was a long and difficult task.

- ⓜ **identity** : 신원, 동질감

  신원을 증명할 만한 것을 가지고 있습니까?
  Do you have any proof of identity?

173 imagine

1) imagine + 명사 : ~를 상상하다

큰 정원이 딸린 주택을 상상해 봐라.
Imagine a house with a big garden.

2) imagine + that S + P : ~을 상상하다, 생각하다

나는 첫눈에 그 소녀가 훌륭한 배우가 되리라고 상상할 수 있었다.
At first sight, I could easily imagine that the girl would become a good actress.

난 존이 그 파티에 올 것이라고 생각한다.
I imagine that John will be at the party.

3) imagine + V-ing : ~하는 것을 상상하다

난 다른 곳에서 사는 것을 상상할 수 없다.
I can't imagine living anywhere else.

파생어

- 명 imagination : 상상력

  상상력을 좀 발휘해 봐!
  Use your imagination!

- 형 imaginary : 상상에만 존재하는, 가상적인

  그 아이에게는 상상 속의 친구가 있다.
  The child has an imaginary friend.

- 형 imaginative : 창의적인, 상상력이 풍부한

  그는 상상력이 풍부하다.
  He is imaginative.

- 형 imaginable : 상상(생각)할 수 있는, 상상이 가능한

  이러한 기술 발달은 30년 전에는 거의 상상할 수 없는 것들이었다.
  These technological developments were hardly imaginable 30 years ago.

174 infer

1) infer + 명사 : ~를 추론하다

그는 그 증거로부터 그 사실을 추론했다.
He inferred the fact from the evidence.

2) infer + that S + P : ~라고 추론하다

그 교수는 이만큼 유능한 학생이라면 훌륭한 학자가 될 것이라고 추론했다.
The professor inferred that so able a student would make a good scholar.

175 inform

1) inform + A of B : A에게 B를 알리다

왜 너는 그녀의 죽음에 대해 나에게 알리지 않았니?
Why didn't you inform me of her death?

나는 그의 도착 소식을 알고 있다.
I am informed of his arrival.

그는 아는 것이 많다.
He is well informed.

2) inform + 명사 + that S + P : ~에게 ~라고 알려주다

나는 그녀가 성공적이었다는 사실을 그에게 알렸다.
I informed him that she had been successful.

파생어

- ⑲ information : 정보

    정보의 출처
    a source of information

- ⑲ informative : 유용한 정보를 주는, 유익한

    그 발표는 유익하기도 하고 재미도 있었다.
    The talk was both informative and entertaining.

inquired - inquired

176　inquire

1) inquire + (of + 명사) + 명사 / wh- S + P : (~에게) ~을 문의하다

그는 그 경찰관에게 역으로 가는 가장 좋은 길을 물었다.
He inquired of the policeman the best route to the station.

내가 그것을 어떻게 찾을 수 있는지 물어보겠다.
I will inquire how I can find it.

2) inquire after : 안부를 묻다

그녀는 너의 건강에 대한 안부를 물어보았다.
She inquired after your health.

3) inquire about : ~에 관해 묻다

시간표에 대해 문의 좀 하겠습니다.
Let me inquire about the time table.

insisted - insisted

177　insist

1) insist on + V-ing : ~를 주장하다, 고집하다, 강요하다

그는 점심을 먹으면서 상담(商談)을 하자고 주장했다.
He insisted on doing business over lunch.

네가 계속 식당에서 담배를 피우는 것을 고집한다면, 지배인이 너에게 나가 달라고 요청할 것이다.
If you insist on smoking in the restaurant, the manager will ask you to leave.

2) insist + that S + P : ~이 맞다고 우기다, 주장하다 (신빙성)

그는 그의 남자 형제가 결백하다고 주장했다.
He insisted that his brother is innocent.

3) insist + that + S + (should) + R : ~해야 한다고 주장하다 (당위성)

그는 그 살인자가 교수형에 처해져야 한다고 주장했다.
He insisted that the murderer be hanged.

178 intend

1) **intend + to inf.** : ~할 것을 의도하다

   당신을 모욕할 의도는 전혀 없었다.
   I did not intend to insult you at all.

2) **intend + that S + P** : ~을 의도하다

   우리는 그것을 오늘 할 작정이다.
   We intend that it shall be done today.

3) **intend + 명사 + to inf.** : ~에게 ~하게 할 작정이다

   나는 그를 가도록 할 것이다.
   I intend him to go.

파생어

- (명) **intention** : 의사, 의도

  그는 은퇴할 의사를 발표했다.
  He has announced his intention to retire.

- (명) **intent** : 의지, 의향, 계획

  그는 그녀를 속일 목적으로 그 집을 팔았다.
  He sold the house with intent to cheat her.

179 invite

1) invite + 명사 : ~를 초대하다, 청하다, 초래하다

그들은 나를 결혼식에 초대했다.
They invited me to the wedding.

그는 나를 불러내지 않는다.
He doesn't invite me out.

그의 심한 장난이 우리의 분노를 초래했다.
His practical joke invited our anger.

2) invite + 명사 + to inf. : ~를 ~하도록 권유하다

청중은 자신들의 의견을 말해달라는 청을 받았다.
The audience were invited to express their opinions.

우리는 그녀에게 저녁을 같이 하자고 권유했다.
We invited her to have dinner with us.

파생어

- invitation : 초대

나는 기꺼이 당신의 초대를 받아들이겠습니다.
I'd love to accept your invitation.

180 involve

1) involve + 명사 / V-ing : ~를 포함하다, 수반하다, 연관시키다

이 질문은 거북한 설명을 수반한다.
This question involves embarrassing explanations.

2) involve + A in B : A를 B에 연루시키다

그 실수는 나를 엄청난 곤경에 연루시켰다.
The mistake involved me in a great deal of trouble.

그는 그 음모에 연루되었다.
He was involved in the conspiracy.

파생어

⑲ involvement : 관련, 개입, 연루, 열중

유럽의 전쟁들에 대한 미국의 개입
US involvement in European wars

181 keep

1) keep + 명사 : ~를 지속하다, 보유하다, 보존하다, 지키다

잔돈을 가져도 좋습니다.
You may keep the change.

나는 친구에게 신의를 지킨다.
I keep faith in my friend.

그는 남자 100미터의 세계기록을 보유하고 있다.
He has kept the world's record for men's 100 meters.

이 필름을 어둡고 서늘한 방에 보관해 주세요.
Please keep this film in a dark and cool room.

그 시계는 시간이 잘 맞는다.
The clock keeps good time.

2) keep + 명사 : ~를 사육하다, 부양하다, 손질하여 돌보다, 일기나 장부를 적다

이 정원은 잘 손질되어있다.
This garden is well kept.

그는 대가족을 부양한다.
He keeps a large family.

나는 개 한 마리와 고양이 두 마리를 키운다.
I keep a dog and two cats.

당신은 일기를 씁니까?
Do you keep a diary?

3) keep + I.O.(명사) + D.O.(명사) : 'I.O.'에게 'D.O.'를 따로 떼어 놓다

내 몫으로 큰 쇠고기 한 점을 떼어 놓아 주세요.
Will you keep me a good cut of beef?

4) keep + 명사 + O.C. : ~를 'O.C.'로(하게) 유지하다

그것을 비밀로 지키자.
Let's keep it a secret.

나는 왔다 갔다 걸어 다님으로써 몸을 따스하게 유지했다.
I kept myself warm by walking up and down.

기다리게 해서 미안합니다.
I am sorry that I have kept you waiting.

5) **keep + 명사 + from + V-ing** : ~가 ~하는 것을 막다

그녀는 울지 않을 수가 없었다.
She couldn't keep herself from weeping.

6) **keep + 형용사** : ~한 상태를 유지하다

그는 계속 깨어있었다.
He kept awake.

7) **keep + V-ing** : 동작을 계속하다

그 아이는 계속 울었다.
The child kept crying.

8) **keep** : 오래가다, 유지되다

당신과의 접촉을 유지하겠다.
I will keep in touch with you.

이 우유는 내일 아침까지 가지 못한다.
This milk won't keep till tomorrow morning.

9) **관용표현**

그것을 멀리하여라.
Keep it away.

나는 분노를 억제할 수 없었다.
I couldn't keep my anger in.

잔디밭에 들어가지 마세요.
Keep off the grass.

그들은 피곤했지만 전진을 계속했다.
They kept on, tired as they were.

노인이 시대에 뒤지지 않고 따라가는 것은 어렵다.
It is hard for an old man to keep up with the times.

당신은 이것을 소유물로 가져도 좋다.
You may have this for keeps.

어머니는 우리가 방을 깨끗한 상태로 유지시킴으로써 우리의 역할을 다 하는 것을 확실하게 했다.
Mom made sure we did our part by keeping our rooms neat.

killed - killed

182 kill

1) **kill + 명사** : ~를 죽이다, 시들게 하다, (기세를) 꺾다, (시간을) 소비하다, 뇌쇄시키다

그는 자살했다.
He killed himself.

그 노란색 커튼은 방의 분위기를 시들게 한다.
That yellow curtain kills the room.

나는 한 시간을 때워야 한다.
I have one hour to kill.

그녀가 핑크 옷을 입었을 때 나는 황홀했다.
She was killing me when she was dressed in pink.

2) **kill** : 살생하다, 죽었을 때 고기를 생산하다

돼지는 그 나이에 도살되면 고기가 많이 나지 않는다.
Pigs do not kill well at the age.

kindled - kindled

183 kindle

1) **kindle + 명사** : ~(불 등)를 붙이다

그는 성냥으로 작은 나뭇가지에 불을 붙였다.
He kindled a twig with a match.

강사는 청중의 흥미를 불 붙였다.
The lecturer kindled the interest of the audience.

2) **kindle** : 불 붙다, 타오르다

젖은 나무는 불이 붙지 않을 것이다.
The damp wood will never kindle.

184 knock

1) knock + 명사 : ~를 치다, 두드리다, 부딪히다

그녀는 문을 두드렸다.
She knocked the door.

누군가 나의 머리를 쳤다.
Someone knocked me on the head.

우리는 그녀의 아름다움에 놀랐다.
We were knocked by her beauty.

그 남자는 버스에 받혀서 쓰러졌다.
The man was knocked down by a bus.

2) knock + on / at / against + 명사 : ~에 대고 두드리다, 부딪히다

누군가 문을 두드리고 있었다.
Someone was knocking on the door.

파도는 바위에 부딪쳤다.
The waves knocked against the rocks.

나는 한 옛 친구와 우연히 만났다.
I knocked against an old friend of mine.

파생어

- ⓗ knockout : 압도적인, 훌륭한
- ⓝ knockout : 결정적인 타격, 굉장한 것, 매력적인 미녀

그녀는 굉장한 미인이었다.
She was a knockout.

185 know

1) know + 명사 : ~를 알다, 알고 있다, 체험하다

그는 그 문제의 진상을 잘 알고 있다.
He knows the real truth of the matter.

2) know + A from B : A와 B를 식별(구별)하다

우리는 우리 아이들이 선악, 옳고 그름을 구별하길 원한다.
We want our children to know good from bad, right from wrong.

3) know + that S + P / wh- S + P / wh- to inf. : ~를 알다, 알고 있다

나는 그녀가 한 때 가수였다는 것을 알고 있다.
I know that she was once a singer.

나는 내가 무슨 일을 하는지 알고 있다. (내가 하는 일을 잘 안다.)
I know what I am doing.

나는 그가 올지 안 올지 모른다.
I do not know whether he will come.

나는 무엇을 말해야 할지 모르겠다.
I do not know what to say.

4) be known + to / as / for / by : ~로 알려져 있다, 유명하다

영국인들은 신사로 알려져 있다.
The British are known as gentlemen.

나이팅게일은 아름다운 노랫소리 때문에 유명하다.
A nightingale is known for its beautiful song.

나무는 그 열매에 의해 알려진다.
A tree is known by its fruit.

그는 우리 모두에게 알려져 있다.
He is known to us all.

5) be known + to inf. : ~하는 것으로 알려 진다

심지어 개와 다른 동물들도 장거리 자동차여행 동안 멀미를 하는 것으로 알려진다.
Even dogs and other animals are known to suffer from motion sickness during long trips in cars.

6) **know for sure** : 확실히 알다

　나는 그것을 확실히 안다.
　I know it for sure.

7) **know better than + to inf.** : ~할 정도로 어리석지 않다

　그런 말을 할 정도로 어리석지 않았어야 했다.
　I should have known better than to say so.

8) **make + 목적어 + known** : ~을 알리다, 발표하다

　그녀는 자신의 의도를 알렸다.
　She made her intention known.

9) **not that I know of** : 내가 아는 바로는 그렇지 않다

　그는 아프거나 무슨 일이 있나요? 내가 아는 바로는 그렇지 않습니다.
　Has he been ill or something? Not that I know of.

10) **who knows** : 누가 알겠는가?

　내일 날이 맑아지면 좋겠어요. 글쎄요, 누가 알겠어요.
　I hope it will clear up tomorrow. Who knows?

11) **God knows** : 맹세코, 아무도 모른다

　맹세코 그것은 사실이다.
　God knows that it is true.

　그가 어디로 도망쳤는지 오직 신만이 안다.
　God knows where he fled.

12) **know + of / about** : 대하여 알고 있다

　그에 대하여 알고는 있으나 직접은 모른다.
　I know of him but I do not know him.

13) **you know** : 아시다시피

　아시다시피 그는 화났지요.
　He is angry you know.

파생어

(명) **knowledge** : 지식

　그는 미술과 음악에 폭넓은 지식을 지니고 있다.
　He has a wide knowledge of painting and music.

186 land

1) **land + 명사** : ~를 상륙시키다, 착륙시키다, 하차시키다

   그 조종사는 비행기를 들판에 착륙시켰다.
   The pilot landed his airplane in a field.

   승객들은 그 섬에 안전하게 내려졌다.
   The passengers were safely landed on the island.

2) **land** : 상륙하다

   유엔군이 이집트에 상륙했다.
   The U.N. troops landed in Egypt.

   몇 명의 승객이 더 내렸다.
   A few more passengers landed.

187 laugh

1) **laugh** : 소리 내어 웃다

   최후에 웃는 자가 승자다.
   He laughs best who laughs last.

2) **laugh + 명사(동족 목적어)** : 어떤 의미를 웃음으로 표현하다

   그는 오랫동안 씁쓸하게 웃었다.
   He laughed a long, bitter laugh.

   그는 웃음으로 동의를 나타냈다.
   He laughed assent.

   그는 나의 두려움을 웃음으로 날렸다.
   He laughed my fears away.

3) **laugh at** : ~을 보고 큰소리로 웃다, 비웃다

   그는 나의 노란색 타이를 보고 큰소리로 웃었다.
   He laughed at my yellow tie.

   너는 이것을 하면 비웃음을 살 것이다.
   You will be laughed at if you do this.

> **파생어**
>
> (명) **laughter** : 웃음, 웃기, 웃음소리
>
>   폭소가 터져 나왔다.
>   There was a burst into laughter.

188 lay

1) **lay + 명사** : ~를 눕히다, 내려놓다, 설치하다, 준비하다, 알 낳다, 쓰러뜨리다

그녀는 자기 손을 그의 손위에 내려놓았다.
She laid her hand on his.

그들은 마침내 그를 매장했다.
They finally laid him to rest.

그의 강연에서 Tommy는 정직함에 커다란 강조를 놓았다.
In his lecture, Tommy laid great emphasis on being honest.

그는 벽돌을 쌓음으로 생계를 번다.
He earns his living by laying bricks.

어머니는 8시에 저녁식탁을 차린다.
Mom lays the table for dinner at 8.

박쥐는 알을 낳지 않는다.
Bats don't lay eggs.

그가 이긴다는 사실에 당신에게 10불을 걸겠다.
I'll lay you ten dollars that he will win.

2) **관용표현**

그는 매주 일요일을 골프를 위해 제쳐둔다.
He lays aside every Sunday for golf.

그 강도들은 무기를 내려놓고 항복했다.
The burglars laid down their arms and surrendered.

그는 완성될 때까지는 일을 내려놓지 않으려 했다.
He would not lay down his work until it was done.

신규 주문의 부족으로 600명의 직원들이 해고되었다.
600 employees were laid off because of the lack of new orders.

멋진 장면이 눈앞에 펼쳐졌다.
A glorious sight was laid out before our eyes.

그는 골프장 설계에 재주가 있다.
He is good at laying out golf courses.

189 lead

1) lead + 명사 : ~를 인도하다, 안내하다, 끌고 가다, 선도하다, 지휘하다

그는 친절하게 나를 밖으로 안내했다.
He kindly led me out.

그 장군은 그 군대를 지휘해선 안 된다.
The general should not lead the army.

2) lead + life : 살다

아버지의 사후, 그는 몇 년간을 가난하게 살았다.
After his father's death, he led a poor life for many years.

3) lead + 명사 + to inf. : ~에게 ~하도록 유도하다

공포가 그에게 거짓말을 하도록 했다.
Fear led him to tell a lie.

4) lead + to / into : ~에 이르다

모든 길은 로마에 이른다.
All roads lead to Rome.

그 문이 그 방으로 이끈다.
The door leads into the room.

5) lead up to : 결국 ~로 이끌다

그녀는 결국 어디로 이끌고 있는 것인가? (그녀는 무슨 말을 하려고 하는가?)
What is she leading up to?

6) 명사 lead : 선도, 통솔, 본보기 / (금속) 납 (발음 ⇒ 렛)

너는 그들에게 본보기를 보여야 한다.
You should give them a lead.

그것은 납처럼 칙칙하다.
It is as dull as lead.

그것은 실패한 계획이다.
It is a lead balloon.

190 leap

1) **leap** : 뛰어오르다

   뛰기 전에 살펴보라. 매사에 철두철미 준비를 하라.
   Look before you leap.

   그녀는 좋아서 뛰었다.
   She leaped for joy.

2) **leap** + 명사 : ~를 뛰어넘다, 뛰게 하다

   그녀는 도랑을 뛰어넘었다.
   She leaped a ditch.

191 learn

1) learn + 명사 : ~를 배우다

많은 한국인들이 영어를 배운다.
Lots of Koreans learn English.

2) learn + to inf. / how to inf. : ~하는 것을 배우다

당신은 좀 더 인내하는 법을 배워야 한다.
You must learn to be more patient.

나는 그를 어떻게 즐겁게 할지를 배웠다.
I've learned how to please him.

결정을 내리는 지침으로 너의 직감을 사용하는 법을 배우는 것은 노력을 필요로 한다.
Learning how to use your instincts as a guide in decision making requires effort.

3) learn + that S + P : ~을 알게 되다

나는 그가 아팠었다는 것을 알았다.
I learned that he had been sick.

나는 그들이 자동차 사고를 겪었다는 것을 그로부터 전해 들었다.
I learned it from him that they had a car accident.

4) learn + wh- S + P : ~을 알게 되다

나는 가난하다는 것이 무엇을 의미하는지를 알았다.
I learned what it meant to be poor.

5) learn + of / about : ~에 대해서 듣고 알다

나는 그녀의 엄마로부터 그녀의 결혼에 대해 들었다.
I learned of her marriage from her mother.

192 leave

1) **leave + 명사** : ~를 떠나다, 남기다

   소년은 가족 부양을 돕기 위해 학교를 떠나야 했다.
   The boy had to leave school to help support the family.

   메시지를 남겨도 되나요?
   Can I leave a message?

2) **leave + I.O.(명사) + D.O.(명사)** : 'I.O.'에게 'D.O.'를 남기다, 맡기다

   그는 그녀에게 모든 것을 남겼다.
   He left her everything.

3) **leave for** : ~로 향해 떠나다

   나는 내일 유럽으로 떠난다.
   I'm leaving for Europe tomorrow.

4) **leave + 명사 + 형용사** : ~를 ~한 상태로 내버려두다

   그는 어떤 돌도 뒤집어놓지 않은 상태로 내버려 두지 않았다.(온갖 수단을 써보다.)
   He has left no stone unturned.

   자동차 안에 아이들을 보살핌 받지 않는 상태로 내버려 두지 말라.
   Do not leave your children unattended in the car.

5) **leave off** : 하던 일을 그만두다

   어디서 그만두었는지 기억나는가? (어디까지 했더라.)
   Do you remember where we left off?

6) **leave out** : 제외하다, 생략하다

   파티에 아무도 빠지지 않도록 봐주세요.
   See that no one is left out at the party.

7) **leave behind** : 뒤에 남겨놓다

   누가 우산을 두고 갔다.
   An umbrella was left behind.

8) **명사 leave** : 휴가, 허락

   그는 지금 휴가 중이다.
   He is on leave now.

lent - lent

193 lend

1) **lend** + I.O.(명사) + D.O.(명사) : 'I.O.'에게 'D.O.'를 빌려주다

나에게 잠시 너의 귀를 빌려 달라.
Lend me your ear for a moment.

let - let

194 let

1) **let** + 명사 + inf. : ~에게 ~하도록 허락하다, 내버려두다, 시키다

그를 건너오게 해라.
Let him come over.

그것이 시작되는 때를 알려주세요.
Please let me know when it starts.

2) **let** + 명사 + in / out : ~를 들어오게 / 나가게 하다

나를 들여보내주세요.
Please let me in.

그것은 햇빛은 들어오게 하지만 열은 나가게 하지 않는다.
It lets sunlight in but doesn't let heat out.

3) **let** + 명사 + down : ~를 낙심시키다, 내려놓다, 늦추다

사람을 부드럽게 낙심시켜라.
Let down a person gently.

나는 그가 당신을 실망시키지 않을 것을 확신한다.
I'm sure that he will never let you down.

4) **let** up : 그치다, 잠잠해지다

비는 밤새 그치지 않았다.
The rain never let up all night.

5) **let** go of : 놓아 주다

그는 군중 속에서 내 손을 놓았다.
He let go of my hand in the crowd.

226 최우선 영단어

6) **let + 명사** : ~를 세놓다, 빠져나오게 하다

그는 한숨을 쉬었다.
He let a sigh.

이 집은 셋집이다.
This house is to let.

lay - lain

195 lie

1) **lie** : 눕다, 놓여있다, 존재하다

고양이는 불가에 누워있었다.
The cat was lying by the fire.

그녀는 엎드렸다.
She lay on her stomach.

문제는 언제 개입을 할 것이냐에 놓여있다.
The problem lies in deciding when to intervene.

2) **lie + 보어** : ~한 상태에 놓여있다

책은 그의 책상 위에 펼쳐져 있었다.
The book lay open on his desk.

liked - liked

196 like

1) **like + 명사** : ~를 좋아하다

   나는 과일을 좋아한다.
   I like fruit.

   커피 한잔 더 하시겠습니까?
   Would you like another cup of coffee?

2) **like + to inf.** : ~하고 싶다

   그녀를 만나보고 싶다.
   I should like to see her.

3) **like + V-ing** : ~하는 것을 좋아하다

   그녀는 독서를 좋아한다.
   She likes reading.

4) **like + 명사 + to inf.** : ~가 ~하기를 바라다

   나는 소년들이 활발하기를 바란다.
   I like boys to be lively.

5) **like + 명사 + 형용사** : ~가 ~한 상태인 것이 좋다

   나는 내 달걀이 삶아진 것이 좋다.
   I like my egg boiled.

6) **like** : 마음에 들다, 하고 싶다

   당신이 하고 싶은 대로 해도 좋다.
   You may do as you like.

파생어

- ⟨형⟩ **likely** : ~할 것 같은, 그럴듯한

  표가 비쌀 가능성이 크다.
  Tickets are likely to be expensive.

- ⟨부⟩ **likewise** : 똑같이, 비슷하게, 또한

  두 번째 시도도 비슷하게 실패로 돌아갔다.
  The second attempt was likewise a failure.

197 lodge

1) lodge : 묵다, 숙박하다, 몸 속에 박히다

그는 윌슨씨 집에서 숙박하고 있다.
He is lodging at Mr. Wilson's.

그 총알은 그의 폐에 박혔다.
The bullet has lodged in his lung.

2) lodge + 명사 : ~를 숙박시키다, 쏘아박다

저를 하숙시켜 줄 수 있습니까?
Can you board and lodge me?

그 탐험가는 자신의 허벅지에 총알을 쏘아 박았다.
The explorer lodged a bullet in his own thigh.

198 long

1) long for : ~를 갈망하다

그녀는 새것을 원한다.
She longs for something new.

2) long + to inf. : ~하기를 갈망하다

그는 고향으로 돌아가기를 갈망했다.
He longed to return home.

3) long for + 명사 + to inf. : ~가 ~하기를 갈망하다

그는 당신이 그에게 편지를 써 줄 것을 갈망했다.
He longed for you to write him a letter.

199 look

1) look : 바라보다, 쳐다보다

나는 사방을 둘러보았으나 그것을 찾을 수가 없었다.
I looked everywhere but I couldn't find it.

2) look at : ~를 쳐다보다

나의 눈을 쳐다보세요.
Look at my eyes.

나는 밤하늘을 올려다보았다.
I looked up at the night sky.

그는 고개 숙여 바닥을 내려다보았다.
He looked down at the floor.

3) look for : ~를 찾아보다

나는 따뜻한 것을 찾고 있었다.
I was looking for something warm.

4) look + 명사 + in / into + 몸의 일부 : ~의 특정부위를 보다

그는 나의 눈을 보았다.
He looked me in the eyes.

그는 그녀의 얼굴을 똑바로 쳐다보았다.
He looked her straight into the face.

5) look on : 관찰하다, 방관하다

당신들이 해보고 나는 구경할게.
You all play and I'll look on.

그는 항상 밝은 면을 본다.
He always looks on the bright side.

6) look upon + A as B : A를 B로 간주하다

나는 그를 사기꾼이라고 여긴다.
I look upon him as a humbug.

7) look out : 밖을 내다보다

나는 밖의 경치를 내다보고 있었다.
I was looking out at the view.

8) look around : 둘러보다

그냥 둘러보고 있는데 도움이 필요하면 말씀드리지요.
I am just looking around and I'll let you know if I need help.

9) look through : 통해서 보다, 검토하다, 훑어보다

당신이 망원경을 통해서 보면 그것을 볼 수 있다.
You can see it if you look through the telescope.

나의 답안지를 검토하셨나요?
Have you looked through my answer sheet?

10) look after : 뒤를 보아주다, 보살피다

당신이 가 있는 동안 내가 그 아기를 보살피겠다.
I'll look after the baby while you are gone.

11) look back : 뒤돌아 보다

그날 이후 그는 뒤돌아 본 적 없다.(후회한 적 없다)
Since that day he has never looked back.

12) look down on : 멸시하다, 낮추어 보다, 아래로 보다

당신은 방금 통과해 온 숲을 아래로 보게 될 수도 있다.
You may be able to look down upon the woods you have just passed through.

그는 때로 빈자들을 깔본다.
He sometimes looks down on the poor.

13) look up to : 올려다 보다, 우러러보다

그들 모두는 그를 진정한 지도자로 우러러보았다.
They all looked up to him as a true leader.

14) look up : 올려다보다, 사전 등에서 찾다

낱말의 다양한 의미를 위해서 사전을 뒤져보아라.
Look up the dictionary for the various meanings of the word.

15) look toward : 향하다

서쪽을 향하고 있는 그 창이 이 집에서 제일 큰 것이다.
The window looking toward the west is the biggest one in this house.

16) look to : 유의하다, 의지하다

도구에 유의하세요.
Look to your tools.

나는 도움을 얻기 위해 그에게 의지한다.
I look to him for help.

그는 발표를 기대하고 있는 중이다.
He is looking forward to the announcement.

17) look over : 훑어보다

제출하기 전에 그 서류를 훑어보세요.
Please look over the paper before you submit it.

18) look + 형용사 : ~한 상태로 보이다

그는 건강해 보인다.
He looks well.

당신은 한결 좋아 보인다.
You look much better.

그는 즐거워 보였다.
He looked pleased.

그는 즐겁게 해주는 사람으로 보였다.
He looked pleasing.

19) look like + 명사 : ~처럼 보이다

펭귄은 연미복을 입은 남자처럼 보인다.
Penguins look like men in tailcoats.

그가 어떤 모습일지에 관해 나에게 말해주세요.
Tell me about what he looks like.

20) **look + 나이 / 사이즈 / 치수 / 계량의 결과** : ~로 보인다

그는 내 나이로 보인다.
He looks my age.

그는 제 나이로 보인다.
He looks his age.

21) **look + as if / as though** : 마치 ~인 것처럼 보이다

이 달에는 내가 중과세를 받은 것처럼 보인다.
It looks as if I've been overtaxed this month.

그는 마치 여러 달 동안 제대로 된 식사를 하지 못했던 것처럼 보인다.
He looks as though he hasn't had a good meal for months.

22) **look + A(명사) + 전치사 + B(명사)** : A를 쳐다보아서 결과 B하게 하다

나는 그를 쳐다보아 무안하게 했다.
I looked him to shame.

그 경찰관은 나를 쳐다보아 말을 막았다.
The policeman looked me into silence.

23) **명사 look** : 외모, 눈초리, 안색, 용모, 한번 보기

한 번 보아주세요.
Please have a look.

그는 슬픈 표정으로 나를 돌아보았다.
He turned to me with a sad look.

외모로 사람을 판단할 수 없다.
You can't judge a person by his looks.

200 lose

1) **lose + 명사** : ~를 잃다, 잊다, 상실하다, 놓치다, 지다

   나는 열쇠를 잃어버렸다.
   I have lost my key.

   나는 화가 치밀었다.
   I was losing my temper.

   나는 소음 속에서 당신의 마지막 말 몇 마디를 못 들었다.
   I have lost your last few words in the noise.

   당신은 그 싸움에서 지게 될 것이다.
   You will lose the battle.

   내 시계는 한 달에 일분이 늦는다.
   My watch loses one minute a month.

   그는 만화책에 열중하고 있었다.
   He lost himself in a comic.

   나는 그 기차를 시야에서 놓쳤다.
   I lost sight of the train.

2) **lose + I.O.(명사) + D.O.(명사)** : 'I.O.'에게 'D.O.'를 잃게 하다

   이것이 그들에게 승리를 잃게 했다.
   This lost them the victory.

3) **be lost** : 멸망, 파괴되다, 길을 잃다, 사라지다, 영향 받지 않는다, 따돌림 당하다

   그 배와 선원들이 바다에서 침몰했다.
   The ship and its crew were lost at sea.

   나는 낯선 곳에서 길을 잃었다.
   I was lost in a strange place.

   한동안 나는 세상에서 외톨이였다.
   For some time, I was lost to the world.

   그녀는 시야에서 사라졌다.
   She was lost to sight.

   내 아들이 실종되었다.
   My son is lost.

4) **lose** + 시간 + V-ing : ~하면서 시간을 버리다

　당신은 공연히 나를 설득하려고 애쓰면서 시간을 낭비하고 있다.
　You are losing your time trying to persuade me.

　그 사건을 조사하는데 시간이 낭비되어서는 안 된다.
　No time should be lost in looking into the case.

5) **lose** : 실패하다, 지다, 손해보다, 쇠퇴하다

　우리 팀이 질 것 같다.
　I am afraid our team will lose.

6) **Lost and Found** : 분실물 신고 (센터)

파생어

　㊅ loss : 분실, 손실, 상실, 손해

　　우리는 그 거래로 손실을 보았다.
　　We made a loss on the deal.

201 love

1) **love + 명사** : ~를 사랑하다, 소중히하다, 반하다

    그들은 서로를 사랑했다.
    They loved each other.

    어떤 식물들은 그늘을 좋아한다.
    Some plants love shade.

2) **love + to inf.** : ~하고 싶어 하다

    그녀는 젊은 남자들에게 추앙받고 싶어 한다.
    She loves to be admired by young men.

3) **love + V-ing** : ~하는 것을 좋아하다

    나는 비를 맞으며 춤추는 것을 좋아한다.
    I love dancing in the rain.

4) **love + 명사 + to inf.** : ~가 ~하면 좋다

    나는 당신이 옷을 잘 입으면 좋다.
    I love you to dress well.

202 maintain

1) **maintain + 명사** : ~를 유지하다, 계속하다, 주장하다, 정비하다, 부양하다

나는 그와의 우정을 유지할 것을 의도했다.
I intended to maintain my friendship with him.

그녀는 자신의 무죄를 주장한다.
She maintains her innocence.

항상 그 도로를 정비하는 것을 확실히 하세요.
Make sure that you maintain the road all the time.

나는 대학졸업까지 아들을 부양하겠다는 것을 결심했다.
I determined to maintain my son through university.

2) **maintain + that S + P** : ~라고 주장하다

그는 모든 사람들이 다 평등하지는 않다고 주장했다.
He maintained that all men are not equal.

> **파생어**
>
> ⓜ **maintenance** : 유지, 정비
>
> 그 학교에는 난방비와 건물 유지비를 낸다.
> The school pays for heating and the maintenance of the buildings.

make

1) make + 명사 : ~를 만들다, 되다, 교통기관을 타다

그는 나를 위해 케이크를 만들었다.
He made a cake for me.

누가 법을 제정합니까?
Who makes a law?

그는 학교에서 좋은 성적을 얻었다.
He made a good mark at school.

그는 훌륭한 변호사가 될 것이다.
He will make a good lawyer.

2 더하기 2는 4이다.
Two and two makes four.

나는 한 밑천 벌고 싶다.
I want to make a great fortune.

서두르면 그 기차를 탈 수 있습니다.
If you hurry, you can make the train.

제가 좀 시끄럽게 해도 괜찮을까요?
Do you mind if I make a noise?

나는 문제를 야기시키려고 한 것은 아니었다.
I didn't mean to make trouble.

2) make + 명사(행위) : ~(행위)를 하다

빨리 응답해 주세요.
Please make a quick answer.

그는 수학 점수에서 간신히 발전을 이루어냈다.
He managed to make progress on his math grade.

3) make + I.O.(명사) + D.O.(명사) : 'I.O.'에게 'D.O.'를 만들어주다, 되어주다

그녀의 엄마는 그녀에게 새로운 옷을 만들어주었다.
Her mother made her a new dress.

그녀는 그에게 좋은 아내가 될 것이다.
She will make him a good wife.

4) **make + 명사 + 형용사** : ~를 ~한 상태로 만들다

꽃들이 우리의 방들을 환하게 만든다.
Flowers make our rooms cheerful.

그는 너무 사적인 질문들로 나를 당황하게 만들곤 했다.
He used to make me embarrassed by too private questions.

나는 나 자신을 영어로 이해되도록 만들 수 있다. (영어로 말할 수 있다)
I can make myself understood in English.

5) **make + 명사 + O.C.(명사)** : ~를 'O.C.'로 되게 하다, 만들다

그는 그녀를 자신의 몸종으로 만들었다고 알려져 있다.
He is known to have made her his valet.

6) **make + 명사 + inf.** : ~를 강제로 ~하도록 만들다

그 작가는 그 커플이 영원히 행복하게 살도록 만들 것을 요구받고 있다.
The author is asked to make the couple live happily ever after.

7) **make + as if + S + P** : ~처럼 행동하다

그는 모든 것을 아는 것처럼 행동했다.
He made as if he knew everything.

8) **make believe + that S + P** : ~인체 하다

우리가 인디언인체 하자.
Let's make believe that we're Indians.

9) **make for** : 향하다

불빛을 보고 나는 그곳으로 향했다.
Seeing a light, I made for it.

10) **make it** : 성공하다, 해내다, 약속 잡다

시도해 본다면 성공할 것이다.
You can make it if you try.

언제로 할까요?
What time shall we make it?

11) **make off** : 도망치다, 떠나다

그 도둑은 다이아를 가지고 황급히 도망쳤다.
The thief made off with the diamond.

12) **make out** : 식별하다, 이해하다

그는 멀리 안갯속에서 섬 같은 것을 식별할 수 있었다.
He could barely make out something like an island in the hazy distance.

나는 그가 원하는 것을 이해할 수 없다.
I can't make out what he wants.

13) **make up** : 구성하다, 조작하다, 화장하다, 복구하다, 화해하다

모스부호는 점과 선들로 이루어진다.
The Morse code is made up of dots and dashes.

그 이야기는 조작된 것이다.
The story is made up.

그 배우는 햄릿 역을 위해 분장했다.
The actor made up for the part of Hamlet.

우리는 손실을 복구해야 한다.
We must make up the loss.

나이가 들어서, 그는 젊었을 때 할 것을 거부했던 일을 보충하려 했다.
In his old age, he tried to make up for what he had refused to do when he was young.

이곳 노동력의 절반 이상을 여성들이 차지한다.
Women make up 50% of the workforce here.

당신이 그와 화해했더라면 더 좋았을 것이다.
If you had made up with him, it would have been better.

204 manage

1) manage + 명사 : ~를 처리하다, 관리하다, 꾸려가다

나는 내 일을 처리할 수 있다.
I can manage my affairs.

어머니가 우리 집을 꾸려 가신다.
My mother manages a household.

2) manage + to inf. : 간신히 해내다

나는 간신히 늦지 않게 그곳에 당도했다.
I managed to get there in time.

파생어

- **management** : 경영, 운영

  그는 호텔 경영에 매우 능란하다.
  He is very competent in hotel management.

- **manageable** : 다루기 쉬운, 관리하기 쉬운, 유순한

  입안에 음식을 씹을 수 있는 양으로 먹는 것이 좋겠다.
  You had better have a manageable amount of food in your mouth.

205 measure

1) measure + 명사 : ~를 측정하다, 평가하다, 판단하다

치마를 위해서 당신의 치수를 재도 괜찮겠습니까?
Do you mind if I measure you for the skirt?

한 사람의 성격은 그가 교제하고 있는 사람들의 유형으로 평가될 수 있다.
A man's character can be measured by the types of men with whom he associates.

2) measure + 치수(보어) : ~로 치수가 나오다

그 보트는 20 피트의 길이로 측정된다.
The rowing boat measures 20 feet.

그 작은 방은 8 곱하기 5의 면적으로 측정되었다.
The cell measured eight by five.

파생어

(명) measurement : 측정, 측량, 치수

과학에서는 정확한 측정이 매우 중요하다.
Accurate measurement is very important in science.

---

206 mend

1) mend + 명사 : ~를 고치다, 개선하다

나의 행동을 감히 개선하겠다는 것이냐? (나를 가르치려 드는가?)
How dare you try to mend my behavior?

운다고 사태가 나아지는 것은 아니다.
Crying will not mend matters.

2) mend : 호전되다, 개심하다

허물을 고치려는데 너무 늦는 법은 없다.
It's never too late to mend.

말이 적으면 화도 적다. (입이 화근이다)
Least said, soonest mended.

207 mention

1) **mention + 명사** : ~를 언급하다, 거명하다

   그녀는 관련자들의 이름을 언급하는 것을 두려워했다.
   She feared mentioning all the names involved.

   그런 말은 하지 마세요. (천만에요 - 고맙다는 말에 대한 정중한 인사로)
   Don't mention it.

2) **mention + that S + P** : ~라고 말하다

   그녀는 나를 곤경에 빠뜨리려고 했다고 말한 것을 인정했다.
   She confessed to mentioning that she would set me up.

3) **명사 mention**

   (1) not to mention : ~은 말할 것도 없고(물론이고)

   우리는 차고가 없다는 사실은 말할 것도 없고 자동차를 가질 여유도 없다.
   We can't afford a car, not to mention the fact that we have no garage.

   그는 이 나라에 대저택이 두 채 있어. 프랑스에 빌라가 있는 것은 말할 것도 없고.
   He has two big houses in this country, not to mention his villa in France.

208 mess

1) **mess + 명사** : ~를 망쳐놓다, 엉망으로 만들다

   기차가 늦게 도착하여 모든 계획은 엉망이 되었다.
   The late arrival of the train messed up all the plans.

   그는 계속해서 실수를 저질렀다.
   He continued to make a mess of it.

2) **mess** : 밥 먹다

   그 사병들은 함께 식사했다.
   The privates messed together.

209 mind

1) mind + 명사 : ~를 주의하다, 염두에 두다, 신경쓰다

발밑을 조심하세요.
Mind your step.

당신 자신의 일에 신경 쓰라.
Mind your own business.

한 잔 하는 것도 나쁘지는 않다.
I should not mind a drink.

2) mind + V-ing : ~하는 것을 귀찮게 여기다, 싫어하다, 꺼리다

여기서 당신이 담배를 피우는 것을 꺼리지 않아요.
I don't mind your smoking here.

3) mind : 주의하다, 꺼리다

내가 문을 열어도 괜찮겠습니까?
Do you mind if I open the door?

신경 쓰지 마세요.
Oh, never mind.

파생어

mindful : ~을 염두에 두는(의식하는), ~에 유념하는

당신은 책임을 의식하여야 한다.
You have to be mindful of your responsibilities.

210 miss

1) miss + 명사 : ~를 놓치다, 간과하다, 생략하다, 피하다, 없어서 섭섭히 여기다

그의 화살은 과녁을 빗나갔다.
His arrow missed the target.

나는 아슬아슬하게 그 기차를 못 탔다.
I missed the train by a hair's breadth.

그 집은 교회의 맞은편에 있어서 당신이 못 볼 리가 없다.
The house is opposite the church. You can't miss it.

당신이 없어서 무지 섭섭하다.
I miss you so much.

그 사람이 50불 정도를 아까워하지는 않을 것이다.
He wouldn't miss 50 dollars.

걱정 마라. 당신이 놓친 것은 별반 없다.
Don't worry. You haven't missed much.

2) miss + V-ing : ~하는 것을 생략하다, 피하다

그 환자를 간호하는 것을 빼먹은 적이 없다.
I never miss attending on the patient.

그 열차는 파괴되는 것을 모면했다.
The train just missed being destroyed.

211 mix

1) **mix + 복수명사** : ~들을 섞다, 섞어서 만들다

   그들은 온갖 종류의 과일을 섞었다.
   They mixed all kinds of fruits.

2) **mix + A(명사) + and / with + B(명사)** : A와 B를 섞다, 섞어서 만들다

   우리는 종종 일과 놀이를 결합시킨다.
   We often try to mix work with play.

3) **mix + I.O.(명사) + D.O.(명사)** : 'I.O.'에게 'D.O.'를 섞어주다

   그는 나에게 술 한 잔을 섞어주었다.
   He mixed me a drink.

4) **mix** : 섞이다, 혼합되다

   기름과 물은 섞이지 않는다.
   Oil and water won't mix.

   기름과 물은 섞이지 않는다.
   Oil will not mix with water.

212 move

1) move : 움직이다, 이동하다, 이사하다

언제 새로운 집으로 이사하십니까?
When do you move into your new place?

지구는 태양 주위를 돈다.
The earth moves around the sun.

2) move + 명사 : ~를 움직이다, 감동시키다

그는 불 가까이로 그의 의자를 움직였다.
He moved his chair nearer to the fire.

나는 감동해서 눈물을 흘렸다.
I was moved to tears.

파생어

⑲ movement : 움직임, 이동, 운동

덤불 속에서 갑작스러운 움직임이 있었다.
There was a sudden movement in the undergrowth.

⑲ motion : 움직임, 흔들림, 동작

뉴턴의 운동의 법칙
Newton's laws of motion

⑤ motion : 동작(몸짓)을 해 보이다

그가 우리에게 따라오라는 몸짓을 해 보였다.
He motioned for us to follow him.

213 name

1) **name + 명사** : ~의 이름을 짓다, 거명하다

   그가 신생아 이름을 짓기로 되어있다.
   He was supposed to name the newborn baby.

   네덜란드의 수도를 거명할 수 있는가?
   Can you name the capital of the Netherlands?

2) **name + 명사 + O.C.(명사)** : ~를 'O.C.'로 이름 짓다

   그 아기는 로날드로 이름 지어졌다.
   The baby was named Ronald.

3) **name + A(명사) + as + B(명사)** : A를 B로서 지명하다

   그는 후계자 후보로 지명되었다.
   He has been named as the probable successor.

4) **name + A after B** : B를 따서 A를 이름 짓다

   잉글랜드는 앵글즈를 따서 이름 지어졌다.
   England was named after the Angles.

5) **명사 name** : 이름, 명칭, 평판, 험담 (복수 명사)

   이름 좀 알려주세요.
   Do you have a name?

   그는 나에게 욕설을 했다.
   He called me names.

파생어

(부) **namely** : 즉, 다시 말해

우리는 우리의 목표 독자, 즉 20세에서 30세까지의 여성들에게 집중할 필요가 있다.
We need to concentrate on our target audience, namely women aged between 20 and 30.

214 need

1) need + 명사 : ~를 필요로 하다

나는 돈을 필요로 한다.
I need money.

2) need + to inf. : ~할 필요가 있다

우리 각각은 그런 어리석은 공포심을 정복할 필요가 있다.
Each of us needs to master such a foolish fear.

그것은 고쳐질 필요가 있다.
It needs to be fixed.

3) need + V-ing : ~할 필요가 있다 (수동관계)

내 사진기는 고칠 필요가 있다. (고쳐질 필요)
My camera needs mending.

그것은 설명할 필요가 없다. (설명될 필요)
It needs no accounting for.

4) 조동사 need : (부정문, 의문문)

그는 올 필요가 없다.
He need not come = He doesn't need to come.

그 사람이 즉시 가야 할 필요가 있습니까?
Need he go at once? = Does he need to go at once?

그가 그것을 할 필요는 없었는데 했다.
He need not have done it.

5) 명사 need : 필요성, 소용, 욕구

서두를 필요는 없다.
There is no need to hurry.

그것들은 우리들의 일용품들이다.
Those are our daily needs.

당신의 욕구를 충족시키는 것은 정말 어렵다.
It is really hard to meet your needs.

파생어

⑱ **needy** : 어려운, 궁핍한, 자신감이 없는

그는 가난한 사람들의 행복을 위해 일생을 바치겠다고 맹세했다.
He swore to devote his life to the happiness of needy people.

215 notice

1) **notice + 명사** : ~를 알아차리다, 인지하다

   그녀는 나를 알아보지 못했다.
   She did not notice me.

2) **notice + that S + P** : ~라는 것을 알아차리다

   그가 모자를 벗었을 때 나는 그가 대머리라는 것을 알아보았다.
   When he took off his hat, I noticed that he was bald.

3) **notice + 명사 + V-ing** : ~가 ~하고 있는 것을 알아차리다

   나는 한 부랑자가 어슬렁대는 것을 보았다.
   I noticed a tramp prowling around.

4) **notice + 명사 + inf.** : ~가 ~하고 있는 것을 눈여겨보다

   누가 들어오는 것을 보았습니까?
   Did you notice anyone come in?

5) **명사 notice** : 통고, 고지

   배가 출항할 것이다 라는 것을 고지하기위한 경적이 울렸다.
   The whistle blew to give notice that the boat was about to leave.

   당신은 그가 말하는 것을 주목할 필요 없다.
   You had better take no notice of what he says.

파생어

- 동 **notify** : 알리다, 통지하다

  일정이 확정되는 대로 알려드리겠습니다.
  I'll notify you as soon as things are set.

- 형 **noticeable** : 뚜렷한, 현저한, 분명한

  그 가족 중 아무도 참석하지 않은 것은 눈에 띄는 사실이었다.
  It was noticeable that none of the family were present.

216 oblige

1) oblige + 명사 + to inf. : ~에게 ~할 것을 강요하다

그 법은 우리가 세금을 낼 것을 강요한다.
The law obliges us to pay taxes.

우리는 그의 명령에 따르도록 강요받았다.
We were obliged to obey his order.

2) oblige + 명사 : ~에게 은혜를 베풀다

창문을 열어줌으로써 (나에게) 은혜를 베풀어 주세요.
Will you oblige me by opening the window?

어떤 신사분이 숙녀분에게 은혜를 베풀어주시겠어요?
Will any gentleman oblige a lady?

당신에게 많은 신세를 졌어요.
I am so much obliged to you.

파생어

- ⓜ obligation : 의무, 은혜, 감사함
  당신이 무엇을 구입해야 할 의무는 없습니다.
  You are under no obligation to buy anything.

- ⓗ obligatory : 의무적인
  여기서는 안전벨트를 매는 것이 의무적이지 않습니다.
  It's not obligatory to wear seat belts here.

217 observe

1) **observe** + 명사 : ~를 관찰하다, 감시하다, 준수하다

   천문학자는 별들을 관찰한다.
   An astronomer observes stars.

   그들은 성탄절을 준수하지 않는다.
   They don't observe Christmas.

2) **observe** + that / wh- + S + P : ~를 관찰에 의하여 인지하다

   내가 이것을 어떻게 하는지 잘 보아라.
   Observe how I do this.

3) **observe** + 명사 + Inf. / V-ing : ~가 ~하는 것을 관찰하다, 주시하다

   그는 그 경관이 문을 닫고 있는 것을 보았다.
   He observed the policeman closing the door.

파생어

- 형 **observable** : 식별할 수 있는

  비슷한 추세가 유럽 대륙에서도 관찰된다.
  Similar trends are observable in mainland Europe.

- 명 **observance** : 준수, 축하, 의식

  세법의 준수는 모든 사람들에게 요구된다.
  Observance of the tax laws is required of everyone.

- 명 **observation** : 관찰, 관측, 감시, 논평

  대부분의 정보는 그 동물들의 행동을 직접 관찰하면서 수집한 것이다.
  Most information was collected by direct observation of the animals' behaviour.

- 명 **observatory** : 관측소, 천문대, 기상대

  그 천문대는 그 산 정상에 위치되어 있다.
  The observatory is located at the top of the mountain.

218 obtain

1) **obtain** + **I.O.(명사)** + **D.O.(명사)** : 'I.O.'에게 'D.O.'를 얻게 해주다

   그 경험은 그에게 그 위치를 얻게 해 주었다.
   The experience obtained him the position.

2) **obtain** + **명사** : ~를 얻다

   우리는 사탕무에서 설탕을 얻을 수 있다.
   We can obtain sugar from beet.

파생어

⑬ **obtainable** : 얻을 수 있는

자세한 내용은 모든 우체국에서 구할 수 있다.
Full details are obtainable from any post office.

occurred - occurred

219 occur

1) **occur** : 일어나다, 발생하다, 나오다, 생겨나다

   만약 무슨 일이 생기면 알려다오.
   If something should occur, let me know.

   'e' 글자가 다른 어떤 글자보다 이 인쇄물에 많이 나온다.
   The letter 'e' occurs in this print more than any other letter.

2) **It + occurs + to + 명사 + that S + P** : ~라는 것이 생각나다, 마음에 떠오르다

   그가 왼손잡이라는 생각이 떠올랐다.
   It occurred to me that he was left-handed.

3) **It + occurs + to + 명사 + to inf.** : ~에게 ~하는 것이 떠오르다

   문을 잠가야 한다는 것이 당신에게 떠오르지 않던가요?
   Didn't it occur to you to lock the door?

○ 파생어

  ⑲ occurrence : 발생하는 것, 존재, 나타남

  자동차 사고는 자주 일어난다.
  Car accidents are a common occurrence.

  ⑧ recur : 재발하다

220 offer

1) offer + I.O.(명사) + D.O.(명사) : 'I.O.'에게 'D.O.'를 제안하다, 제공하다

그는 나에게 담배 한 대를 권했다.
He offered me a cigarette.

2) offer + 명사 : ~를 제안하다, 제공하다

그들은 그들의 서비스를 제공했다.
They offered their services.

3) offer + to inf. : ~하겠다고 제안하다

그는 나에게 돈을 빌려 주겠다고 제안했다.
He offered to lend me the money.

4) offer + that + S + (should) + R : ~해야 한다고 제안하다

그는 나에게 우리가 서로 화해해야 한다고 제안했다.
He offered to me that we (should) make up with each other.

221 operate

1) **operate** + 명사 : ~를 운전하다, 조작하다, 조종하다, 경영하다

   누가 마이크를 조작하고 있나?
   Who is operating the microphone?

2) **operate** : 작동하다, 움직이다, 수술하다

   그 기계는 제대로 작동하지 않을 것이다.
   The machine will not operate properly.

   육체가 정신에게 작용한다.
   The body operates on the mind.

   그 외과 의사는 부상당한 병사를 수술했다.
   The surgeon operated on the wounded soldier.

파생어

- 몡 **operation** : 수술, 작전, 기업, 작업

  제가 수술을 받아야 할까요?
  Will I need to have an operation?

- 몡 **operator** : 조작하는 사람, 전화 교환수

  그는 능란한 조종수이다.
  He is a smooth operator.

222 oppose

1) **oppose + 명사** : ~에 반대하다, 저항하다

나는 그 계획에 반대했다.
I opposed the plan.

그 늪은 전진에 방해가 되었다.
The swamp opposed the advance.

2) **oppose + A(명사) + to + B(명사)** : A를 B에 마주보게 하다, 반대에 두다

폭력에 대해 폭력으로 마주 보게 해서는 안 된다.
Never oppose violence to violence.

엄지 손가락은 어떤 손가락과 마주 보게 할 수 있다.
The thumb can be opposed to any of the fingers.

◯ 파생어

- 명 **opposition** : 반대, 경쟁사

    그는 경쟁사로 직장을 옮겼다.
    He's gone to work for the opposition.

- 형 **opposite** : 다른 편의, 반대의

    해답은 맞은편 쪽(옆) 페이지에 제시되어 있다.
    Answers are given on the opposite page.

223 order

1) order + 명사 + to inf. : ~에게 ~할 것을 명령하다

그 경찰은 그들에게 떠나라고 명령했다.
The policeman ordered them to leave.

2) order + that + S + (should) + R : ~해야 한다고 명령하다

판사는 그가 추방되어야 한다고 판시했다.
The judge ordered that he be banished.

3) order + 명사 : ~를 주문하다

나는 새 책을 몇 권 주문했다.
I ordered some new books.

4) 명사 order : 명령, 주문, 질서, 순서

물건들을 정돈해 두어라.
Keep things in order.

그 전화기는 고장이다.
The phone is out of order.

그 사건들은 시간 순서대로 기술되어야 한다.
The events should be written in chronological order.

우리는 당신이 그 문제를 토론할 수 있도록 대표자를 보내겠다.
We will send our representatives in order that you may discuss the matter.

그녀는 영어를 개선하기 위하여 미국에 갔다.
She has gone to America in order to improve her English.

종업원이 우리의 주문을 받았다.
The waiter took our orders.

파생어

- 형 **orderly** : 정돈된, 정연한, 질서 있는

    정연하게 줄 지어 심어져 있는 야채들
    vegetables planted in orderly rows

- 명 **ordinal** : 서수

    서수는 순서를 부여하기 위해 사용된다.
    Ordinal numbers are used for designating place in an ordered sequence.

224 owe

1) owe + I.O.(명사) + D.O.(명사) : 'I.O.'에게 'D.O.'를 빚지다, 힘입다

그녀는 그 식료품점에 50불을 빚지고 있다.
She owes the grocer fifty dollars.

나는 그에게 원한이 있다.
I owe him a grudge.

세상은 그가 남겨준 위대한 예술작품에 대해 그에게 많은 것을 빚지고 있다.
The world owes much to him for the work of art that he left us.

파생어

(전) owing to : ~ 때문에

그 경기는 비 때문에 취소되었다.
The game was cancelled owing to rain.

225 own

1) own + 명사 : ~를 소유하다, 인정하다

그들은 200 에이커의 농지를 소유했다.
They owned 200 acres of farmland.

그들은 그를 주인으로 인정했다.
They owned him as their master.

2) own + that S + P : ~하는 것을 인정하다, 자백하다

나는 그것이 전적으로 내 잘못임을 인정한다.
I own that it was entirely my fault.

3) 형용사 own : (소유격과 함께)자신의

그것은 내 자신의 차입니다.
It is my own car.

4) 대명사 own : (소유격과 함께)자신의 것

그것은 내 자신의 것이다.
It is my own.

226 pardon

1) pardon + 명사 / V-ing : ~를 용서하다

나는 당신의 과실을 용서한다.
I pardon your offense.

당신을 성가시게 한 것을 용서하세요.
Pardon my interrupting you.

2) pardon + I.O.(명사) + D.O.(명사) : 'I.O.'에게 'D.O.'를 용서하다

저에게 저의 과실을 용서해 주십시오.
Please pardon me my offense.

227 pass

1) pass + 명사 : ~를 통과하다, 가로지르다

그들은 가까스로 그 도로의 위험지역을 통과했다.
They managed to pass the dangerous section of the road.

당신은 시험을 통과했습니까?
Did you pass the test?

2) pass + I.O.(명사) + D.O.(명사) : 'I.O.'에게 'D.O.'를 건네주다

저에게 후추를 전달해 주세요.
Will you pass me the pepper?

3) pass + 명사 : ~를 유통시키다, 통과시키다, 가결하다

의회는 그 법안을 통과시켰다.
The congress passed the bill.

그 사진은 모두가 보도록 돌려졌다.
The photo was passed around for everyone to see.

4) pass by : 지나가다, 사라지다

아무도 지나가지 않았다.
No one passed by.

폭풍은 마침내 사라졌다.
The storm finally passed by.

5) pass + as / for : ~로 통용되다

이와 같은 그림은 진품 피카소로 통용되지는 않을 것이다.
A picture like this will not pass as a genuine Picasso.

그는 그 당시, 천재가 아닌, 미치광이로 통했다.
He passed in those days for a lunatic, not for a genius.

6) pass away : 가버리다, 죽다

그는 평화롭게 죽었다.
He passed away peacefully.

행복한 시절들이 가버렸다.
Those happy days passed away.

7) pass into : ~로 전환되다

물은 데워졌을 때 수증기로 전환된다.
Water passes into steam when it is heated.

> **파생어**
>
> ⑲ passage : 통로, 복도
>
> 컴컴하고 좁은 복도가 중앙홀로 이어져 있었다.
> A dark narrow passage led to the main hall.

paid - paid

228　pay

1) pay + (off) + 명사 : ~를 청산하다

그는 2년 안에 그럭저럭 빚을 청산할 수 있었다.
He managed to pay off his debts in two years.

2) pay + I.O.(명사) + D.O.(명사) : 'I.O.'에게 'D.O.'를 지불하다, 제공하다, 표하다

머지않아 당신을 방문하겠습니다.
I'm going to pay you a visit before long.

그는 나에게 깊은 존경을 표했다.
He paid me deep respect.

그는 나에게 집세를 지불했다.
He paid me the rent.

당신의 운전에 좀 더 주의를 기울이세요.
Pay more attention to your driving.

3) **pay + 명사** : ~에게 보상을 하다, ~를 지불하다

그 직업을 얻는 것은 수지가 안 맞겠다.
It wouldn't pay me to take that job.

모든 사람에게 봉사하는 사람은 아무에게도 보상받지 못한다.
He who serves everybody is paid by nobody.

당신은 현찰을 지불해야 한다.
You have to pay cash.

4) **pay for + 명사** : ~의 대가를 지불하다

당신은 그 자동차에 대한 값을 지불했는가?
Have you paid for the car?

그녀는 경솔한 약혼에 대한 대가를 지불해야 한다.
She has to pay for her hasty engagement.

당신은 그 대가를 지불해야 할 것이다.
You'll pay for it.

5) **pay + A for B** : B의 대가로 A를 지불하다, B에 대하여 A에게 갚다

그는 그 승리의 대가로 목숨을 지불했다.
He paid his life for the victory.

그는 그녀를 난처하게 함으로써 그녀의 모욕에 대해 그녀에게 갚아주었다.
He paid her for her insults by causing her trouble.

6) **pay** : 지불하다, 수지가 맞다, 득이 되다, 보람이 있다

진실을 말한다면 득이 될 것이다.
It would pay to tell the truth.

정직이 끝에는 득이 된다.
Honesty pays in the end.

이것에 대해 되갚아 주겠다.
I'm going to pay back for this.

> **파생어**
>
> ⑲ payment : 지불, 납입, 보답
>
>   지불 연체에 대해서는 벌금이 있다.
>   There will be a penalty for late payment of bills.
>
> ⑲ paycheck : 급료
>
> ⑲ payback : 자금 회수, 보상
>
> ⑲ payroll : 직원명단

229 peel

1) peel + 명사 : ~(껍질)를 벗기다

당신이 양파껍질을 까고 내가 그것들을 잘게 썰겠다.
You peel the onions and I will chop them up.

2) peel : 벗겨지다

이 오렌지는 잘 안 까진다.
This orange hardly peels.

230 penetrate

1) penetrate + 명사 : ~를 관통하다, 꿰뚫다, 스며들다

총알이 그 칸막이를 관통했다.
The bullet penetrated the partition.

부엉이의 눈은 어둠을 꿰뚫어 볼 수 있다.
The eyes of owls can penetrate the darkness.

그 냄새는 곧 건물 전체에 스며들었다.
The odor soon penetrated the whole building.

2) penetrate : 뚫고 들어가다

숲이 가장 울창한 곳에서도 햇빛이 들어왔다.
The sunshine penetrated where the trees were thickest.

파생어

⑲ penetration : 침투, 관통

우리는 그 회사의 성공적인 해외 시장 침투를 논의할 것이다.
We'll discuss the company's successful penetration of overseas markets.

231 perceive

1) perceive + 명사 : ~를 인지하다

아기도 사물을 볼 수는 있지만 구체적인 물체로 인지하지는 못한다.
A baby sees things but does not perceive them as definite objects.

2) perceive + that S + P : ~라는 것을 이해하다

그는 딸의 마음을 바꾸도록 만들 수 없다는 것을 이해했다.
He perceived that he could not make his daughter change her mind.

3) perceive + 명사 + Inf. / V-ing : ~가 ~하는 것을 인지하다

아무도 내가 그 방에 들어가는 것을 인지하지 못했다.
Nobody perceived me entering the room.

파생어

⑲ perception : 지각, 자각, 통찰력, 인식

그녀는 그 가족이 처한 상황을 평가하는 데 있어서 대단한 통찰력을 보였다.
She showed great perception in her assessment of the family situation.

232 perform

1) **perform + 명사** : ~를 이행하다, 공연하다

    나는 나의 의무를 했다.
    I performed my duty.

    그들은 오늘 밤 Hamlet을 공연한다.
    They perform Hamlet tonight.

2) **perform** : 공연하다, 연주하다, 행하다, 작동하다, 기능하다

    그들은 하루 두 번 공연해야 했다.
    They had to perform on the stage 2 times a day.

    학교에서 제발 좀 잘해라.
    Please perform well in your school.

파생어

명 **performance** : 공연, 연주회

공연(연주회)은 7시에 시작한다.
The performance starts at seven.

233 permit

1) permit + I.O.(명사) + D.O.(명사) : 'I.O.'에게 'D.O.'를 허락하다

그는 나에게 어떤 변명도 허락지 않으려 했다.
He wouldn't permit me any excuse.

제가 몇 마디 말을 하도록 허락해 주십시오.
Would you please permit me a few words?

2) permit + 명사 + to inf. : ~에게 ~하도록 허락하다

말씀 중에 죄송합니다만...
Permit me to interrupt you, but...

3) permit + 명사 : ~를 허용하다

흡연은 이 방에서 허용되지 않는다.
Smoking is not permitted in this room.

4) permit of + 명사 : ~의 여유가 있다, 여지가 있다

그 상황은 지체의 여유가 없다.
The situation permits of no delay.

◯ 파생어

㊅ permission : 허락, 허가

그녀는 허락도 없이(받지 않고) 그 차를 가지고 갔다.
She took the car without permission.

234 persist

1) **persist** : 지속되다, 고집하다

    연무는 하루 종일 도심에서 지속되었다.
    The smog persisted in the heart of the city through the day.

    그녀는 자신의 의견을 고집했다.
    She persisted in her opinion.

    고집하신다면 좋으실 대로 하세요.
    Well, if you persist.

2) **persist** + that S + P : ~ 라고 주장하다

    그는 자신의 아들이 결백하다고 주장했다.
    He persisted that his son was innocent.

파생어

- 명 **persistence** : 고집, 지속됨

    일단 목표를 달성하기로 결심했으면, 끈기 있게 지속해라.
    Once you're determined to reach a goal, keep going with persistence.

- 형 **persistent** : 끈질긴, 집요한, 끊임없이 지속되는

    끊임없이 계속 내리는 비가 이 지역의 특성들 중 하나이다.
    Persistent rain is one of the characteristics in this area.

persuaded - persuaded

235 persuade

1) persuade + 명사 + to inf. : ~에게 ~하도록 설득하다

구 종교의 지도자들은 사람들에게 기독교도들을 박해하도록 설득하곤 했다.
The priests of the old religions used to persuade people to persecute the Christians.

2) persuade + A(명사) + 전치사 + B(명사) : A를 설득해서 B상태에 이르게 하다

그녀를 설득해서 바지를 입게 할 수 있나요?
Can you persuade her into wearing pants?

나는 그녀를 설득하여 이웃을 엿보지 않게 했다.
I persuaded her out of peeping at neighbors.

3) persuade + A of B : A에게 B를 납득시키다

어떻게 당신에게 나의 곤경을 납득시킬 수 있을까?
How can I persuade you of my plight?

4) persuade + 명사 + that + S + (should) + R : ~가 ~해야 한다고 납득시키다

그는 농부들에게 그들이 땅콩을 심어야 한다는 사실을 납득시켰다.
He persuaded the farmers that they (should) plant peanuts.

○ 파생어

    명 **persuasion** : 설득, 신념

        그녀는 대단한 설득력을 지녔다.
        She has great powers of persuasion.

    형 **persuasive** : 설득력 있는

        그 판매원은 매우 설득력 있는 대화술을 가지고 있었다.
        The salesman had a very persuasive way of talking.

236 pick

1) pick + 명사 : ~를 쪼다, 후벼 파다, 꺾다, 뜯다, 뽑아내다, 고르다, 발라내다, 배우다

남들 앞에서 이를 쑤시는 것은 부적절하다.
It is inappropriate to pick your teeth before others.

그녀는 거실을 장식하려고 백합을 꺾었다.
She picked the lilies to decorate her living room.

지금은 오렌지 수확기이다.
It is an orange picking season now.

내 손가락에서 가시를 뽑아주세요.
Please pick a thorn out of my finger.

경주에서 우승마를 고르는 것은 재미있다.
It is fun to pick a winning horse at the races.

나는 군중 속에서 스미스씨를 곧 찾아낼 수 있었다.
I could soon pick out Mr. Smith in the crowd.

2) pick up : 줍다, 집어 올리다, 우연히 얻다

그는 파리에서 많은 귀한 골동품들을 입수했다.
He picked up many valuable curios in Paris.

우리의 레이더가 적기 몇 대를 찾아냈다.
Our radars picked up several enemy planes.

그 말은 어디서 배웠냐?
Where did you pick up the word?

기차는 승객 몇 명을 태우기 위해 멈추었다.
The train stopped to pick up several passengers.

그는 그것을 줍기 위해 몸을 굽혔다.
He bent down to pick it up.

파생어

(명) **pickpocket** : 소매치기

소매치기 조심하세요.
Beware of pickpockets.

(형) **picky** : 까다로운

내 아들은 식성이 까다롭다.
My son is a picky eater.

237 picture

1) picture + 명사 : ~를 그리다, 상상하다

그의 고통을 상상하는 것은 어렵다.
It is hard to picture his sufferings.

2) picture + 명사 + V-ing : ~가 ~하는 것을 상상하다

그는 그녀가 자기에게 그런 부탁을 하는 것을 상상하지 못했다.
He didn't picture her asking him the favor.

> **파생어**
>
> 형 picturesque : 그림 같은, 생생한
>
> 이만큼 아름다운 경치를 본 적이 없다.
> I have never seen such a picturesque view as this.

238 pitch

1) pitch + 명사 : ~를 던지다, 팽개치다, 음조를 잡다

농부들은 건초를 수레에 던져 올리고 있었다.
The farmers were pitching hay on the cart.

그녀는 그의 편지를 불 속으로 던져 넣었다.
She pitched his letter into the fire.

누가 이 공을 담장 너머로 던질 수 있는가?
Who can pitch this ball over the fence?

그녀는 때로 음조를 너무 높게 잡아서 곡을 끝내지 못한다.
She sometimes pitches a tune too high to complete a song.

2) pitch : 던지다, 거꾸로 떨어지다, 곤두박질하다

그는 그 게임에서 잘 던졌다.
He pitched well in the game.

그 비행기는 폭풍 속에서 곤두박질했다.
The airplane pitched down in the storm.

239 plan

1) **plan + to inf.** : ~하기로 계획하다

   우리는 다음 달에 여행을 계획하고 있다.
   We are planning to make a tour next month.

2) **plan + 명사** : ~를 계획하다, 꾀하다

   그녀는 무엇인가를 계획해 놓은 것처럼 보인다.
   She seems to have planned something.

240 play

1) **play** : 놀다, 장난하다, 즐기다, 자유롭게 움직이다, 경기를 하다, 연주하다

   그 노인은 flute연주를 잘했다.
   The old man played well on the flute.

   Ann은 자신의 테디베어 인형을 가지고 놀고 있다.
   Ann was playing with her teddy bear.

2) **play + 명사** : ~를(하며) 놀다, 장난하다, 즐기다, 자유롭게 움직이다, 경기를 하다, 연주하다

   그들은 포커게임을 하고 있었다.
   They were playing poker.

   우리는 후반전에 박지성을 투입할 것이다.
   We are going to play Park Ji Sung in the second half.

   제가 멋진 재즈 한 곡을 연주하겠습니다.
   Let me play a nice jazz.

듣기 편한 노래를 틀어주세요.
Would you please play an easy listening?

그녀는 오필리아의 연기를 했다.
She played Ophelia.

우리는 그 요새에 기관총을 퍼부었다.
We played our machine guns on the fortress.

탐조등이 그 강에 샅샅이 비추어졌다.
The searchlight was played on every nook and cranny of the river.

3) **play** + 명사 + **joke / trick / game** : ~에게 농담을 하다, 장난을 치다, 게임을 하다

그는 나에게 트릭을 쓰곤 했다.
He used to play me a trick.

당신은 나랑 게임을 하고 싶은 거냐?
Do you want to play me a game?

그녀에게 그런 농담을 하지 마라. 기분이 상할 것이다.
Don't play her that kind of joke. It will offend her.

파생어

⑲ **playful** : 장난기 많은, 농담의

돌고래는 장난기 많고 아름다운 동물이다.
Dolphins are playful and beautiful animals.

⑧ **display** : 전시하다, 진열하다, 드러내다

그 전시회는 지역 화가들에게 작품을 전시할 기회를 제공한다.
The exhibition gives local artists an opportunity to display their work.

⑧ **downplay** : 경시하다, 대단치 않게 생각하다

그 코치는 팀의 경기력 부진을 대단찮게 생각하고 있다.
The coach is downplaying the team's poor performance.

⑲ **playmate** : 놀이 친구

241 please

1) please + 명사 : ~를 즐겁게 하다, 만족시키다

무엇도 그를 즐겁게 할 수 없을 것이다.
Nothing could please him.

나는 매우 즐겁습니다.
I am very pleased.

2) be pleased + to inf. / at / with / that S + P : ~에(해서) 기쁘다

그것을 들으니 기쁩니다.
I am pleased to hear that.

그가 올 수 있다니 기쁩니다.
I am pleased that he can come.

그는 나의 귀환에 즐거워한다.
He is pleased at my return.

3) please : 남의 마음에 들다, 기분이 좋다

좋으실 대로 하세요.
Do as you please.

그녀는 결코 사람들을 즐겁게 하는데서 실패하지 않는다.
She never fails to please.

파생어

ⓗ pleasant : 쾌적한, 즐거운, 상냥한

이곳의 기후는 쾌적하다.
The climate here is quite pleasant.

ⓜ pleasure : 기쁨, 즐거움

그는 일에서 아무 기쁨을 못 얻는다.
He takes no pleasure in his work.

242 plunge

1) **plunge** + 명사 : ~를 찔러 넣다, 던져 넣다

   따듯한 물에 두 손을 담가 넣으세요.
   Plunge both hands into the warm water.

   그는 자신의 심장에 비수를 꽂으려고 애썼다.
   He tried to plunge the dagger in his own heart.

2) **plunge** : 뛰어들다, 돌진하다, 곤두박질하다

   로프가 끊어져서 그 승강기는 땅으로 곤두박질했다.
   The rope broke and the elevator plunged to the ground.

   그는 도박에 빠졌다.
   He plunged into gambling.

243 point

1) point + 명사 : ~를 뾰족하게 하다, 강조하다, 가리키다

나는 카메라를 그를 향하게 했다.
I pointed my camera at him.

요 전날 공원에서 당신이 본 남자를 가리켜 주세요.
Will you point the man you saw at the park the other night?

그는 두 번째 줄을 강조했다.
He pointed the second line.

2) point out + that S + P : ~라는 것을 지적하다

그는 그 통장에 입금이 즉시 이루어져야 한다는 점을 지적했다.
He pointed out that the account must be settled at once.

3) point : 손으로 가리키다, 향하다

그 커다란 게시판은 남쪽을 향하고 있었다.
The big signboard pointed south.

나침반의 자침은 북쪽을 가리킨다.
The magnetic needle points to the north.

파생어

🅗 **pointless** : 무의미한, 할 가치가 없는

우리는 계속해봐야 의미가 없다는 것을 알게 될 때까지 수색을 했다.
We searched until we knew it would be pointless to continue.

244 ponder

1) ponder + 명사 : ~를 생각하다, 숙고하다

그는 다음번 단계를 생각하면서 그날을 보냈다.
He spent the day pondering the next step.

2) ponder on + 명사 : ~에 대해 깊게 생각하다

나는 아버지가 했던 말을 깊게 생각했다.
I pondered on what father had said.

245 pop

1) pop + 명사 : ~를 뻥 소리나게 하다, 불쑥 나오게 하다

당신은 내가 옥수수를 어떻게 튀기는지 보게 될 것이다.
You'll see how I can pop the corn.

Dick 은 창문 밖으로 고개를 갑자기 내밀었다.
Dick popped his head out of the window.

2) pop + in / out of / up : 불쑥 나오다, 펑 소리내다

마개가 펑하고 나왔다.
The cork popped.

그는 마치 눈알이 빠질 것 같았다.
He felt as if his eyes were popping out of his head.

246 pose

1) pose : 자세를 취하다, 가장하다

그녀는 초상화를 위해 자세를 취했다.
She posed for her portrait.

그녀는 언제나 점잔을 뺀다.
She is always posing.

2) pose + 명사 : ~(문제 등)를 제시하다, 제기하다

세 가지 문제가 제기되었다.
Three problems were posed.

지구 온난화는 지구 자체에 심각한 위협을 제시할 것이다.
Global warming will pose a serious threat to the earth itself.

247 possess

1) possess + 명사 : ~를 소유하다, 홀리다

그는 많은 재산을 소유하고 있다.
He possessed much property.

2) be possessed + with / by : 홀리다, 악령 등에 씌이다

고대 그리스인들은 시인들이 시를 쓸 때 신에게 홀려있다고 믿었다.
The ancient Greeks believed that poets were possessed by a god when they wrote poetry.

3) be possessed of : 소유하다

그는 금광들을 소유하고 있다.
He is possessed of gold mines.

> **파생어**
>
> (명) **possession** : 소유, 소지, 소유물
>
> 그 섬은 현재 미국의 영토이다.
> The island is now an American possession.
>
> (형) **possessive** : 소유욕이 강한, 독점욕이 강한
>
> 일부 부모는 자식에 대해 너무 소유욕이 강하다.
> Some parents are too possessive of their children.

248 pound

1) pound + 명사 : ~를 빻다, 가루로 만들다, 마구 치다

그 파도는 배를 산산 조각나게 했다.
The waves pounded the boat to pieces.

그녀는 주먹으로 문을 두드리고 있었다.
She pounded the door with her fists.

2) pound : 난타하다, 포격하다, 둥둥 울리다

나는 그가 북을 치는 소리를 들었다.
I could hear him pounding on the drum.

달리고 난 후 당신이 심장이 고동치는 것을 느낄 수 있다.
After running you can feel your heart pounding.

249 pour

1) pour : 퍼붓다, 쏟아지다

마치 누군가가 양동이에서 물을 비우듯이 비가 쏟아졌다.
The rain poured down as if someone were emptying it out of great buckets.

2) pour + 명사 : ~를 붓다, 따르다

그녀는 주전자에서 뜨거운 물을 부었다.
She poured the hot water from the kettle.

게임이 끝난 후 그 경기장은 군중들을 거리로 쏟아내었다.
After the game, the stadium poured crowd into the streets.

250 practice

1) practice + 명사 : ~를 실행하다, 연습하다, 길들이다

당신이 말하는 바를 실천하라.
Always practice what you preach.

2) practice + V-ing : ~하는 것을 연습하다

규칙적으로 피아노를 연습하는 것이 중요하다.
It is important to practice playing the piano regularly.

그는 매일 아침 2킬로미터 달리기를 연습했다.
He practiced running 2 kilometers every morning.

3) practice + law / medicine : 개업하고 있다

그는 법학교를 졸업한 직후 변호사개업을 할 것이다.
He will practice law right after he graduates from law school.

파생어

⑱ practical : 현실적인, 실용적인, 타당한

현실적인 관점에서 말하면, 그곳은 살기 좋은 곳이 아니다.
From a practical point of view, it isn't a good place to live.

⑱ practicable : 실현 가능한

실행 가능한 유일한 대안은 회의를 연기하는 것이다.
The only practicable alternative is to postpone the meeting.

251 pray

prayed - prayed

1) **pray** : 기도하다, 간절히 바라다

그는 하루 두 번 기도한다.
He prayed twice a day.

농부들은 비를 간절히 바랐다.
The peasants prayed for rain.

그는 그 지진 속에서 그녀의 생존을 하느님께 빌었다.
He prayed to God for her survival in the earthquake.

2) **pray + that S + P** : ~하는 것을 간절히 바라다

그는 자신을 아는 사람에게 눈에 띄지 않기를 기도했다.
He prayed that he might not be seen by anyone who knew him.

○ 파생어

🅟 **prayer** : 기도, 기도문

그들의 기도가 이루어져서 그 아이는 무사히 건강한 상태로 발견되었다.
Their prayers were answered and the child was found safe and well.

prefer

1) prefer + 명사 / to inf. / V-ing : ~를 더 좋아하다, 선호하다

나는 커피가 더 좋다.
I prefer coffee.

나는 일요일 오후는 방해받지 않는 것이 더 좋다.
I should prefer to have my Sunday afternoon undisturbed.

걷는 것과 타는 것, 어떤 것이 더 좋나?
Which do you prefer, walking or riding?

2) prefer + A to B : B보다 A를 더 좋아하다

나는 화학보다 물리를 선호한다.
I prefer physics to chemistry.

많은 사람들이 도시에서보다 시골에서 사는 것을 선호한다.
Many people prefer living in the country to living in the city.

나는 실패한 인생을 사느니 차라리 죽는 게 더 낫다.
I prefer to die rather than to become a failure.

3) prefer + 명사 + 형용사(보어) : ~한 ~를 더 좋아하다

나는 삶은 달걀이 더 좋다.
I prefer my egg boiled.

4) prefer + 명사 + to inf.(보어) : ~가 ~하는 것이 더 좋다

나는 그가 일찍 떠나지 않는 것이 더 좋다.
I prefer him not to start so early.

5) prefer + that + S + (should) + R : ~해야 한다는 것을 선호하다

그는 그의 가족에 관하여 아무것도 말해지지 않는 편을 선호했다.
He preferred that nothing (should) be said about his family.

파생어

⑱ preferable : 더 좋은, 선호되는

그는 전원생활이 도시에서 사는 것보다 한없이 더 좋다고 생각한다.
He finds country life infinitely preferable to living in the city.

⑲ preference : 선호, 애호

그것은 개인적인 선호도 문제이다.
It's a matter of personal preference.

253 prepare

1) prepare + 명사 : ~를 마련하다, 사용을 위해 준비하다

엄마와 나는 하루 세끼를 마련하곤 했다.
Mom and I used to prepare 3 meals a day.

2) prepare + I.O.(명사) + D.O.(명사) : 'I.O.'에게 'D.O.'를 마련해주다

엄마는 우리에게 든든한(실질적인) 아침식사를 차려주셨다.
Mom prepared us a substantial breakfast.

3) prepare + to inf. : ~할 대비를 하다

잠시 쉬고 난 후 우리는 하산할 준비를 했다.
After a short break, we prepared to climb down.

4) prepare for + 명사 : ~에 대비하다

그는 그녀가 소방관으로서 일할 것을 대비하라고 명령했다.
He ordered that she prepare for working as a firefighter.

5) prepare + A for B : A를 B에 대비시키다, B를 위해 A를 마련하다

그는 학생들 중 한 명을 그 시험에 대비시키기로 결심했다.
He decided to prepare one of his students for the test.

그러한 제도는 학생들을 고등학교 졸업 후 취업에 대비시킬 뿐만 아니라 대학에서 심화된 전문교육을 받도록 대비시킨다.
Such a system would prepare students for employment after high school as well as further specialized study at university.

6) prepare + 명사 + to inf. : ~에게 ~하도록 대비시키다

나는 스스로를 죽는 것에 대비시켰다. (죽을 각오를 했다)
I prepared myself to die.

우리는 당신들 모두에게 봉사할 준비가 잘 되어있다.
We are well prepared to serve you all.

○ 파생어

▣ preparatory : 준비를 위한

대통령 방문에 대비하여 보안 점검이 실시되었었다.
Security checks had been carried out preparatory to the President's visit.

▣ preparation : 준비, 대비

세심한 시험 대비가 필수적이다.
Careful preparation for the exam is essential.

254 present

1) present + 명사 : ~를 증정하다, 주다, 소개하다, 등장시키다, 나타내다, 제출하다

소녀들은 입원 중인 그들의 선생님에게 책을 한 권 증정했다.
The girls presented a book to their teacher in the hospital.

Mr. White씨를 소개하겠습니다.
May I present Mr. White?

그는 법정에 출두했다.
He presented himself at the court.

그녀는 즐거운 모습을 띄었다.
She presented a gay appearance.

나는 당국에게 탄원서를 제출하겠다.
I'll present a petition to the authorities.

2) present + A with B : A에게 B를 제공하다

우리는 환갑 선물로 그에게 금시계를 주려했으나, 그는 공무원으로서 그것을 받지 않았다.
We would present him with a gold watch on his 60th birthday, which he did not accept as a public official.

3) present + I.O.(명사) + D.O.(명사) : 'I.O.'에게 'D.O.'를 제공하다

그는 왕에게 자신이 찾아낸 것을 주었다.
He presented the king what he had found.

파생어

- presence : 존재, 있음, 참석

  그는 나의 존재를 거의 눈치채지 못하는 것 같았다.
  He hardly seemed to notice my presence.

- presentation : 제출, 수여, 증정, 발표

  사장님이 당신의 주제 발표를 어떻게 생각하셨나요?
  What did the boss think of your presentation?

255 press

1) **press + 명사** : ~를 누르다, 다림질하다, 압박하다

   도움이 필요하시면 이 벨을 누르세요.
   Press the button should you need any assistance.

   나는 바지를 잘 다려주길 원합니다.
   I want my pants pressed well.

   나는 당신에게 내 의견을 강요하지 않을 것이다.
   I won't press my opinion on you.

2) **press + 명사 + to inf.** : ~에게 ~하도록 강요하다

   우리는 그에게 한 주 더 머물도록 강요했다.
   We pressed him to stay another week.

파생어

㊅ pressure : 압박, 압력

그녀는 일의 중압감을 잘 견뎌냈고 자발적으로 연장근무도 했습니다.
She handles pressure well and voluntarily works overtime.

256 presume

1) presume + 명사 : ~를 추정하다

법원은 그의 사망을 추정했다.
The court presumed the death of the man.

2) presume + that S + P : ~하는 것을 가정하다

나는 당신이 그 상품을 보험 들기 원한다고 추정한다.
I presume that you want to have the goods insured.

3) presume + 명사 + to inf. : ~를 ~하다고 가정하다

그는 그녀가 죽었다고 가정했다.
He presumed her to be dead.

4) presume + to inf. : 감히 ~하다

감히 당신에게 질문을 해도 될까요?
May I presume to ask you a question?

파생어

⑨ presumption : 추정, 주제넘음

네가 말하는 것은 단지 추정에 불과하다.
What you say amounts to a mere presumption.

257 pretend

1) pretend + to inf. : ~하는 척 하다

그녀는 나를 모른 척했고 최후의 순간에는 나를 저버렸다.
She pretended not to know me and failed me at the last moment.

2) pretend + that S + P : ~하는 척 가장하다

우리가 커플인 척 하자.
Let's pretend that we are a couple.

3) pretend + 명사 : ~를 가장하다

그는 나에게 가난을 가장하도록 강요했다. (가난한 척하도록)
He forced me to pretend poverty.

파생어

명 **pretension** : 허세, 가식

그는 가식 없이 말을 했다.
He spoke without pretension.

258 prevail

1) prevail : 이기다, 우세하다, 유행하다

그 병사들은 적에게 이겼다.
The soldiers prevailed over their enemy.

선이 이긴다.
Good will prevail.

그 생각은 아직도 우세하다.
The idea still prevails.

2) prevail on : 설득하다

그는 그의 친구를 함께 가자고 설득했다.
He prevailed on his friend to go with him.

나는 밤새 머물도록 설득당했다.
I was prevailed upon to stay all night.

파생어

⑲ **prevalence** : 널리 퍼짐

콜레라의 유행 때문에 집회가 연기되었다.
Owing to the prevalence of cholera, the meeting was postponed.

prevented - prevented

259 prevent

1) **prevent + 명사** : ~를 막다

그의 조심스런 연구는 또 다른 사건의 발발을 막았다.
His careful study prevented an outbreak of another accident.

2) **prevent + A from B** : B로부터 A를 막다

우리는 화재가 근처의 다른 지역으로 번지는 것을 막았다.
We prevented the fire from spreading to other areas nearby.

파생어

(명) prevention : 예방, 방지

예방이 치료보다 보다 중요한 것이라고 생각된다.
Prevention is thought to be more important than treatment.

professed - professed

260 profess

1) **profess + 명사** : ~를 공언하다

그는 나에 대한 커다란 혐오를 공공연히 말한다.
He professes a great dislike for me.

2) **profess + 명사 + O.C.** : ~를 'O.C.'로 공언하다

그는 그 자신이 그 정당의 지지자임을 밝힌다.
He professed himself a supporter of the party.

3) **profess + that S + P** : ~을 천명하다, 말하다

나는 그 생각이 나에게 생소하다는 것을 밝힌다.
I profess that the idea is new to me.

파생어

(명) profession : (교육이 필요한 전문적인) 직업, 직종

그녀는 자기 직업(전문 분야)의 최고 위치에 올라 있었다.
She was at the very top of her profession.

261 prohibit

1) prohibit + 명사 : 금지하다

사람을 취하게 하는 술의 판매는 금지되어 있다.
The sale of intoxicating liquor is prohibited.

2) prohibit + 명사 + from + V-ing : ~를 하는 것으로부터 금지하다

그 법은 배가 그 섬에 접근하는 것을 금지하고 있다.
The law prohibits ships from approaching the island.

> **파생어**
>
> ⓜ prohibition : 금지, 금지 규정
>
> 공공장소에서의 흡연 금지(금연)는 근거가 훌륭하다.
> The prohibition of smoking in public areas has a good ground.

262 project

1) project + 명사 : ~를 던지다, 발사하다, 밀어내다, 투영하다, 비추다

그 장치는 미사일을 우주로 발사한다.
The apparatus projects missiles into space.

그 키 큰 참나무는 땅 위에 긴 그림자를 드리웠다.
The tall oak projected a long shadow on the ground.

그 영화는 스크린에 투사될 것이다.
The film will be projected to the screen.

2) project : 튀어나오다

방파제는 먼바다 쪽으로 튀어나와 있다.
The breakwater projects far into the sea.

> **파생어**
>
> ⓜ projection : 예상, 추정, 투사, 영사
>
> 매출이 우리의 예상을 넘어섰다.
> Sales have exceeded our projections.

263 promise

1) promise + I.O.(명사) + D.O.(명사) : 'I.O.'에게 'D.O.'를 약속하다

1920년에 강대국들이 그들에게 독립된 국가를 약속했다.
In 1920 the great powers promised them an independent state.

그에게 보상이 약속되었다.
He was promised a reward.

무지개는 맑은 날씨를 약속한다.
A rainbow promises fair weather.

그의 소년시절은 많은 것을 약속하는 것처럼 보이지 않았다.(가망이 없어 보였다).
His boyhood did not seem to promise much.

2) promise + 명사 + that S + P : ~에게 ~하는 것을 약속하다

어떤 일이 벌어져도 나를 포기하지 않는다고 나에게 약속해 주세요.
Promise me that you'll never give me up no matter what happens.

3) promise + 명사 + to inf. : ~에게 ~하겠다고 약속하다

그는 나에게 그것을 정오까지 끝낸다고 약속했다.
He promised me to finish it by noon.

파생어

⑨ promising : 전도가 유망한

나는 내가 그 자리에 유망한 지원자라고 생각했다.
I thought I was a promising candidate for the position.

264 prompt

1) prompt + 명사 : ~를 자극하다, 고무시키다

증오가 그녀를 자극했다.
Hatred prompted her.

2) prompt + 명사 + to inf. : ~를 자극하여 ~하게 하다

호기심이 그녀를 끝없는 질문을 하도록 만든다.
Her curiosity prompts her to ask endless questions.

파생어

● promptly : 지체 없이, 시간을 엄수하여

그들은 2시에 정확히 시간 맞춰 도착했다.
They arrived promptly at two o'clock.

265 pronounce

1) pronounce + 명사 : ~를 발음하다, 선언하다

판결이 선언되어졌다.
The judgement was pronounced.

2) pronounce + 명사 + O.C. : ~를 'O.C'하다고 선언하다

그녀는 사과를 자르고 그것을 익지 않았다고 선언했다.
She cut the apple and pronounced it unripe.

그는 완전히 치유된 것으로 선언되어졌다.
He was pronounced completely cured.

장군은 그 요새가 난공불락이라고 선언했다.
The general pronounced the fortress to be impregnable.

3) pronounce + that S + P : ~라고 선언하다

의사는 그 환자가 위험에서 벗어났다고 선언했다.
The doctor pronounced that the patient was out of danger.

파생어

⑲ **pronunciation** : 발음

garage의 발음은 두 가지 이상이다.
There is more than one pronunciation of 'garage'.

266 propose

1) propose + 명사 : ~를 제안하다

정부는 교육제도에 점진적 변화를 제안했다.
The government proposed a gradual change to the education system.

2) propose + to inf. / V-ing : ~할 것을 제안하다, 꾀하다

나는 일주일의 휴가를 가질 것을 계획한다.
I propose to take a week's holiday.

그는 제2차 세계 대전사를 쓸 것을 계획했다.
He proposed writing a history of the Second World War.

3) propose + that + S + (should) + R : ~해야한다고 제안하다

나는 그에게 대출을 줄여야 한다고 제안했다.
I proposed to him that the loan (should) be reduced.

4) propose + to + A(사람) : A에게 청혼하다

그는 변호사 직업을 얻은 다음날 이사벨에게 청혼했다.
He had proposed to Isabel the day after taking the job as a lawyer.

파생어

⑲ **proposition** : 제의, 문제, 명제

당신에게 사업상의 제의를 하고 싶어요.
I'd like to put a business proposition to you.

⑲ **proposal** : 제의, 제안

당신 제안은 논의 중입니다.
Your proposal is in the melting pot.

267 protest

1) **protest** + 명사 / that S + P : ~라고 주장하다, 단언하다

   그는 자신의 결백을 주장했다.
   He protested his innocence.

   나는 그런 일을 한 적이 없다고 주장했다.
   I protested that I had never done such a thing.

2) **protest against** : ~에 항의하다

   그 소년들은 그 시합에 소녀들을 포함시키는 것에 항의했다.
   The boys protested against having girls in the game.

prove

1) **prove + to inf.** : ~하는 것으로 입증되다

   그는 그 주제에 대하여 아무것도 알지 못하는 것으로 판명될 것이다.
   He will prove to know nothing about the subject.

   그가 원작자인 것으로 판명되었다.
   He proved to be the original author.

2) **prove + 형용사** : ~인 상태로 판명되다

   과거에는 이러한 변화의 과정이 종종 어렵다고 판명되었다.
   In the past this process of transition often proved difficult.

   우리의 마지막 시도는 성공적인 것으로 판명되었다.
   Our last attempt proved successful.

3) **prove + 명사** : ~를 입증하다

   그는 자신의 결백을 입증할 시간이 더 필요하다.
   He needs more time to prove his innocence.

4) **prove + that S + P** : ~라는 것을 입증하다

   나는 그가 유죄임을 입증할 것이다.
   I will prove that he is guilty.

5) **prove + 명사 + O.C.(형용사)** : ~를 'O.C.'하다고 입증하다

   나는 그가 잘못되었음을 입증하기로 결심했다.
   I am determined to prove him wrong.

파생어

proof : 증거, 증명, 입증

당신의 신분을 증명할 뭔가를 제시할 수 있습니까?
Can you provide any proof of identity?

269 provide

1) **provide + 명사** : ~를 마련하다, 준비하다, 공급하다

우리는 현대식 도구와 장비의 완벽한 한 벌을 마련해야 한다.
We must provide a complete outfit of modern tools and machinery.

2) **provide + A with B** : A에게 B를 제공하다

선인장은 사막에 있을 때 우리에게 물을 제공한다.
Cacti provide us with water when in a desert.

3) **provided(접속사) + S + P** : ~라고 가정한다면

우리는 당신이 생산해 내는 모든 것을 사겠어요. 물론 가격이 적절하다면 말입니다.
We'll buy everything you produce, provided of course the price is right.

파생어

- 몡 **provision** : 공급, 제공, 대비, 준비, 식량(복수명사)

    의료의 제공에 대한 책임은 정부에 있다.
    The government is responsible for the provision of health care.

- 몡 **providence** : 섭리

    그 속에는 신의 섭리가 있어 보였다.
    There seemed to be God's providence in it.

270 pull

1) pull + 명사 : ~를 당기다, 뽑다

나는 방아쇠를 당겼고, 총은 발사되었다.
I pulled the trigger and the gun went off.

꽃을 따지 마라.
Don't pull flowers.

2) pull over : 길가에 차를 세우다, 머리에서부터 옷을 입다

순찰차가 그에게 차를 갓길로 세우라고 명령했다.
The patrol car ordered him to pull over onto the road shoulder.

3) pull into : ~에 차를 세우다

그녀는 타이어를 점검하러 차를 차고 안으로 집어넣었다.
She pulled into a garage to check the tire.

4) pull out : 빠져나가다, 꺼내다, 빼내다

이를 한 개 뽑아야 하나요?
Do I need to have one tooth pulled out?

자동차 한 대가 내 앞에서 갑자기 빠져나갔다.
A car suddenly pulled out in front of me.

토니는 그의 가방에서 포도주 한 병과 포도주 따개를 꺼냈다.
Tony pulled out a bottle of wine and a corkscrew from his bag.

5) pull oneself together : 정신을 차리다

그는 머리에 가격을 당한 후 정신을 차리려고 애썼다.
He tried to pull himself together after the blow on the head.

271 purpose

1) **purpose** + 명사 : ~을 의도하다

그는 인터뷰를 의도했다.
He purposed an interview.

2) **purpose** + to inf. / V-ing : ~할 것을 의도하다

그들은 면세점을 열 것을 의도했다.
They purposed opening a duty free shop.

나는 내 연구를 끝낼 의도가 없다.
I don't purpose to put an end to my study.

3) **purpose** + that + S + (should) + R : ~ 해야 할 것을 의도하다

그의 아빠는 그가 성직자가 될 것을 의도했다.
His father purposed that he (should) be a priest.

파생어

㈜ **purposely** : 고의로

그는 자리에 앉았다. 일부러 그녀의 시선을 피하며.
He sat down, purposely avoiding her gaze.

272 push

1) **push + 명사** : ~를 밀다, 지지하다, 추구하다, 강요하다

   우리는 그를 방에서 밀어냈다.
   We pushed him out of the room.

   그는 자신을 지지해 줄 친구가 없었다.
   He had no friend to push him.

   그는 군중 속에서 길을 헤쳐 나갔다.
   He pushed his way among the crowd.

   그는 자신의 이익을 추구했다.
   He pushed his own interests.

   그는 그녀에게 지불을 강요했다.
   He pushed her for payment.

2) **push against** : ~에 기대다(기대서 밀다)

   문에 기대서 밀지 마세요. 자동으로 열립니다.
   Do not push against the door. It opens automatically.

273 put

1) put + 명사 + down: 내려놓다, 적어 두다

그녀는 총을 내려놓고 대신 칼을 뽑았다.
She put the gun down and pulled out a sword instead.

당신의 이름과 주소를 이 종이 위에 적으세요.
Put down your name and address on this paper.

나를 다음 정거장에서 내려주세요.
Put me down at the next station.

2) put + 명사 + up : 올려 두다, 올리다, 세우다, 숙박시키다(재워 주다)

고개를 들고 나를 쳐다보세요.
Put up your head and look at me.

오늘 밤 우리를 재워 주실래요?
Will you put us up for the night?

너무 늦기 전에 텐트를 세우자.
Let's put up a tent before too late.

우리는 여기서 숙박할 작정이다.
We are going to put up at this place.

3) put + A into B : A를 B 속에 투입하다, 옮기다

그 장군은 그 작전을 실행에 옮겼다.
The general put the operation into action.

누군가가 그 작품을 우리말로 옮겨야 한다.
Somebody should put the work into our language.

4) put + A + on / upon + B : A를 B 위에 (닿도록) 올려 놓다

당신은 그가 그 담요를 아기의 얼굴 위에 올려놓았다는 것을 입증해야 한다.
You should prove that he put the blanket on the baby's face.

그들은 아이들에게 높은 수준의 실력을 발휘하고 어떤 희생을 치르더라도 이기도록 압박한다.
They put pressure on children to perform at high levels and win at all costs.

그것을 선반 위에 도로 올려놓아라.
Put it back on the shelf.

5) **put + 착용물 + on** : 착용하다

그녀는 종종 짧은 바지와 머리띠를 착용한다.
She often puts on shorts and a hairband.

6) **put + A to B** : A를 B 당하도록, 겪도록 하다

우리는 그런 악마를 사형시켜야 한다.
We should put such a devil to death.

누구도 그들을 고문해선 안 된다.
No one should put them to torture.

7) **put + A against B** : A를 B에 기대게 두다

그 의사는 귀를 내 흉부에 대었다.
The doctor put his ear against my chest.

8) **put + A in B** : A를 B에 넣다, 투입하다

나는 그 편지를 내 가방 속에 넣었다.
I put the letter in my bag.

그는 그 체육관에서 최소 하루 두 시간을 운동하는데 투자한다.
He puts in at least 2 hours working out at the gym.

9) **put off + 명사 / V-ing** : ~를 뒤로 미루다, 제거하다

우리는 여행을 미루어야 한다.
We had to put off our trip.

그들은 그 식을 개최하는 것을 미루었다.
They put off opening the ceremony.

당신은 어린애 같은 공포를 버려야 한다.
You must put off childish fears.

10) **put away** : 치워 놓다, 챙겨 두다

불행을 대비해서 조금의 돈을 챙겨두세요.
Each of you should put away a little money for the rainy day.

11) **put out** : 내놓다, 화재를 진압하다

나는 의사에게 혀를 내밀어 보였다.
I put out my tongue for the doctor.

좀 더 건설적인 계획을 내놓는 게 좋겠습니다.
Why don't you put out a more constructive scheme?

그들은 불을 끄려고 애썼다.
They tried to put out the fire.

12) **put together** : 함께 놓다, 조립하다, 합치다

이 모든 것을 함께 놓고 결론을 얻자.
Let's put it all together and get a conclusion.

입술들을 포개어 보자. (입 맞추어 보자)
Let's put our lips together.

13) **put up with** : 견디다

나는 많은 불편함을 견뎌야 했다.
I had to put up with a great many inconveniences.

14) **put an end to** + 명사 : ~를 끝내다

돈으로 하는 정치를 끝내야 할 시간입니다.
It is time to put an end to plutocracy.

15) **put** + 말 / 글 / 표현 : 글로 옮기다, 말로 하다

다른 방법으로 말해 보겠습니다.
Let me put it in another way.

간단히 말하면 그는 여기를 떠나고 싶어 한다.
Briefly put, he wants to leave here.

274 quit

1) **quit** + 명사 / V-ing : A를 끝내다, 떠나다

조지는 화가 나서 그의 형제 곁을 떠났다.
George quit his brother in anger.

직원들은 여섯 시에 그들의 업무를 끝낸다.
The clerks quit their work at six.

나에 대한 걱정은 그만두라.
Quit worrying about me.

2) **quit** : 그만두다, 단념하다

그는 팀의 매니저 자리를 그만두기로 결심했다.
He has decided to quit as manager of the team.

275 quote

1) quote + 명사 : ~를 인용하다

그는 대개 셰익스피어를 인용한다.
He usually quotes Shakespeare.

2) quote + I.O.(명사) + D.O.(명사) : 'I.O.'에게 'D.O.'를 인용해주다, 말해주다

그는 나에게 좋은 예를 인용해 주었다.
He quoted me nice examples.

> **파생어**
>
> ⑲ quotation : 인용
>
> 그는 셰익스피어에서 인용하는 것을 좋아한다.
> He likes to make quotations from Shakespeare.

276 raise

1) raise + 명사 : ~를 세우다, 올리다, 승진시키다, 기르다, 모으다

답을 아시면 오른손을 올리세요.
Raise your right hand if you know the answer.

그 농부는 작물과 소떼를 기른다.
The farmer raises crops and cattle.

그들은 그 탐험자금을 모으고 있다.
They are raising funds for the expedition.

2) raise + 명사(포위, 금지와 관련된 명사) : ~를 해제하다, 풀다

우리의 병사들은 그 요새의 포위를 풀었다.
Our soldiers raised the siege of the fort.

277 range

1) range + 명사 : ~를 줄 세우다, 정렬시키다

지휘관은 그의 병사들을 강둑에 따라 배치시켰다.
The commander ranged his men along the river bank.

2) range + from A to B : A에서 B까지 걸쳐있다

가격대는 5에서 100불까지이다.
Prices range from 5 to 100 dollars.

278 reach

1) reach + 명사 : ~에 도착하다, 도달하다, 이르다, 뻗다, 내밀다, 연락하다

제1장의 끝에 이르렀습니까?
Have you reached the end of the first chapter?

그의 귀에는 아무 소리도 들리지 않았다.
Not a sound reached his ear.

티비는 수백만에게 보여진다.
Television reached millions.

목표는 달성되었다.
The aim has been reached.

나는 그 공을 잡으려고 손을 뻗었다.
I reached out my hand for the ball.

당신은 이 번호로 나와 전화 연락할 수 있다.
You can reach me by calling this number.

2) reach : 손을 뻗다, 애쓰다, 범위가 미치다

그 소년은 나뭇가지를 잡으려고 손을 뻗었다.
The boy reached out for the branch.

나는 꼭대기 선반에는 손이 닿지 않는다.
I can not reach to the top shelf.

279 read

1) read + 명사 : ~를 읽다, 풀어내다

그녀는 신문을 좀처럼 읽지 않는다.
She seldom reads newspapers.

그는 하늘의 운을 읽는 능력이 있는 것처럼 보인다.
He seems to have the ability to read the sky.

그녀는 그 편지에서 적의를 읽었다.
She read a hostile intent in the letter.

2) read + I.O.(명사) + D.O.(명사) : 'I.O.'에게 'D.O.'를 읽어주다

그는 우리에게 시를 읽어주고 싶어 한다.
He always wants to read us poems.

3) read + 명사 : ~로 읽히다, 파악되다

온도계는 65도로 읽힌다.
The thermometer reads 65 degrees.

4) read : 독서하다, 읽어서 알다, 읽히다, 쓰여 있다

나는 독서할 시간이 없다.
I have no time to read.

그 희곡은 상연하기보다 읽기에 더 좋다.
This play reads better than it acts.

당신은 행간의 의미를 이해해야 한다.
You should read between the lines.

그것은 '고통 없이는 얻는 것도 없다.'라고 읽힌다.
It reads 'no pain, no gain'.

280 realize

1) realize + 명사 : ~를 실현하다, 깨닫다

그녀는 자신의 실수를 깨닫지 못하고 있다.
She has not realized her own mistakes.

유학한다는 그의 꿈이 마침내 실현되었다.
His dream of studying abroad was finally realized.

이 세부적 설명은 그 장면을 구현하는데 도움이 된다.
These details help to realize the scene.

2) realize + that S + P : ~을 깨닫다

당신은 그 일이 얼마나 어려운지 깨닫게 될 것이다.
You will realize how hard the work is.

나는 그것이 유일한 방법임을 완전히 이해했다.
I fully realized that it was the only way.

파생어

- 명 **realization** : 깨달음, 실현

  일은 내가 자아실현을 할 수 있도록 해준다.
  Work enables me to reach self-realization.

- 형 **real** : 진짜의, 실재하는, 현실적인

  그것은 귀신이 아니었다. 진짜 사람이었다.
  It wasn't a ghost; it was a real person.

281 recall

1) **recall + 명사** : ~를 소환하다, 취소하다, 상기하다

   그 이야기는 나의 마음에 옛날 얼굴들을 떠올렸다.
   The story recalled old faces to my mind.

   미국 대사가 소환되었다.
   The U.S. ambassador has been recalled.

   독립선언은 기억되어야 한다.
   The declaration of independence should be recalled.

2) **recall + V-ing / that S + P** : ~를 상기하다

   나는 그 당시 무슨 말이 해졌는지 기억나지 않는다.
   I can not recall what was said then.

   나는 내가 그 책을 선반 위에 올려둔 것이 확실히 기억난다.
   I do recall that I put the book on the shelf.

   나는 문을 잠근 것을 기억했다.
   I recalled having locked the door.

282 reckon

1) reckon + 명사 : ~를 세다, 계산하다

떠나기 전에 여행경비를 계산하라.
Reckon the cost of the trip before you leave.

그가 문명인에 끼일 수 있는가?
Can he be reckoned among the civilized people?

2) reckon + 명사 + 명사 / to inf. : ~를 ~으로 간주하다

나는 그를 영어를 가르치는 데 있어서 최고의 선생이라고 간주한다.
I reckon him the best teacher in instructing English.

그곳 사람들의 대부분이 교육을 받지 않은 것으로 간주된다.
Most of the population there are reckoned to be uneducated.

3) reckon + that S + P : ~을 생각하다

나는 그가 60은 훨씬 넘었을 것으로 생각한다.
I reckon that he is well over sixty.

4) reckon : 생각하다, 상상하다, 기대하다

나는 그의 도움은 기대하지 않고 있다.
I am not reckoning on his help.

283 recognize

1) recognize + 명사 : ~를 알아보다, 인식하다, 인정하다

그 접수원은 그 오페라 가수를 금방 알아보았다.
The receptionist recognized the opera singer at once.

나는 그를 사기꾼으로 인식했다.
I recognized the person as a fraud.

그는 나의 서명을 인정하려 하지 않았다.
He refused to recognize my signature.

2) recognize + that S + P : ~을 인정하다

나는 그 직책에 자격이 없다는 사실을 인정해야 할 것 같다.
I must recognize that I am not qualified for the post.

파생어

⑲ recognition : 알아봄, 인식, 인정

그는 공적이 인정되어 승진되었다.
He was promoted in recognition of his achievement.

284 recommend

1) recommend + 명사 / V-ing : ~를 추천하다, 마음에 들게하다

그는 그 젊은이를 나에게 추천했다. (고용할 것을 추천했다.)
He recommended (hiring) the young man (to us).

그의 예절이 그를 추천한다 (즉 예절 때문에 그는 사람들의 마음에 든다.)
His manners recommend him.

2) recommend + I.O.(명사) + D.O.(명사) : 'I.O.'에게 'D.O.'를 추천하다

당신은 나에게 좋은 정원사를 추천해 줄 수 있는가?
Can you recommend me a nice gardener?

3) recommend + 명사 + to inf. : ~에게 ~할 것을 권고하다

그 약사는 나에게 햇볕에 탄 것에 대해 이 연고를 쓰도록 권고했다.
The druggist has recommended me to try this ointment for sunburn.

4) recommend + that + S + (should) + R : ~해야 한다고 권하다

그 위원회는 죄수가 석방되어야 한다고 권고했다.
The committee recommends that the prisoner (should) be released.

파생어

⑲ recommendation : 권고, 추천

나는 의사의 권고에 따라 그 수술을 받았다.
I had the operation on the recommendation of my doctor.

285 reconcile

1) reconcile + 명사 : ~를 화해시키다, 조정하다

그 소년들은 화해되었다.
The boys were soon reconciled.

나는 소년들 사이의 분쟁을 조정했다.
I reconciled the dispute among the boys.

2) reconcile + A with B : A와 B를 화해시키다, 일치시키다

그가 말했던 것과 그가 행동한 것은 일치될 수 없었다.
What he said could not be reconciled with what he did.

파생어

명 reconciliation : 화해, 조화

환경과 개발 사이의 조화를 고려해야 한다.
We must consider the reconciliation between the environment and development.

recover

1) recover + 명사 : ~를 되찾다, 회복하다, 벌충하다

그는 용기를 되찾아가고 있다.
He is recovering his courage.

당신은 잃어버린 시간을 벌충해야 한다.
You should recover the lost time.

많은 유용한 물질들이 한때 버려지던 재료에서 되찾아진다.
Many useful substances are recovered from materials that used to be thrown away.

2) recover : 회복하다, 되찾다

그 환자는 빨리 회복했다.
The patient recovered quickly.

나는 동요로부터 마음을 가라앉히려고 앉았다.
I sat down to recover from agitation.

그 나라는 전쟁의 결과로부터 아직 회복하지 못했다.
The country has not yet recovered from the effects of the war.

파생어

⑲ recovery : 회복

우리 아버지께서는 수술을 받으신 후 완전히 회복되셨다.
My father has made a full recovery from the operation.

정부는 경제 회복을 예측하고 있다.
The government is forecasting an economic recovery.

287 reduced

1) be reduced to + 명사 / V-ing : 할 수 없이 ~한 상태에 이르다

그 반란군은 할 수 없이 항복했다.
The rebels were reduced to submission.

그 소녀들은 할 수 없이 침묵했다.
The girls were reduced to silence.

그 가난한 사람은 도둑질까지 전락했다.
The poor man was reduced to stealing.

그 병사들은 오랜 수용소 생활로 거의 피골이 상접했다.
The soldiers were reduced to skeletons from long concentration camp life.

2) reduce + 명사 : ~를 줄이다, 축소시키다

우리는 비용을 거의 제로로 줄였다.
We have reduced our expenditure almost to nothing.

파생어

reduction : 축소, 삭감, 할인

사용 가능한 병원 병상 수의 33% 축소가 보고 되었다.
A 33% reduction in the number of hospital beds available was reported.

288 refer

1) refer + A to B : A를 B에게 보내다, 돌리다, A에게 B를 조회시키다

나는 더 많은 정보를 위해 비서에게 보내졌다.
I was referred to the secretary for more information.

그는 평소 학생들에게 사전을 참조시킨다.
He usually refers his pupils to the dictionary.

그는 자신의 성공을 근면에 돌렸다.
He referred his success to his own hard work.

2) refer to + 명사 : ~를 언급하다, 부르다, 관련되다, 조회하다

연사는 자신의 개인 경험을 언급했다.
The speaker referred to his own personal experience.

미국 원주민들은 소금을 마법의 흰색모래라고 불렀다.
The American Indians referred to salt as magic white sand.

그 규칙은 미성년자들에게만 적용된다.
The regulations refer only to minors.

우리는 그의 인물됨에 대해 그의 전 고용주에게 조회했다.
We have referred to the former employer for his character.

파생어

⑲ reference : 참고, 참조, 소개, 언급, 조회

289 reflect

1) reflect + 명사 : ~를 반사하다, 반영하다

그 포장된 도로는 열을 반사했다.
The pavement reflected the heat.

그 나무들이 호수에 깨끗하게 비추어진다.
The trees are clearly reflected in the lake.

2) reflect + that S + P : ~을 숙고하다

그녀는 자신이 더 이상 원해지지 않는다고 돌아보았다.
She reflected that she was no longer wanted.

나는 이 일을 마치는 것이 얼마나 어려운지 결코 반추해 보지 않았다.
I never reflected how hard it would be to complete this work.

○ 파생어

⑲ **reflection** : (거울 등에 비친) 상, 반사, 반향, 반영

그는 거울 속에 비친 자기 모습에 감탄했다.
He admired his reflection in the mirror.

사람이 입는 옷은 흔히 그 사람의 개성의 반영이다.
Your clothes are often a reflection of your personality.

⑲ **reflective** : 사색적인, 빛(열)을 반사하는, ~을 반영하는

어두운 밤에는 아동들이 빛을 반사하는 옷을 입어야 한다.
On dark nights children should wear reflective clothing.

당신이 말하고 행동하는 모든 것이 당신의 인격을 반영한다.
Everything you do or say is reflective of your personality.

290 refuse

1) **refuse + 명사 / to inf.** : ~를 거절하다

   그는 우리 제안을 거절했다.
   He refused our offer.

   그녀는 신분을 밝히기를 거절했다.
   She refused to reveal her identity.

2) **refuse + I.O.(명사) + D.O.(명사)** : 'I.O.'에게 'D.O.'를 불허하다

   그는 나에게 도움을 거절했다.
   He refused me help.

   그들은 입장을 거절당했다.
   They were refused admittance.

◯ 파생어

  ⑲ **refusal** : 거절, 거부

  그 문제를 논의하는 것에 대한 그의 거부가 몹시 짜증스럽다.
  His refusal to discuss the matter is very annoying.

291　regard

1) **regard + 명사** : ~를 간주하다, 보다, 대하다, 고려하다, 참작하다, 관련되다

    그것은 나와 전혀 관계없는 일이다.
    It did not regard me at all.

    그는 아내의 소망을 좀처럼 고려하지 않는다.
    He seldom regards his wife's wishes.

    그녀는 아직 나를 친절하게 대한다.
    She still regards me kindly.

2) **regard + A as B** : A를 B로 여기다

    그는 스스로를 애국자로 여긴다.
    He regards himself as a patriot.

3) **명사 regard** : 관점, 관련성

    이점에 관해서는 가맹국들 간에 이견이 없다.
    With regard to this, there is no disagreement among the member nations. (with regard to this = as regards this)

    이 일에 대해서 나는 더 이상 할 말이 없다.
    In this regard, I have nothing further to say.

    그에게 나의 안부(관심)을 전해주세요.
    Give him my best regards.

4) **관용표현**

    (1) regardless of : ~와 상관 없이

    (2) regard for : ~에 대한 관심

    (3) regarding : ~에 관하여

292 regret

1) regret + 명사 / V-ing / that S + P : ~를 후회하다, 유감으로 생각하다

그는 젊은 시절의 어리석었던 일들을 후회한다.
He regrets the follies of his youth.

나는 그 돈을 다 쓴 것을 후회한다.
I regret having spent all the money.

당신이 올 수 없다니 섭섭합니다.
I regret that you can not come.

2) regret + to inf. : ~하게 되어 유감이다

약혼자가 아파서 누워있다고 말하게 되어 유감이어요.
I regret to say that my fiance is ill in bed.

파생어

- ⓗ **regretful** : 유감스러워 하는, 후회하는

    그녀는 그에게 아무 말도 하지 못한 것이 못내 한스러웠다.
    She was so regretful she couldn't say anything to him.

- ⓗ **regrettable** : 유감스러운

    그 실직 사태는 대단히 유감스러운 일이다.
    The loss of jobs is highly regrettable.

293 rejoice

1) rejoice + 명사 : ~를 기쁘게 하다

내 아들이 시험을 통과했다는 소식을 들으니 기쁘다.
It rejoiced my heart to hear that my son had passed the test.

당신을 먼저 환영하는 사람들 가운데 있게 되어 기쁘다.
I am rejoiced to be among the first to welcome you.

2) rejoice + that S + P : ~에 기뻐하다

그는 그들이 화해된 것에 기뻐했다.
He rejoiced that they had been reconciled.

3) rejoice + to inf. : ~해서 기쁘다

그는 남게 되어 기뻤다.
He rejoiced to remain.

4) rejoice + at / over + 명사 : ~에 기뻐하다

그는 나의 승리소식에 기뻐했다.
He rejoiced at the news of my victory.

294 relate

1) relate + 명사 : ~를 말하다

탐은 그의 반 친구들에 관한 재미있는 이야기를 그의 부모님에게 말했다.
Tom related to his parents some amusing stories about his classmates.

2) relate + A + with / to + B : A와 B를 연관시키다

우리는 이 결과들을 특정 원인에 연관시킬 수 없다.
We cannot relate these results with any particular cause.

파생어

® relationship : 관계

그녀는 언니(여동생)와 관계가 아주 친밀하다.
She has a very close relationship with her sister.

® relation : 관계

강우량과 작물 수확량 사이의 관련성
the relation between rainfall and crop yields

® relative : 친척, 동족

나는 유명한 영화배우인 먼 친척이 있다.
I have a distant relative who is a famous movie star.

® relativism : 상대주의

도덕의 기초 원리에 상대주의를 응용할 수는 없다.
You can't apply relativism to fundamental principles of morality.

295 relax

1) **relax + 명사** : ~를 늦추다

   나는 로프를 잡았던 손을 늦추었다.
   I relaxed my grip on the rope.

   당신은 노력을 늦추어서는 안 된다.
   You must not relax your efforts.

2) **relax** : 누그러지다, 편해지다, 쉬다

   하루 이틀 휴가를 내고 쉬는 것이 좋겠다.
   You had better take a day or two off and relax.

파생어

명 **relaxation** : 휴식, 완화

생존은 휴식이나 안락보다 더 중요하다.
Survival is more important than relaxation or comfort.

296 remain

1) remain : 남다, 잔존하다

그는 남기로 선택했다.
He chose to remain.

나에게 남은 것은 없다.
Nothing remains to me.

2) remain + 명사 / 형용사 : ~로 남아있다, ~한 상태로 남아있다

그들의 살인에 대한 동기는 수수께끼로 남아있다.
Their motives for the murder remain a mystery.

그 나라의 자연미는 변함없다.
The natural beauty of the country remains unchanged.

3) remain + to inf. : 아직도 ~해야 한다, 미완으로 남아있다

그 문제에 대해 몇 마디 더 해야 한다.
It remains to say a few words on the matter.

많은 양이 아직도 이루어져야 한다.
Much remains to be done.

더 이상 바랄 나위 없다.
Nothing remains to be desired.

4) 명사 remains : 잔해, 유해, 남은 것

남은 음식을 냉장고에 넣어주세요.
Please put the remains into the refrigerator

우리는 사망자의 유해를 수습해야 한다.
We should retrieve the remains of the deceased

297 remark

1) **remark + 명사** : ~를 알아차리다, 주의하여 보다, 말하다

   내가 그 헛간에 들어가자마자 그 불쾌한 냄새를 알아차렸다.
   I remarked the unpleasant odor as soon as I entered the barn.

   그녀는 고개를 끄덕이며 아니라고 말했다.
   She remarked no with nodding.

2) **remark + that S + P** : ~을 알아차리다, 말하다

   나는 그녀가 당황한 것을 알아차렸다.
   I remarked that she was bewildered.

파생어

- 형 remarkable : 놀라운

298 remember

1) remember + 명사 / V-ing / that S + P : ~를 기억하다

나는 그녀의 이름이 기억나지 않는다.
I don't remember her name.

예전 어디선가 그녀를 본 기억이 난다.
I remember seeing her somewhere before.

나는 당신이 그렇게 말한 것을 기억하지 못한다.
I can't remember you saying so.

나는 그를 초대한 기억이 없다.
I don't remember that I have invited him.

부모님에게 나를 기억시켜 달라. (안부 전해 주세요)
Please remember me to your parents.

친절한 웨이터를 기억해 주시지요. (팁을 주시지요)
Please remember the kind waiter.

2) remember + to inf. : ~해야할 것을 기억하다

나는 당신이 전기요금 낼 것을 잊었다고 생각한다.
I suppose that you didn't remember to pay the electric light bill.

파생어

remembrance : 추모, 추도, 추억

그는 그들의 첫 키스를 추억하며 미소를 지었다.
He smiled at the remembrance of their first kiss.

299 remind

1) remind + A of B : A에게 B를 상기시키다

그의 눈은 나에게 그의 아버지를 상기시킨다.
His eyes remind me of his father.

과거는 상기되고 싶지 않다.
I don't want to be reminded of my past.

2) remind + 명사 + to inf. : ~에게 ~할 것을 상기시키다

우산 도로 가져가라고 상기시켜 주세요.
Please remind me to take the umbrella back.

3) remind + 명사 + that S + P : ~에게 ~사실을 상기시키다

회의가 연기되었다는 사실을 그에게 꼭 상기시켜 주세요.
Don't forget to remind him that the meeting has been postponed.

승객 여러분들에게 다시 말씀드립니다. 이 배 안의 모든 시설에서 흡연은 금지됩니다.
Passengers are reminded that smoking is prohibited in all the facilities in the ship.

300 render

1) render + 명사 + 형용사: ~를 ~한 상태로 만들다

재산이 그를 중요한 사람으로 만든다. (즉 그는 돈 때문에 행세한다)
His wealth renders him important.

그의 노력은 무익한 것으로 판명되었다.
His efforts were rendered futile.

2) render + I.O.(명사) + D.O.(명사) : 'I.O.'에게 'D.O.'를 해주다, 치르다, 바치다

그는 너에게 무슨 서비스를 해 주었는가?
What service did he render you?

그는 도움이 필요한 모든 이에게 도움을 주곤 했다.
He used to render help to anyone in need.

그들은 신께 감사를 바쳤다.
They rendered thanks to God.

3) render + 명사 : ~를 제출하다, 표현하다, 묘사하다

그 음악은 잘 표현되었다.
The piece of music was well rendered.

시는 다른 언어로 적절하게 묘사되기 힘들다.
Poetry can never be adequately rendered in another language.

301 repent

1) repent + 명사 / V-ing / that S + P : ~를 후회하다

나는 여자형제의 기분을 상하게 한 것을 후회한다.
I repent having offended my sister.

그는 경솔함을 후회했다.
He repented his thoughtlessness.

그는 그녀에게 도움을 주지 않은 것을 후회했다.
He repented that he didn't render her help.

2) repent of + 명사 : ~를 후회하다

그는 후회할 것이 없었다.
He had nothing to repent of.

그녀는 곧 그녀의 섣부른 결혼을 후회했다.
She soon repented of her hasty marriage.

report

1) **report + 명사** : ~를 보도, 보고하다

   CNN은 대학 내 대량학살 사건을 보도했다.
   CNN reported the accident of the campus massacre.

2) **report + V-ing** : ~하는 것을 보고하다, 전하다

   그는 그 회의에서 그 남자를 보았다고 전했다.
   He reported having seen the man at the meeting.

3) **report + that S + P** : ~라는 것을 전하다

   그 전염병에서 300명 이상의 사람들이 사망한 것으로 전해졌다.
   It is reported that over three hundred people died in the epidemic.

4) **report + 명사 + to inf.** : ~가 ~하다고 보고하다

   그가 그 일에 최적의 사람인 것으로 보고되었다.
   He has been reported to be the best person for the job.

5) **report to + 명사** : ~에 신고하다, 출두하다

   그는 경찰에 출두하라는 말을 들었다.
   He was told to report to the police.

6) **report on + 명사** : ~에 관해 보도하다

   그는 전황에 관해 보도했다.
   He reported on the war situation.

7) **report + A to B** : A를 B에 고발하다, 신고하다

   당신을 사기죄로 경찰에 보고하겠다.
   I will report you to the police for committing fraud.

303 represent

1) represent + 명사 : ~를 묘사하다, 나타내다, 대표하다

이 그림은 사냥장면을 묘사합니다.
This painting represents a hunting scene.

우리 회사는 한국에서 김 J.H 에 의해 대표된다.
Our firm is represented by Mr. Kim J.H in Korea.

그 배우가 Hamlet을 묘사하기에는 다소 늙었다.
The actor is somewhat old to represent Hamlet.

2) represent + 명사 / that S + P : ~를 지적하다, 설명하다

나는 그 계획이 실현불가능하다고 설명했다.
I represented that the plan was impracticable.

파생어

- 몡 **representation** : 묘사, 대표자를 내세움
  혼자 아이를 키우는 엄마들에 대한 언론의 부정적인 묘사
  the negative representation of single mothers in the media

- 몡 **representative** : 대표자, 대리인
  나는 학급 전체를 대표한다.
  I am representative of the whole class.

- 동 **misrepresent** : 정보를 잘못 전하다
  그는 그 책이 자신의 의견을 잘못 표현했다고 느꼈다.
  He felt that the book misrepresented his opinions.

request

1) request + 명사 : ~를 요청하다

와주시기를 간청합니다.
We request the honor of your company.

2) request + to inf. : ~할 것을 요청하다

나는 현재의 정세를 알려주길 바란다.
I request to be informed of the current affairs.

3) request + that + S + (should) + R : ~해야한다고 요청하다

그는 실수가 교정되어야 한다고 요구했다.
He requested that the error (should) be corrected.

4) request + 명사 + to inf. : ~에게 ~할 것을 요구하다

나는 당신에게 입을 다물어 줄 것을 요청한다.
I must request you to hold your tongue.

305 require

1) require + 명사 : ~를 요구하다, 필요로 하다

그 문제는 세심한 주의를 필요로 한다.
The matter requires utmost care.

당신의 출석이 긴급히 요구된다.
Your presence is urgently required.

그는 나로부터 더 많은 정보를 요구했다.
He required some more information from me.

2) require + 명사 + to inf. : ~에게 ~할 것을 요구하다

당신이 경찰에 출두할 것이 요구된다.
You are required to report to the police.

3) require + that + S + (should) + R : ~해야한다고 요구하다

상황은 이것이 즉각 행해져야 할 것을 요구한다.
The situation requires that this (should) be done immediately.

4) require + to inf. : ~할 것을 필요로 하다

그는 음주에 대한 경고가 될 필요가 있다.
He requires to be warned against drinking.

5) require + V-ing : ~할 필요가 있다(수동관계)

그 어린 묘목들은 주의 깊게 보살필 필요가 있다.
The young seedlings require looking after carefully.

파생어

- 명 **requirement** : 필요, 필요조건

    우리에게 즉시 필요한 것은 추가 직원이다.
    Our immediate requirement is the extra staff.

- 명 **request** : 격식을 차려 정중히 하는 요청, 신청

- 동 **request** : 요구하다

    그는 그녀가 바가지 긁는 것을 그만두어야 한다고 요청했다.
    He requested that she quit nagging.

306 resent

1) **resent + 명사** : ~에 분개하다

   우리는 아동학대에 분개해야 한다.
   We must resent child abuse.

2) **resent + V-ing** : ~하는 것에 분개하다

   당신의 남편이 내가 여기 당신과 함께 있는 것에 분개할까요?
   Would your husband resent my being with you here?

> **파생어**
>
> 명 resentment : 분함, 억울함
>
> 그는 주인에 대한 분노를 느꼈다.
> He felt resentment against his master.

307 reserve

1) **reserve + 명사** : (다음번 용도를 위해) ~를 간직하다

   내일 마실 우유를 남겨두어라.
   Reserve some milk for tomorrow.

2) **reserve + 명사** : ~를 따로 지정하다, 예약하다, 보류하다, 유보하다

   나는 당신에게 다음 주까지 판단을 유보할 것을 권고한다.
   I recommend you to reserve the judgment until next week.

   우리 좌석을 잡아 놓겠다.
   I'll reserve a table for us.

   이 옷 입어보는 방은 여성용입니다.
   These fitting rooms are reserved for ladies.

3) **명사 reserve** : 비축, 예비군, 보호지, 자제

   그는 사양하지 않고 치킨국수 수프를 한 그릇 더 먹었다.
   He took another dish of the chicken noodle soup without reserve.

> **파생어**
>
> 명 reservation : 예약, 의구심
>
> 내가 그 식당에 전화를 해서 예약을 할게.
> I'll call the restaurant and make a reservation.

308 resign

1) resign + 명사 : ~를 사임하다, 단념하다, 양도하다, 맡기다

그는 교장으로서의 직책을 사임했다.
He resigned his post as headmaster.

그는 자신을 운명에 맡겼다.
He resigned himself to his fate.

2) resign : 물러나다

내각은 그 잘못된 정책들에 책임을 지기 위해 사퇴했다.
The cabinet has resigned to answer for the misguided policies.

그는 그 클럽을 탈퇴할 것이다.
He will resign from the club.

○ 파생어

명 **resignation** : 사직, 사임, 사직서, 체념

더 많은(추가) 사직이 있을 것으로 예상된다.
Further resignations are expected.

309 resolve

1) resolve + 명사 : ~를 분해하다, 분석하다, 변형시키다, 풀다, 해명하다

안개는 비로 변했다.
The fog was resolved into the rain.

그것이 너의 의혹을 풀어줄 것이다.
That will resolve your doubts.

우리는 그 문제를 분석하여 각각의 요소로 만들어야 한다.
We should resolve the problem into its elements.

2) resolve + to inf. : ~하기로 결심하다

그는 그 점포에서 결코 장을 보지 않겠다고 결심했다.
He resolved never to go shopping at the store.

3) resolve + that + S + (should) + R : ~해야한다고 결심하다

나는 그 무엇도 나를 억제해서는 안 된다고 결심했다.
I resolved that nothing (should) hold me back.

그 위원회는 그 조치가 승인되어야 한다고 결의했다.
The committee resolved that the step (should) be authorized.

파생어

- resolution : 결의안, 해결, 과단성

  결의안을 제출하다.
  to move a resolution

- resolute : 단호한, 확고한

  그는 그 계획에 대한 반대가 훨씬 더 확고해졌다.
  He became even more resolute in his opposition to the plan.

310 rest

1) rest : 쉬다, 죽다, 움직이지 않다, 가만히 있다

우리는 지력의 회복을 위해 밭을 놀리고 있다.
We have now let the field rest for its recovery from malnutrition.

그의 영혼이 편히 쉬기를!
May his soul rest in peace!

그녀가 승낙할 때까지 결코 그녀를 가만히 내버려 두지 말라.
Don't let her rest until she finally consents.

2) rest on : 기대다, 걸려있다, 위치하다

나는 그녀의 얼굴에 그림자가 걸려있는 것을 보았다.
I saw a shadow rest on her face.

그는 양손을 탁자에 기댄 채 서있었다.
He stood with his hands resting on the table.

셰익스피어의 명성은 그의 희극보다는 비극에 더 많이 의존한다.
Shakespeare's fame rests more on his tragedies than on his comedies.

3) rest + 명사 : ~를 쉬게하다, 두다, 놓다

그는 한참을 달린 후 말을 쉬게 하려고 멈추었다.
He stopped to rest his horse after the long gallop.

그는 소총을 나무에 기대어 세워두었다.
He rested his rifle against the tree.

311 result

1) **result from** : ~로부터 생겨나다

   질병은 종종 가난으로부터 생겨난다.
   Disease often results from poverty.

2) **result in** : ~로 귀착되다

   그 계획은 실패를 낳았다.
   The plan resulted in failure.

   그 재판은 그에게 금고 2년의 결과를 낳았다.
   The trial resulted in his being condemned to two year's imprisonment.

   일본의 영토 확장은 전쟁을 낳았다.
   Japanese territorial expansion resulted in a war.

3) 명사 **result**

   (1) as a result : 그 결과로써

   그에게 반역의 결과로서 시민권이 거절당했다.
   He was refused civil right as a result of his treachery.

return

1) **return** : 돌아가다, 돌아오다, 복귀하다

   나는 그가 소생하기를 희망한다.
   I hope that he will return to life.

   이제 다시 그 문제로 돌아갑시다.
   Now let us return to that question.

   그 유행은 돌아온다.
   The tide will return.

2) **return + 명사** : ~를 반환하다, 되돌려주다, 보답하다

   그 바자회는 꽤 많은 이익을 돌려주었다.
   The bazaar has returned a fairly good interest.

   그는 그 책을 원래의 장소에 돌려주는 것을 잊었다.
   He forgot to return the book to its place.

3) **return + I.O.(명사) + D.O.(명사)** : 'I.O.'에게 'D.O.'를 돌려주다

   내가 빌려주었던 우산을 (내게) 돌려주세요.
   Please return me the umbrella I lent you.

   그는 나에게 답방을 할 것을 약속했다.
   He promised to return me a visit.

313 reveal

1) reveal + 명사 : ~를 드러내다, 폭로하다

그는 자신의 신분을 밝히지 않았다.
He did not reveal his identity.

달빛은 그녀의 하얀 얼굴을 보이게 했다.
The moonlight revealed her fair face.

2) reveal + that S + P : ~을 밝히다

실험들은 그 토양에 병원균이 없다는 사실을 밝혔다.
Tests revealed that there were no disease microbes in the soil.

파생어

⑱ revelation : 폭로, 밝힘

또 다른 폭로는 그를 파멸시킬 수도 있다.
Another revelation could destroy him into pieces.

---

314 rid

1) rid + A of B : A에게서 B를 제거하다

우리는 그 제분소에서 쥐들을 제거해야 한다.
We must rid the mill of rats.

2) get rid of : ~을 면하다, 벗어나다, 제거하다

환자들은 좀처럼 그 독감을 벗어나기 힘들다.
Patients can hardly get rid of the influenza.

315 ring

1) ring + A(종, 방울) : A를 울리다, 치다, 마음을 흔들다, 심금을 울리다

그의 연설은 심금을 울렸고 모든 이들이 그 부상당한 병사들을 위해 헌혈을 했다.
His speech could ring bells and everybody donated his or her blood for the wounded soldiers.

그들은 하루에 두 번 교회 종을 친다.
They ring the church bells twice a day.

우리는 33번의 타종으로 묵은해를 보내고 새해를 맞이한다.
We ring out the old year and ring in the new with 33 strikes.

2) ring up : 전화 걸다

내가 내일 아침에 전화를 걸 테니 오늘은 나에게 전화 주지 마라.
I'll ring you up again tomorrow morning, so don't give me a ring today.

3) ring + 목적어 : ~을 에워싸다, 원을 그리다

그 가수는 흥분된 소녀들에 의해 둘러싸였다.
The singer was ringed about with the excited girls.

4) ring : 울리다

아침 종이 울리고 있다.
The morning bell is ringing.

그의 귀가 아직도 울린다.
His ears are still ringing.

그 멜로디가 아직도 그의 귓속에서 울린다.
The melody still rang in her ears.

5) ring + 보어 : ~처럼 들리다

그 연사의 말들은 허망한 것으로 들렸다.
The orator's words rang hollow.

그 주화는 소리로 진짜 가짜가 구별된다.
The coin can ring true or false.

316 rise

1) rise : 오르다, 솟아나다, 부풀다

커튼이 오르고 남녀배우들이 손을 잡고 서 있다.
The curtain rises and the actors and actresses stand hand in hand.

에베레스트산은 29,009 피트의 높이에 이른다.
Mount Everest rises to the height of 29,009 feet.

이스트는 빵을 부풀게 한다.
Yeast makes dough rise.

나는 거품이 해저에서 솟아오르는 것을 보았다.
I saw bubbles rising from the bottom of the sea.

2) rise : 기상하다, 일어나다

나는 그와 악수하기 위해 일어났다.
I rose to shake hands with him.

말은 때때로 뒷발로 일어선다.
A horse sometimes rises on its hind legs.

몇 사람의 장교들이 히틀러의 압제에 대하여 들고일어났다.
Some officers rose against Hitler's oppression.

3) rise : 출세하다, 입신하다

그는 출세하기 위해 모든 것을 다했으나 그것은 헛된 일이었다.
He did everything to rise in the world, which was in vain.

4) 명사 rise

특권은 종종 남용을 낳는다.
A privilege often gives rise to abuses.

317 rob

1) rob + A + (of + B) : A를 털어서 B를 빼앗다

쇼크는 그에게서 말을 빼앗았다.
The shock robbed him of his speech.

그는 노상강도에게 시계를 빼앗겼다.
He was robbed of his watch by a highwayman.

우리는 은행을 털었지만 돈을 훔치지는 않았다.
We robbed the bank but didn't steal any money.

파생어

robbery : 강도(사건)

경찰은 강도사건이 어떻게 발생했는지 알고 있다.
The police know how the robbery happened.

robber : 강도(사람)

강도가 갑자기 그에게 덤벼들어 돈을 훔쳐갔다.
The robber fell on him and stole his money.

rolled - rolled

318 roll

1) roll : 구르다, 굴러가다, 흔들리다

그 주화는 내 손에서 떨어져서 탁자 밑으로 굴러갔다.
The coin fell off my hand and rolled under the table.

바람이 세게 불 때 큰 파도가 밀려들어온다.
Great waves roll in when the wind blows hard.

2) roll + 명사 : ~를 굴리다, 말다

아이들은 운동장을 따라서 눈 뭉치를 굴리고 있었다.
The children were rolling a snowball along the playground.

> **파생어**
>
> 동 enroll : 명부에 올리다, 등록하다, 기록하다
>
> 그 교수님 수업은 신청하고 싶지가 않아요.
> I don't want to enroll in the professor's class.

ruled - ruled

319 rule

1) rule + 명사 : ~를 지배하다, 다스리다

이 문제는 열정에 좌우되어서는 안 됩니다.
Don't be ruled by your passion in this matter.

2) rule + that S + P : ~을 판결하다

대법원은 그 증거가 받아들일 수 있는 것이라고 판결했다.
The supreme court ruled that the evidence was admissible.

3) rule out + 명사 : ~을 배제하다

군복을 입은 자들은 내 땅에서 나가주세요.
Men in military uniform should be ruled out on my property.

4) 명사 rule : 규칙, 규정, 법칙

그들은 매 여섯 시간마다 그 종을 치는 것을 규칙으로 삼았다.
They made it a rule to ring the bell every six hours.

run

1) run : 달리다, 뻗어나가다, 흐르다, 움직이다, 계속되다

Mike 만큼 빨리 달릴 수 있는가?
Can you run as fast as Mike?

그는 대통령직을 위해 달리다. (출마하다)
He will run for presidency.

여객선은 매 30분 간격으로 운행된다.
The ferryboats run every half hour.

그는 코가 흐르고 있다.
His nose is running.

나는 이 재봉기계가 제대로 돌아가도록 만들 수가 없다.
I can't make this sewing machine run properly.

이 연극은 언제까지 상연됩니까?
How long will this play run?

나는 흉터가 그의 오른쪽 뺨 위에 길게 나있는 것을 보았다.
I saw a scar running across his right cheek.

선생님이 학교를 머지않아 떠나신다는 소문이 돌아다닌다.
The rumor runs that our teacher will leave school before long.

2) run + 보어(형용사) : 어떤 상태로 변하다

풍랑이 거세졌다.
The sea ran high.

음식이 부족해지기 시작했다.
The food began to run short.

그녀는 돈이 부족해졌다.
She has run short of money.

그 우물은 이 계절에 메마른 경향이 있다.
The well is likely to run dry in this season.

그는 마치 피가 얼어붙은 것 같았다.
He felt as if his blood had run cold.

3) **run + 명사** : ~를 경영하다, 관리하다, 지휘하다, 부어넣다, 몰다

기름은 다양한 기계들을 돌리는 데 중요하다.
Oil is important to run various machines.

그는 아내에 의해 휘둘린다.
He is run by his wife.

당신은 위험을 무릅쓸 작정이군요.
You are going to run the risk.

그 소년은 심부름을 하도록 고용되었다.
The boy is hired to run errands.

3일간 이 광고를 당신의 신문에 걸어주세요.
Please run this ad in your paper for 3 days.

그 테잎을 돌려보세요 그러면 모든 이야기가 밝혀질 것입니다.
Run the tape and it will reveal the whole story.

그는 그 말을 이리저리 몰고 다녔다.
He ran the horse up and down.

그는 그 통에 약간의 물을 부었다.
He ran some water into the cask.

4) **관용표현**

아이들이 위험한 거리에서 뛰어 돌아다니도록 허락해서는 안 된다.
Children should not be allowed to run about the dangerous streets.

나는 거리에서 탐을 우연히 만났다.
I ran across Tom in the street.

그 형사는 그 범죄인을 평생토록 추적했다.
The detective ran after the criminal through all his life.

그는 주의하지 않고 있다가 회전문에 충돌했다.
He didn't pay attention and ran against the revolving door.

그 두 대의 차는 서로 충돌했다.
The two cars ran into each other.

321 rush

1) rush : 돌진하다

천사들이 발을 들여놓기 두려워하는 곳에 바보들은 뛰어든다.
Fools rush in where angels fear to tread.

그가 공개적으로 모욕당했을 때 피가 얼굴로 몰려들었다.
Blood rushed to his face when he was openly insulted.

2) rush + 명사 : ~를 돌진시키다, 몰아세우다, 재촉하다, 서둘러 향하다

당신을 재촉하고 싶지는 않지만 이것은 중요한 문제입니다.
I don't want to rush you but this is an important matter.

금이 난다고 소문난 지역으로 많은 사람들이 몰려들었다.
Crowds of people were rushing the territory that was reputed to produce gold.

322 save

1) **save** + 명사 : ~(목숨 등)을 구하다,

   국가 보건 체계가 그를 불구자가 되는 것으로부터 구해냈다.
   The national health system saved him from becoming a cripple.

   그는 나의 선의를 언급함으로써 내 체면을 차려주려고 애썼다.
   He tried to save my face by mentioning my goodwill.

2) **save** + 명사 : 버리지 않고 모아두다, 절약하다, (수고 등)을 덜어주다

   그녀는 저녁 식사로 남은 음식을 모아두었다.
   She saved what was left of the food for supper.

   제 때에 한 땀은 나중에 아홉 땀의 수고를 덜게 해 준다.
   A stitch in time saves nine.

   우리는 급행을 탐으로써 두 시간을 절약할 수 있다.
   We can save two hours by taking the express.

3) **save** + I.O.(명사) + D.O.(명사) : 'I.O.'에게 'D.O.'를 덜게 해 주다

   그것은 나에게 많은 수고를 덜게 해 줄 것이다.
   That will save me much trouble.

> **파생어**
>
> ⓜ **savior** : 구제자, 구조가, 구세주(그리스도)
>
> 예수는 그 사람들에게 구세주였다.
> Jesus was a savior to the people.

323 say

1) say + 명사 / that S + P : ~라고 말하다

수영금지라고 쓰여있다.
It says 'no swimming'.

그녀는 나의 제안에 좋다고 말했다.
She said yes to my suggestion.

행동보다는 말이 쉽다.
Easier said than done.

그러한 제의가 이루어졌다고 한다면, 받아들이시겠습니까?
Let us say that such an offer is made. Would you accept it?

2) It is said + that S + P : ~라고 말해진다

우리가 서늘한 여름을 맞게 될 것이라고 말해진다.
It is said that we are going to have a cool summer.

3) be said + to inf. : ~하다고 말해진다

그는 친구를 배반했고 조국을 버린 것으로 말해진다.
He is said to have betrayed his friend and deserted his fatherland.

4) 관용표현

덥다고 말할 수는 없지만 꽤 따뜻하다.
It is warm, not to say hot.

포도주를 부어 줄 테니 적당히 차면 그만이라고 말해주세요.
I am going to pour wine into your glass and say when.

우리는 그를 다음 주 금요일, 즉 5월 1일에 만날 작정이다.
We are going to meet him next Friday, that is to say, the 1st of May.

그는 영어는 말할 것도 없고 독어와 불어를 한다.
She can speak German, French, to say nothing of English.

그의 새 소설에 대해 어떻게 생각하십니까?
What do you say to his new novel?

당신 말이 맞고말고, 즉, 당신에게 완전히 동의한다.
You can say that again, that is to say, I perfectly agree with you.

이 문제에 결정권은 누구에게 있는가?
Who has the say in this matter?

김치가 급성호흡기증후군에 강력한 저항력을 가지고 있는 것은 말할 필요가 없는 사실이다.
It goes without saying that Kimchi has very powerful resistance against SARS.

searched - searched

324 search

1) **search + 명사** : ~를 수색하다, 뒤지다

   경찰은 그가 그녀를 죽였을 가능성이 있는 그 칼을 찾기 위해 그 집을 수색했다.
   The police searched his house for the knife with which he could possibly kill her.

   나는 그녀의 진정한 의도를 알기 위해 그녀의 얼굴을 살폈다.
   I searched her face for her true intention.

2) **search for** : ~을 찾아보다

   새들이 매년 여름 여기서 좋은 서식지를 찾아본다.
   Birds search for a good breeding ground here every summer.

3) **관용표현**

   (1) be in search of : ~을 찾고 있다.

   그는 그 탐사를 위해 동반자를 찾고 있었다.
   He was in search of a companion for the exploration.

saw - seen

325 see

1) **see + 명사** : ~를 보다, 이해하다, 만나다

   졸업 이후에는 그녀를 본 적이 없다.
   I haven't seen her since graduation.

   내 논리를 이해할 수 없는가?
   Don't you see my logic?

   요즘 남자를 만나고 있는가?
   Are you seeing any man these days?

2) **see + that S + P** : ~를 이해하다, 조처하다, 파악하다

   모든 문과 창문이 닫혀있도록 조처하세요.
   See to it that all the doors and windows are shut.

   나는 폭동이 진압되었다는 것을 알게 되었다.
   I saw that the riot had been suppressed.

3) **see + 명사 + inf. / V-ing** : ~가 ~하는 것을 보다, 인내하며 보다

나는 그가 그렇게 행동하는 것을 보고 있을 수 없다.
I can't see him behaving like that.

나는 그가 망치를 들고 그녀에게 다가서는 것을 보았다. 그때 불이 나갔다.
I saw him pick up the hammer and approach her when the light was out.

4) **see off** : 배웅하다

사장을 배웅하느라고 역에 갔었다.
I have been to the station to see off my boss.

5) **see through** : 뚫어보다, 터득하다, 타개하다

그는 내 마음을 꿰뚫어 본다.
He can see through my mind.

내가 대학교를 마치게 해 주겠다.
I will see you through university.

6) **see + A as B** : A를 B로 보다

나는 그를 우리 대표자로 보는 것을 거절했다.
I refused to see him as our representative.

○ 파생어

(명) **sight** : 시력, 보기, 시야, 명소, 광경

그녀는 시력이 아주 좋다.
She has very good sight.

그녀가 멀리 있는 차 한 대를 목격했다.
She caught sight of a car in the distance.

차 안의 귀중품은 모두 눈에 보이지 않는 곳에 두어라.
Leave any valuables in your car out of sight.

sought - sought

326 seek

1) **seek + 명사** : ~를 찾으려 하다

   나는 평생 진리를 찾아왔다.
   I've been seeking truth all through my life.

2) **seek + to inf.** : ~하려고 애쓰다

   그들은 그 민족단체들 가운데서 차별을 제거하려고 애쓴다.
   They seek to eliminate discrimination among those racial groups.

3) **seek + for / after** : 추구하다

   그는 돈과 권력을 둘 다 추구한다.
   He is seeking for money and power alike.

327 seem

1) seem + to inf. : ~하는 것처럼 보이다

그는 아팠던 것처럼 보인다.
He seems to have been ill.

그래 보인다.
So he seems.

2) seem + 형용사 : ~한 상태로 보이다

당신은 여기에 들어올 수 없을 정도로 어려 보인다.
You seem so young that you are not allowed in here.

3) seem + that / as if + S + P : ~해 보인다, 마치 ~인 것처럼 보이다

그가 채무를 청산할 수 없는 것처럼 보인다.
It seems that he is unable to pay off the debt.

그는 마치 몽상이라도 하고 있는 것처럼 보인다.
He seems as if he were daydreaming.

328 sell

1) sell + 명사 : ~를 팔다

그는 좋은 가격에 그 시계를 팔았다.
He sold the watch at a good price.

결코 명예를 팔아서는 안 된다.
You should never ever sell your honor.

2) sell : 장사하다, 팔리다

당신은 그 생각이 팔릴 거라고 생각하는가?
Do you think that the idea will sell?

그의 문법서는 잘 팔린다.
His grammar book sells well.

329 send

1) send + 명사 : ~를 보내다, 부치다, 가게하다

그는 모든 수험생들에게 격려의 메시지를 보냈다.
He sent some encouraging messages to all the test takers.

그 산은 아직도 사면으로 용암과 재를 내보내고 있다.
The mountain is still sending hot mud and ashes down its sides.

2) send + I.O.(명사) + D.O.(명사) : 'I.O.'에게 'D.O.'를 보내다

당신은 그에게 사과의 편지를 보내는 것이 좋겠다.
You had better send him some letter of apology.

파생어

sender : 보내는 사람, 발송자

배달이 안 될 시에는 발송자에게 돌려보내(반송해) 주세요.
If undelivered, please return to sender.

330 sentence

1) sentence + A(명사) + to + B(명사) : A에게 B(형벌)를 선고하다

그 남자는 벌금형을 선고받았다.
The man was sentenced to a fine.

2) 명사 sentence : 판결, 처벌 / 문장

그에게 사형선고가 주어졌다.
He was given a death sentence.

각 단락은 최소한 5개의 문장이 있어야 한다.
Each paragraph must have 5 sentences at least.

serve

1) serve + 명사 : ~를 제공하다, 섬기다, 봉사하다, 충족시키다

이 호텔은 숙박 손님에게만 식사를 제공한다.
This hotel serves meals to residents only.

신발은 항상 순수하게 기능적 목적만을 충족시켰던 것은 아니다.
Shoes have not always served such a purely functional purpose.

당신은 신을 섬기는가? 악마를 섬기는가?
Do you serve God or evil?

그는 30년간 외교관으로 한국에 봉사했다.
He has served Korea as a diplomat for 30 years.

나는 종신형을 감내할 수 없다.
I don't think I can serve life imprisonment.

어린이들과 노인들을 포함하여 모든 손님들을 다 섬기는 것이 중요하다.
It is important to serve all the customers including children and the aged.

2) serve + A(음식) : A(음식)을 제공하다

스테이크는 감자 그리고 약간의 소스와 함께 제공된다.
Steak is served with potatoes and some sauce.

당신의 식당에서는 한국 음식을 제공합니까?
Do you serve Korean food in your restaurant?

3) serve + 명사 + well / ill / right / wrong : ~를 ~하게 다루다

그가 제대로 대접받고 있다. (당연한 대접이다 - 고소하다, 쌤통이다)
It serves him right.

그녀는 나를 애먹였다.
She served me ill.

4) serve : 섬기다, 봉사하다, 근무하다, 시중들다, 제 구실을 하다

로버트는 은행에서 직원으로 근무한다.
Robert serves as a clerk in a bank.

그는 배심원으로 봉사하라는 요청을 받고 있다.
He is asked to serve on a jury.

많은 별자리가 선원들에게 안내자의 구실을 하고 있다.
Many constellations serve as guides for mariners.

때가 좋으면 우리는 그 섬에 하루 안에 도착할 수 있다.
When the tide serves, we can reach the island within a day.

5) **serve + I.O.(명사) + D.O.(명사)** : 'I.O.'에게 'D.O.'를 대접하다

나는 그에게 도넛 한 접시를 대접했다.
I served him a plate of doughnuts.

> **파생어**
>
> 몡 **service** : (공공) 서비스, 서비스 기관·회사, 서비스업
>
> 정부에서는 공공 서비스, 특히 교육의 개선을 목표로 하고 있다.
> The government aims to improve public services, especially education.
>
> 동 **service** : 사후관리하다
>
> 나는 차 엔진이 즉각 사후 관리되길 바랍니다.
> I want my car engine to be serviced right now.

set

1) **set + 명사** : ~를 두다, 놓다, 배치하다, 설치하다, 준비시키다, 정하다

   우리는 수요상황에 대해 알 때까지는 가격을 정하지 않습니다.
   We do not set the price until we are informed of the demand situation.

   그의 정신과 인격은 아직 완전히 굳어진 것은 아니다.
   His mind and character are not completely set yet.

   6명분의 의자를 놓아주세요.
   Please set chairs for six guests.

   그녀는 자신의 시계를 중앙역의 시계에 의거하여 맞춘다.
   She sets her watch by the clock of the central station.

   이 다이아몬드를 황금이 아니라 백금 속에 박아 넣어 주세요.
   Please set this diamond in white gold not in yellow.

   그는 작곡가가 되기로 마음먹고 있다.
   He sets his heart on becoming a composer.

2) **set + 명사 + O.C.(형용사)** : ~를 'O.C.'한 상태로 만들다, 되게 하다

   그는 항상 나를 바로 잡으려고 애썼고 오늘의 나는 그 사람 덕이다.
   He always tried to set me right and I owe what I am today to him.

   나를 자유롭게 해주지 않으면 나는 자살하겠다.
   Set me free or I will set myself on suicide.

3) **set + 명사 + to inf.** : ~에게 ~하도록 시키다

   나는 아이들에게 낙엽을 갈퀴로 긁도록 시켰다.
   I set my children to rake the fallen leaves.

4) **set + oneself + to inf.** : ~하려고 힘쓰다

   나는 그를 섬기려고 애썼다.
   I set myself to serve him.

5) **set** : 지다, 가라앉다, 기울다, 응고되다, 굳어지다

   달은 곧 질 것이고 우리는 야음을 틈 타 탈출할 수 있다.
   The moon will soon set and we can escape under the cover of darkness.

6) **set about** : 착수하다, 공격하다, 퍼뜨리다

그 일에 언제 착수할 것입니까?
When will you set about the job?

7) **set + apart / aside** : 따로 떼어놓다, 구별하다

나는 그 사업에 착수하기 위해 수입의 일부를 떼어놓겠다.
I will set apart some of my income to set about the business.

8) **set up** : 세우다, 초래하다

그는 학교를 세우기로 결심했다.
He is determined to set up a school.

9) **set off** : 돋보이게 하다, 출발하다, 상쇄시키다

그는 지성의 부족에 대해 돈으로 상쇄하길 원한다.
He wants to set off money against lack of intellect.

그들은 무거운 보트를 타고 출발했다.
They set off in a heavy boat.

333 settle

1) settle + 명사 : ~를 고정시키다, 자리잡게 하다, 안정시키다

그는 뒤로 젖혀지는 의자에 앉았다.
He settled himself in a recliner.

그들은 새로 발견된 땅에 그들 자신의 종족을 정착시키려고 애쓴다.
They are trying to settle their own race into the new found land.

한 번 복용으로 그녀의 신경은 안정될 것이다.
Just one dose will settle her nerve.

2) settle + 명사 / to inf. : ~를 해결하다, 결정하다

그 양당사자 간의 분쟁은 아직 해결되지 않았다.
The dispute between the parties is not settled yet.

그 제안을 받기로 결정하셨습니까?
Have you settled to accept the suggestion?

3) settle : 자리잡다, 안정되다, 가라앉다

그녀는 새로운 삶에 정착하기를 원한다.
She is eager to settle down to a new life.

출발할 날짜를 정하셨습니까?
Have you settled on a date to start?

먼지가 모든 가구에 내려앉아있다.
The dust has settled on each piece of the furniture.

334 shift

1) shift + 명사 : ~를 옮기다, 바꾸다

나는 무거운 짐을 날라야 할 때 양손으로 그것들을 번갈아 옮긴다.
I shift heavy bundles between both my hands when I have to carry one.

그들을 돌보는 부담을 나에게 전가하려 하지 말라.
Don't try to shift the burden of taking care of them on me.

2) shift : 바뀌다, 옮겨지다

그는 임시직을 얻으러 이리저리 옮겨 다녔다.
He shifted from place to place to get a part-time job.

바람의 방향이 곧 바뀔 것이고 그럼 그것은 우리에게 습격할 수 있는 기회를 한 번 더 준다.
The direction of the wind will shift before long, which gives us one more chance to make a sudden attack.

shot - shot

335 shoot

1) **shoot + 명사** : ~를 쏘다, 발사하다, 내던지다, 뿜어내다, 촬영하다

마지막 장면이 이 들판에서 촬영될 것이다.
The final scene will be shot in this field.

그들은 활을 쏘았고 우리는 총을 쏘았다.
They shot arrows but we shot bullets.

태양은 구름사이로 광선을 뿜어냈다.
The sun shot its beams through the clouds.

나무들은 싹을 돋아내고 있다.
The trees are shooting out buds.

2) **shoot** : 사격하다, 튀어나가다

그 소년은 작년에 엄청 자랐다.
The boy shot up last year.

분수가 솟구쳐 오르기 시작했다.
The fountain started to shoot up.

새 잎사귀들이 자라났다.
The new leaves have shot forth.

○ **파생어**

명 shot : 발사, 발포, 슛, 사진,
(토론 등에서 상대방을 겨냥해서 하는) 말(행동)

누군가가 그 자동차에 총을 한 발 쏘았다.
Someone took a shot at the car.

이 진술이 그 언쟁의 포문을 연 말이었다.
This statement was the opening shot in the argument.

336 show

1) **show + 명사 / 명사절** : ~를 보여주다, 나타내다, 상영하다

   그 극장에서 상영되고 있는 그 영화를 보는 것은 어떻습니까?
   What do you say about seeing the movie which is shown at the cinema?

   그는 결코 감정이나 생각을 보여주지 않는다.
   He never shows what he is thinking or feeling.

   너의 비밀번호를 보여주지 마라.
   Never show your personal identification numbers.

   그 드레스는 당신의 속옷을 보여준다.
   That dress shows your underwear.

2) **show + I.O.(명사) + D.O.(명사)** : 'I.O.'에게 'D.O.'를 보여주다

   그는 나에게 많은 친근감을 보여주었다.
   He showed me a great deal of friendliness.

   당신이 어렸을 때 한 때 속했던 곳으로 가는 길을 보여주겠다.
   I'll show you the way to the place where you once belonged when you were young.

   그녀를 설득할 수 있는 방법을 저에게 보여주세요.
   Will you show me how I can prevail on her?

3) **show around** : 구경시키다

   교장선생님이 몸소 당신에게 학교를 구경시켜 줄 것이다.
   The headmaster himself will show you around the school.

4) **show off** : 자랑하다, 과시하다, 돋보이다

   세상 어머니들이란 자식을 자랑하게 마련이다.
   Mothers in the world will show off their children.

5) **show up** : 등장하다, 폭로하다

   우리는 그를 그 식에 초대했지만 그는 나타나지 않았다.
   We invited him to the ceremony but he didn't show up.

6) **show** : 보이다, 알려지다

그는 얼굴에 당황한 빛이 드러났다.
His embarrassment showed in his face.

머리칼 사이로 그의 이마의 상처가 보인다.
The scar on his forehead shows among his hair.

> **파생어**
>
> 형 **showy** : 현란한
>
> 저한테 너무 화려하다는 생각이 들지 않습니까?
> Don't you think this is too showy for me?

337　shut

1) shut + 명사 : ~를 닫다, 잠그다, 폐쇄하다

그는 모든 청탁에 귀를 닫았다.
He shut his ears to all the entreaties.

우리는 그를 들여놓지 않았다.
We shut the door against him.

2) shut down : 폐쇄하다

그 공장은 신규 주문의 부족으로 문을 닫았다.
The factory has shut down with a lack of new order.

3) shut up : 감금하다, 잠그다, 밀폐하다, 입을 닫다

그는 새로운 소설들을 쓸 때 방안에 처박힌다.
He shuts himself up in a room when he writes new novels.

338　sign

1) sign + 명사 : ~에 서명하다

수표의 뒷면 위에 당신의 이름을 서명해 주세요.
Please sign your name upon the back of the check.

그 유화에는 그의 이름이 서명되어 있다.
The oil painting has been signed with his name.

그는 서명하여 재산을 형제에게 양도했다.
He signed over the property to his brother.

2) sign + 명사 + to inf. : ~에게 ~하라고 신호하다

그 문지기는 부랑자들에게 호텔에서 나가라고 신호했다.
The doorkeepr signed the tramps to get out of the hotel.

3) **sign + that S + P** : ~하다고 알리다, 신호하다

그는 갈 준비가 되었다고 알렸다.
He signed that he was ready to go.

4) **sign up** : (서명하여) 가입하다, 참가하다

지금 가입하고 여가센터에서 공짜 점심을 즐기세요.
Sign up now and enjoy your free meal at the rec center.

파생어

- 명 **signature** : 서명

  밑에 공란에 서명하시오.
  Write down your signature in the blank below.

- 명 **signal** : 신호

  그 사이렌은 모든 사람들에게 그 건물을 떠나라는 신호였다.
  The siren was a signal for everyone to leave the building.

- 동 **signal** : 신호를 보내다, 암시하다

  이번 발표는 분명한 정책 변화를 시사했다.
  This announcement signalled a clear change of policy.

- 동 **signify** : 의미하다, 나타내다

  흰 띠는 그가 완전 초보자임을 나타낸다.
  The white belt signifies that he's an absolute beginner.

- 동 **assign** : 맡기다, 선임하다, 배치하다, 부여하다

  교사가 아이들에게 각각 다른 과제를 하나씩 맡겼다.
  The teacher assigned a different task to each of the children.

339 sink

1) **sink**: 가라앉다, 쑥 들어가다, 줄다

   해가 서쪽에서 지고 있었다.
   The sun was sinking in the west.

   이 새로 개발된 블록은 물에 가라앉지 않는다.
   This newly developed block will not sink in water.

   실업자의 수가 지난 달 이후로 줄었다.
   The number of the unemployed has sunk since last month.

   그 영화배우는 십 대 소녀들 사이에서 인기가 줄기 시작했다.
   The movie star began to sink among the teenaged girls.

   그의 끝없는 희망에도 불구하고 그 암환자는 급격히 악화되고 있었다.
   The cancer patient was sinking fast in spite of his endless hope.

   그 일자리가 더 이상 없을 거라는 소식에 내 마음은 우울해졌다.
   My heart sank at the news that there would be no more position for the job.

   물은 모래에 스며든다.
   Water sinks through the sand.

2) **sink + 명사**: ~를 가라앉히다

   그 배는 다른 배와 충돌하여 그것을 가라앉혔다.
   The ship rammed into another and sank it.

   목소리를 낮추어 속삭이세요.
   Please sink your voice into a whisper.

340 slip

1) slip : 미끄러지다

빙판에서 미끄러지지 않도록 조심하시오.
Be careful not to slip on the icy road.

그의 이름이 내 기억에서 빠져나갔다.
His name has slipped from my mind.

2) slip + 명사 : ~를 미끄러지게 하다

그녀는 손가락에서 반지를 뺐다.
She slipped the ring out of her finger.

그는 뒤에서부터 그녀의 허리로 팔을 스르르 감았다.
He slipped his arms around her waist from behind.

파생어

형 **slippery** : 미끄러운, 믿을 수 없는, 파악하기 힘든

그의 손은 땀이 나서 미끈거렸다.
His hand was slippery with sweat.

자유는 다루기 힘든 개념이다.
Freedom is a slippery concept.

smell

1) **smell + 명사** : ~의 냄새를 맡다

   낙타는 일 마일 떨어진 곳에서도 물 냄새를 맡을 수 있는가?
   Can a camel smell water a mile off?

2) **smell + 보어(형용사)** : ~한 냄새가 나다

   지하실에서 습한 냄새가 났다.
   The cellar smelled damp.

3) **smell + of / like** : ~의 냄새가 나다

   그 방에서 담배연기 냄새가 나서 다른 방으로 옮기고 싶다.
   The room smells of cigarette smoke and I want to change it for another one.

4) **smell** : 냄새가 나다, 냄새 맡다

   그 고기가 냄새가 나기 시작했고 그도 입 냄새가 났다.
   The meat began to smell and his breath smelled too.

   모든 동물이 다 냄새를 맡을 수 있는 것은 아니다.
   Not all animals can smell.

342 snap

1) snap + 명사 : ~를 탁 소리 나게하다, 꺾다, 깨물다, 달려들다

뚜껑을 갈고리에 탁 소리가 날 때까지 아래로 밀어주세요.
Push the cover down until it snaps the hooker.

그는 창문을 찰칵 소리 내며 열었다.
He snapped the window open.

땅 위에 있는 나뭇가지들을 딱 소리 나게 부러뜨리지 않도록 조심해라.
Be careful not to snap any branches and twigs on the ground.

우리 개가 내 햄버거를 크게 한 입 물었는데 절반이 사라졌다.
My dog snapped up a big bite of my hamburger and half of it was gone.

2) snap : 탁, 찰칵, 똑 등의 소리를 내다

난로 안에서 타면서 나무들은 탁탁 소리를 냈다.
The wood snapped as it burnt in the fireplace.

마부의 채찍이 말 잔등에서 찰싹거리는 소리를 냈다.
The driver's whip snapped down on the back of the horse.

우리 고양이는 영리해서 내가 음식 부스러기들을 줄 때 내 손가락을 덥석 물지 않으려고 애쓴다.
My cat is so smart that he tries not to snap at my fingers when I feed him with little pieces of food.

그는 그 관현악단의 바이올린들 중의 하나에서 현이 끊어지는 소리를 분명히 들었다.
He clearly heard one of the strings snap in one of the violins of the orchestra.

soaked - soaked

343 soak

1) soak + 명사 : ~를 담그다, 적시다, 액체를 빨아들이다

그는 해면이 물을 빨아들이듯 지식을 빨아들였다.
He soaked up knowledge like sponges readily soak up water.

그 재킷은 피가 배어있었다.
The jacket was soaked with blood.

2) soak : 젖다, 물에 잠기다

그는 옷가지를 비눗물에 잠기게 했다.
She let the clothes soak in soapy water.

sounded - sounded

344 sound

1) sound + 명사 : ~ 소리나게 하다

'honest'에서 h 소리가 나게 하지 말라.
Do not sound 'h' in the word 'honest'.

2) sound + 형용사 : ~한 상태로 들리다

그 변명은 이상하고 말도 안 되는 것으로 들린다.
That excuse sounds queer and nonsense.

3) sound like + 명사 / that S + P : ~처럼 들리다, ~하는 것으로 들리다

당신이 그것을 좋아하지 않는 것처럼 들린다.
It sounds like you don't like it very much.

그녀는 외국인처럼 들리지만 실은 원주민이다.
She sounds like a foreigner but she is a native.

> **파생어**
>
> 🔘 soundly : (잠든 모양이) 깊이, 견실하게, 철저히, 확고히
>
> 그는 아침까지 정신없이 잤다.
> He slept soundly until the morning.
>
> 이들 집은 튼튼히 지어졌다.
> These houses are soundly built.

345 spare

1) **spare + 명사** : ~를 용서하다, 살려주다, 절약하다, 나누어주다, 없이 지내다

   당신이 매우 도움이 되어서 나는 당신이 없이는 안 되겠습니다.
   You are so helpful so I can't spare you.

   저에게 시간을 좀 나누어 주세요.
   Can you spare some time with me?

   목숨이 붙어 있으면 다시 만날 수도 있겠지요.
   I may meet you again if I am spared.

   매를 아끼면 아이들이 버릇이 나빠진다.
   Spare the rod and spoil the child.

2) **spare + I.O.(명사) + D.O.(명사)** : 'I.O.'에게 'D.O.'를 모면하게 하다, 나누어 주다, 할애하다

   저에게 잠시만 짬을 내주세요.
   Can't you spare me a few minutes?

   그는 친구에게 폐를 끼치지 않으려고 애썼다.
   He set himself to spare his friend trouble.

346 speak

spoke - spoken

1) speak + 언어 : 언어를 말하다

당신이 부탄어를 한 사실에 나는 놀랐다.
I marveled that you spoke Bhutanese.

2) speak to + 사람 : ~에게 말을 걸다
speak to + V-ing : ~을 확증하다

나는 그가 거기에 있었다는 사실을 확증할 수 있다.
I can speak to his having been there.

3) speak + 명사 : ~를 말하다

그의 행동은 그의 부정직함을 웅변한다.
His conduct speaks his dishonesty.

4) speak : 말로써 전달하다, 연설하다

좀 천천히 말해주시겠어요?
Do you mind speaking more slowly?

행동이 말보다 더 크게 말한다. (더 호소력 있다)
Actions speak louder than words.

5) speak + of / about : ~에 관하여 말하다

호랑이도 제 말하면 나타난다.
Speaking of the devil, he will appear.

6) speak of + A as B : A를 B로 일컫다

언어는 살아있는 유기체라고 일컬어진다.
Language is often spoken of as a living organism.

7) 관용표현

그는 소위 걸어다는 사전이다. (박학다식하다)
He is, so to speak, a walking dictionary.

그녀는 오후 열 시까지 일하고 집에 와서는 세 명의 어린 남아들을 돌보는 것은 물론이고 빨래와 설거지를 모두 다 한다.
She works until 10 p.m. and does all the laundry and dishes back home, not to speak of taking care of her 3 young boys.

그 못된 선생은 다른 선생들을 험담한다.
The bad teacher speaks ill of other teachers.

그는 남들을 칭찬하는 법과 남들을 존경하는 법을 배워야 한다.
He has to learn how to speak well (highly) of others and how to respect others.

크게 말하세요. 잘 안 들립니다.
Speak up because we can hardly hear you.

마음속에 있는 것을 털어놓으세요.
Will you please speak out what is in your mind?

그는 우리 모두를 대변할 위치에 있지 않다.
He is not in the position to speak for us all.

일반적으로 말해서 여성이 평균 7년 정도 남성보다 오래 산다.
Generally speaking, women outlive men by 7 years on average.

파생어

⑲ **speech** : 연설, 담화, 언어 능력, 말투

인권에 대한 연설을 하다.
to give/make/deliver a speech on human rights

spent - spent

347 spend

1) **spend + 명사 : ~를 소비하다, 쓰다**

   그는 많은 돈을 책에 소비한다.
   He spends a lot of money on books.

   나는 첫 질문에 10분을 썼다.
   I spent ten minutes on the first question.

2) **spend + 시간 + (in) + V-ing : ~하면서 시간을 보내다**

   그녀는 옷치장을 하면서 시간을 너무 쓴다.
   She spends too much time (in) dressing herself.

spun - spun

348 spin

1) **spin + 명사 : ~(실)을 잣다, 회전시켜 돌리다**

   거미는 매우 아름답게 집을 짓는다.
   A spider spins a web so beautifully.

   소년은 팽이를 돌리고 있었다.
   The boy was spinning his top.

2) **spin : 돌다, 고치를 짓다**

   바퀴는 빙빙 돌기 시작했다.
   The wheel began spinning round and round.

splashed - splashed

349 splash

1) **splash + 명사 : ~(물)을 튀기다**

   그것이 강에 빠졌을 때 물을 사방으로 튀게 했다.
   It splashed about water when it plunged into the river.

   그 차는 진흙탕물을 나에게 튀게 했다.
   The car splashed me with muddy water.

2) **splash : 물이 튀다, 첨벙 소리를 내며 빠지다**

   우리는 텀벙거리며 강을 건넜다.
   We splashed across the river.

stand

1) **stand** : 서다, 서서 존재하다, 현상을 유지하다

    그 규칙은 아직 유효하다.
    The rule still stands.

    그 도시의 한복판에는 많은 기념비들이 서 있다.
    Many monuments stand in the center of the city.

    내 머리털이 곤두섰다.
    My hair stood on end.

    그는 자립하려고 애썼다.
    He sought to stand on his own feet.

2) **stand** + 보어 : ~한 상태가 되어 있다

    그 계약은 다음 일 년 간 유효할 것이다.
    The contract will stand good for another year.

    그 나무는 땅 위에 굳건히 서있었다.
    The tree stood firm on the ground.

3) **stand** + 명사 : ~를 세우다, 견뎌내다

    그녀는 추위, 더위, 피로함 그리고 엉터리 같은 일 등을 참지 못한다.
    She won't stand cold, heat, fatigue and nonsense.

    누군가가 나무 꼭대기에 닿으려고 울타리에 사다리를 세웠다.
    Somebody stood a ladder against the fence to reach the treetop.

4) **stand** + V-ing : ~하는 것을 견뎌내다

    그는 아첨당하는 것을 결코 참지 못한다.
    He could not stand being flattered.

    이 과수원은 물을 적게 주는 것을 견뎌낸다.
    This grove can stand rarely watering.

5) **stand** + I.O.(명사) + D.O.(명사) : 'I.O.'에게 'D.O.'를 한 턱 내다

    내가 술 한 잔을 사겠다.
    I will stand you a drink.

6) **관용표현**

그것은 가망이 거의 없다.
It will stand a poor chance.

그는 곤경에 처한 동료들을 언제나 도왔다.
He always stood by his friends in difficulty.

MS는 원고를 의미한다.
MS stands for a manuscript.

그 정당은 혼자서 민주주의를 대변한다는 인상을 주려고 애쓴다.
The party is trying to give the impression that it alone stands for democracy.

그는 중기를 다루는데서 탁월하다.
He stands out in dealing with heavy machinery.

나는 그러한 정직한 사람의 편이다.
I will stand up for such a man of honesty.

started - started

351 start

1) **start + 명사 / V-ing / to inf. : ~를 시작하다**

나는 제 때에 시동을 걸 수 없었다.
I couldn't start the engine at the right moment.

갑자기 폭우가 퍼 붓기 시작했다.
Suddenly, hard rain started pouring down.

2) **start : 시작되다, 출발하다, 생기다, 발생하다**

그 싸움이 어떻게 시작되었습니까?
How did the quarrel start?

그는 부산에서 서울로 출발했다.
He started for Seoul from Busan.

352 state

1) **state + 명사 / that S + P** : ~를 말하다, 주장하다

그들의 의견들이 아니라 당신의 견해를 말하라.
State your own view, not their opinions.

그는 그 시험을 치르기 위해 최선을 다하지 못했다고 말했다.
He stated that he hadn't tried his best to stand the test.

당신은 그것이 얼마의 비용이 들지를 미리 말했어야 했다.
You should have stated sooner how much it would cost.

파생어

- **statement** : 성명(서), 진술(서)

  그 연극은 강력한 정치적인 진술을 하고 있다.
  The play makes a strong political statement.

  경찰이 나에게 진술서를 작성하게 했다.
  The police asked me to make a statement.

- **status** : 신분, 사회적 지위, 높은 지위

  여성의 사회적 지위는 지난 20년간 향상되어 왔다.
  The social status of women has improved in the last twenty years.

- **stature** : 지명도, 위상, 키

  그 오케스트라는 위상이 높아졌다.
  The orchestra has grown in stature.

- **statue** : 조각상

  자유의 조각상(여신상)은 프랑스로부터의 선물이다.
  The statue of Liberty is a gift from France.

- **stately** : 위풍당당한, 위엄 있는, 우아한, 장중한

  그 집의 실내는 중후한 분위기가 난다.
  The interior of the house creates a stately atmosphere.

stayed - stayed

353 stay

1) **stay** : 머물다

그들은 나에게 그날 밤을 머물라고 권했다.
They invited me to stay the night.

2) **stay** + 보어(형용사) : ~한 상태를 유지하다

날씨만 계속 좋다면 나는 한 주를 더 머물겠다.
If the weather stays fine, I will stay here for another week.

stuck - stuck

354 stick

1) **stick** + 명사 : ~를 찌르다, 꽂아서 고정시키다, 내밀다, 붙이다

그는 그 도자기의 깨어진 조각들을 함께 붙였다.
He stuck the broken pieces of the china together.

창문 밖으로 고개를 내미는 것은 위험하다.
It is dangerous to stick your head out of the window.

그 비밀경찰은 권총을 혁대에 꽂는다.
The secret policeman sticks his pistol in his belt.

그는 삽을 땅속으로 찔러 넣었다.
He stuck a spade into the ground.

2) **stick** : 꽂히다, 들러붙다

화살이 나무에 꽂혔다.
The arrow stuck in the tree.

나는 마음속에 달라붙어 있는 일이 하나 있다.
I have one thing that sticks in my mind.

그는 완성될 때까지 그의 일에 들러붙어 있었다.
He stuck to his job until it was completed.

3) 명사 **stick**

우리는 불을 피우기 위해 마른 나뭇가지들을 주워 모았다.
We collected dry sticks to start a fire.

355 stir

1) **stir + 명사** : ~를 움직이다, 휘젓다, 선동하다

   그녀는 그녀의 커피 안에서 설탕을 휘저었다.
   She stirred sugar into her coffee.

   10년이 지난 지금도 그 기억이 내 마음을 휘젓고 있다.
   The memory still stirs my mind now that 10 years have elapsed.

2) **stir + 명사 + to inf.** : ~를 선동하여 ~하게 하다

   Bill은 다른 사람들을 선동하여 그 비행에 참가하도록 했다.
   Bill stirred the other people to join the misdeed.

356 stock

1) **stock + A with B** : A에게 B를 비축시키다

   그들은 가게에 겨울 물품을 비축했다.
   They stocked their shop with winter goods.

2) **stock** : 사들이다, 구입하다

   우리는 겨울에 대비해 물건을 구비해야 한다.
   We must stock up for the winter.

357 stop

1) stop + 명사 / V-ing : ~를 그만두다, 하던 일을 멈추다

당신 둘은 싸움을 멈추고 내가 말하는 것을 들으세요.
You two stop the fight and listen to what I will say.

도둑을 멈추어주세요. (도둑이야)
Stop thief.

그는 너무 빨리 달리고 있어서 자신을 멈추기 힘들었다.
He was running so fast that he could hardly stop himself.

무엇도 내가 그녀를 사랑하는 것을 멈출 수 없다.
Nothing will stop me loving her.

2) stop + 명사 + from + V-ing : ~가 ~하는 것을 막다, 방해하다

그녀는 자신이 크게 소리 지르는 것을 막을 수가 없었다. (즉 무의식 중에 소리를 질렀다.)
She could not stop herself from crying aloud.

3) stop : 정지하다, 서다

우리는 이 두 세계가 얼마나 다른지를 생각해 보기 위해 멈추어 서는 여유를 갖지 않는다.
We seldom stop to think that how different these two worlds are.

눈은 멈추었고 완전히 다른 세계가 그 모습을 드러냈다.
The snow has stopped already and a whole new world has presented itself.

4) 관용표현

가게에 들러서 나에게 아이스크림을 좀 사다 주세요.
Will you stop by the store and get me some ice cream.

strained - strained

358 strain

1) strain + 명사 : ~를 팽팽하게 하다, 긴장시키다, 겹 지르다, 왜곡하다

끊어질 때까지는 줄을 잡아당기지 마라.
Do not strain the rope to the breaking point.

나는 늦지 않고 그곳에 도착하기 위해 긴장했다.
I strained every nerve to get there in time.

나는 눈길에서 미끄러져서 오른 발목을 삐었다.
I slipped on the snowy road and strained my right ankle.

그는 자신에게 유리하도록 그 규정을 왜곡했다.
He strained the regulation to his own advantage.

strove - striven

359 strive

1) strive + to inf. : ~하려고 애쓰다

나는 육체적 장애를 극복하려고 애썼다.
I strove to overcome my physical handicap.

2) strive + for / after : 얻으려고 애쓰다

당신이 추구하는 모든 것을 다 얻을 수는 없다.
You can not get all the things that you strive for.

stuffed - stuffed

360 stuff

1) stuff + A with B : A에게 B를 채워 넣다

어머니는 삶은 닭에 약초와 쌀을 채워 넣으셨다.
Mom stuffs boiled chicken with some kind of herbs and rice.

그녀는 베개와 이불속에 솜을 채워 넣었다.
She stuffed cotton into the pillows and blankets.

> **파생어**
>
> 형 stuffy : (환기가 안 되어) 답답한, 격식적인, 고루한
>
> 이 안이 여름에는 몹시 덥고 답답해진다.
> It gets very hot and stuffy in here in summer.

361 submit

1) submit + 명사 : ~를 복종시키다, 제출하다

우리는 신의 뜻과 섭리에 우리 자신을 복종시켜야 한다.
We must submit ourselves to God's will and providence.

당신의 보고서는 이달 말까지 제출되어야 한다.
Your report is to be submitted by the end of this week.

2) submit to + 명사 : ~를 감내하다

그는 그와 같은 취급을 감내하기에는 자존심이 너무 강하다.
He was too proud to submit to such treatment.

나는 남편의 취향을 위해 내 자유가 제한되는 것을 감내할 수 없었다.
I couldn't submit to having my freedom restricted for my husband's taste.

파생어

⑲ **submission** : 항복, 제출, 개진

항복의 몸짓이 게임을 종료한다.
A gesture of submission ends the game.

제안서 제출 마감 날짜가 언제인가요?
When is the final date for the submission of proposals?

⑱ **submissive** : 순종적인, 고분고분한

그녀는 말 잘 듣는 아이처럼 그를 따라갔다.
She followed him like a submissive child.

succeed

1) succeed + 명사 : ~의 뒤를 잇다

그의 말 뒤에 긴 침묵이 따라왔다.
A long silence succeeded his words.

나는 다음 사업파트너로서 그를 이을 수 있다.
I can succeed him as the next business partner.

2) succeed to + 명사 / V-ing : ~를 계승하다, 이어서 행위를 하다

그는 아버지의 부동산을 상속할 것이 확실하다.
He is sure to succeed to his father's estate.

그는 맥주로 유명한 그 주점을 운영하는 것을 계승했다.
He succeeded to running the pub famous for its beer.

3) succeed in + 명사 / V-ing : ~를(에) 성공하다

이 해협을 헤엄쳐서 건너는 데 성공한 최초의 인물은 어린 소년이었다.
The first man to succeed in swimming across this channel was a little boy.

파생어

- **success** : 성공, 성과

    당신의 성공 비결은 뭔가요?
    What's the secret of your success?

- **succession** : 연속, 잇따름, 연쇄, 승계

    그녀는 3년째 연속해서 그 상을 받았다.
    She has won the award for the third year in succession.

    그는 아버지의 명예와 부를 계승했다.
    He was in succession to his father's honor and wealth.

- **successor** : 후임자, 계승자

    회장은 자신의 딸을 후계자로 지목했다.
    The company president has named his daughter as his successor.

- **successful** : 성공한, 성공적인

    그 연극은 브로드웨이에서 크게 성공했다.
    The play was very successful on Broadway.

- **successive** : 연속적인, 잇따른

    그들 자매는 연년생이다.
    They are sisters born in two successive years.

363 suffer

1) **suffer + 명사** : ~를 겪다, 경험하다 (주로 안 좋은 일)

그는 살인죄로 극형에 처해졌다.
He suffered capital punishment for his murder.

농부들은 흉작 때문에 상당한 손실을 겪어야 했다.
The farmers had to suffer considerable losses from bad crops.

2) **suffer** : 괴로워하다, 병을 앓다, 상처 입다, 손해보다

그의 외국무역이 전쟁동안 상당히 손해를 보았다.
His foreign trade suffered greatly during the war.

그가 그 문제에 대해 거짓말을 일관한다면 그의 명성은 상당한 손상을 입을 것이다.
His reputation will suffer if he keeps on lying on the matter.

3) **suffer from** : ~로부터 고통받다, 손해보다

그가 치료제를 찾는 데서 성공하면 우리는 더 이상 그 병으로 고생하지 않아도 된다.
We may no longer suffer from the disease if he can succeed in finding a cure.

364 suggest

1) suggest + 명사 : ~를 제안하다, 권하다

내가 한잔하자고 제의하자 그녀는 못마땅하다는 듯이 헛기침을 했다.
When I suggested a drink, she coughed disapprovingly.

내가 회장으로 조지를 제안했을 때 모두가 동의했다.
When I suggested George for president, all agreed.

2) suggest + V-ing : ~하자고 제안하다

메리는 점심식사 후에 낮잠을 자자고 제안했다.
Mary suggested taking a nap after lunch.

늦지 않게 그곳에 도착하는 방법을 제안해 주세요.
Can you suggest how to get there in time?

3) suggest + that + S + (should) + R : ~해야한다고 제안하다

의사는 어머니가 즉각 입원해야 한다고 권고했다.
Doctor suggested that my mother be hospitalized at once.

4) suggest + 명사 / that S + P : ~를 넌지시 알리다, 암시하다

그녀는 맹목적으로 돈을 거는 것을 암시했다.
She suggested a blind betting.

그 몸의 페인트는 그들이 다른 부족과 전쟁을 가지리라는 것을 암시한다.
The body paint suggests that they are going to have a war against another tribe.

연구는 건전한 신뢰가 인생의 어린 시절부터 형성되면 그것은 타인과의 관계에 있어서도 도덕적이고 정직하며 균형 잡힌 행동으로 이끌어 준다는 것을 시사한다.
Studies suggest that when a healthy trust is formed from the start of life, it leads one to moral, honest, balanced conduct in relations with others.

○ 파생어

⑲ **suggestion** : 제안, 의견, 시사, 암시

우리가 날짜를 변경해야 한다는 나의 제안에 그가 동의했다.
He agreed with my suggestion that we should change the date.

⑱ **suggestive** : 연상시키는, 외설적인

따뜻한 여름날을 연상시키는 음악이 연주되었다.
Music that is suggestive of warm summer days was played.

365 suppose

1) suppose + 명사 / that S + P : ~를 상상하다, 가정하다

그가 말한 것이 사실이라고 가정해 보자.
Let's suppose that what he said is true.

전쟁에서 막 회복되었을 때 또 다른 전쟁을 상상해 보세요.
Suppose another war just when we have recovered from one.

그가 만에 하나 거절한다면 우리는 다음에 무엇을 하지요?
Suppose he should refuse, what shall we do next?

2) be supposed + to inf. : ~하는 것으로 여겨지다, 하기로 되어있다 (예정, 의무)

그 상자는 그들이 보낸 물건이 들어있을 것으로 여겨진다. (있어야 한다.)
The box is supposed to have the item they sent.

그가 만에 하나 다른 여자를 찾아냈다면 나는 무엇을 말해야 하나요?
What am I supposed to say should he ever find another girl?

366 suspect

1) suspect + 명사 / that S + P : ~를 추측하다, 짐작하다, 그럴 것 같다고 생각하다

갑자기 주변에서 쥐들이 사라지면 어린것들은 위험을 짐작할 수 있다.
The young can suspect danger suddenly when there is no rat around.

그와 연락이 닿지 않아서 나는 사고가 났을 거라는 생각을 한다.
I suspect that an accident has happened because I can't contact him.

2) suspect + A of B : A를 B의 혐의로 의심하다

몇 사람이 살인 혐의를 받고 있다.
Several people have been suspected of the murder.

> **파생어**
>
> 명 **suspicion** : 혐의, 의심
>
> 그는 살인 혐의로 체포되었다.
> He was arrested on suspicion of murder.
>
> 형 **suspicious** : 의혹을 갖는, 수상쩍은
>
> 그의 행동에서 무슨 의심스러운 점을 보지 못했나요?
> Didn't you notice anything suspicious in his behaviour?

367 take

1) take + 명사 : ~를 손으로 잡다

Bob은 수화기를 잡아 들고 그 번호를 돌렸다.
Bob took up the receiver and dialed the number.

2) take + 명사 : ~를 사로잡다, 포획하다

그 도둑은 현행범으로 체포되었다.
The thief was taken in the act.

3) take + 명사 : ~를 얻다, 받다

이 시계에 대해 얼마를 받겠습니까?
How much will you take for this watch?

우리는 휴가를 위해 산기슭에 오두막을 얻었다.
We have taken a hut at the hillside for the holidays.

당신은 세상을 그대로 받아들이는 게 좋다.
You had better take the world as it is.

우리는 그를 우리 계획에 참여시켰다.
We took him into our plans.

당신은 이 남자를 남편으로 받아들이겠습니까?
Will you take this man for your husband?

4) take + 명사 : ~를 빼앗다, 허락없이 가져가다

어제 누군가가 내 자전거를 가져갔다.
Someone took my bike yesterday.

한 때 SI로 불리던 그 새로운 독감은 세계적으로 이미 백 명 이상의 목숨을 앗아갔다.
The new influenza, once called SI, has already taken over a hundred lives worldwide.

5) take + 명사 : ~를 운반하다, 옮기다, 데려가다

아버지는 나를 종종 동물원에 데려가셨는데 나는 그것을 매우 좋아했다.
Father often took me to the zoo, which I liked very much.

비 올 때를 대비해서 우산을 가져가세요.
Please take the umbrella with you in case it rains.

6) take + 교통수단 : ~을 타다

나는 바쁜 시간대에는 택시를 타지 않을 작정이다.
I am not going to take a taxi during rush hours.

7) **take + 음식, 약 : ~을 먹다, 복용하다**

매끼 식사 후에 3알을 복용하세요.
Take 3 pills after each meal.

8) **take + 시간, 노력 : ~을 필요로 하다, 소요시키다, 걸리게 하다**

그곳까지 걸어서 십분 밖에 안 걸린다.
It only takes ten minutes to walk there.

손뼉도 마주쳐야 소리가 난다.
It takes two to tango.

이 편지가 오클랜드까지 얼마나 걸릴까요?
How long does it take for this letter to reach Auckland?

9) **take + A(명사) + for + B(명사) : A를 B로 간주하다**

당신은 나를 무엇으로 간주하는가?
What do you take me for?

나는 당신을 업신여기지 않겠다.
I will never take you for granted.

10) **take + 모양, 색깔, 성질, 의견 : ~을 띠다, 취하다**

물이란 그것을 담고 있는 그릇의 모양을 갖게 된다.
Water takes the shape of the vessel containing it.

11) **take + 행위명사 : ~을 하다**

심호흡을 하고 편안하게 있으세요.
Take a deep breath and relax.

그는 샤워를 하고 숲으로 긴 산책을 나간다.
He takes a long walk into the woods after he takes a shower.

12) **take advantage of : 이용하다**

당신은 타인의 약점을 이용해서는 안 된다.
You should not take advantage of others' weakness.

13) **take back : 되찾다**

말이란 입에서 떠나면 취소될 수 없다.
Words can not be taken back once spoken.

14) take in : 받아들이다, 속이다, 섭취하다

며칠만 숙박할 수 있습니까?
Can you take me in for a few days?

그는 더 많은 비타민과 미네랄을 섭취해야 한다.
He should take in more vitamins and minerals.

그녀는 그 거짓말을 능란하게 해서 내가 쉽게 기만당할 정도였다.
She told the lies so well that I was easily taken in.

15) take out : 끄집어내다

나한테 화풀이하지 마세요.
Don't take it out on me.

16) take off : 벗다, 제거하다, 할인하다, 데리고 사라지다, 떼 내다

이 껌자국은 떼어내기 어렵다.
This gum stain is so hard to take off.

손잡이에서 손을 떼세요.
Take your hands off the handle.

그 소녀는 유괴범들에게 납치당했다.
The girl was taken off by the kidnappers.

숙녀들 앞에서는 모자를 벗으세요.
Take off your hat before ladies.

우리는 정가에서 10퍼센트를 할인할 것입니다.
We will take ten percent off the price.

17) take to : 골몰하다, 버릇이 생기다

그는 대학에서 은퇴한 후 저술에 골몰했다.
He took to writing after he retired from college.

18) take up : 차지하다, 집어올리다

당신이 두 명의 공간을 차지한다.
You take up two persons' space.

368 talk

1) talk : 말하다, 대화하다, 효력을 발휘하다

나는 어제 그가 라디오에서 말하는 것을 들었다.
I heard him talk on the radio last night.

돈이 말을 한다.
Money talks.

2) talk + to / with : ~와 대화하다

지금 그 여자에게 말할 수 있을까요?
Can I talk to her now?

3) talk about : ~관하여 말하다

무엇에 대해 이야기를 하고있는 것입니까?
What are you talking about?

그는 등 뒤에서 남들에 대한 이야기를 하기 시작했다.
He took to talking about others behind their backs.

당신이 그곳에 자주 가면 소문나겠다.
You will get yourself talked about if you go there too often.

나는 내가 무슨 말을 하고 있는지 알고 있다.
I know what I am talking about.

4) talk + 언어 / 주제 : ~을 말하다

그는 영어를 유창하게 말했다.
He talked English fluently.

우리는 늦게까지 사업을 이야기했다.
We talked business until late.

5) talk + 사람 + down / out of / to / into : ~을 설득하다

나는 그를 설득하는데 애를 먹었다.
I had great difficulty in talking him down.

그 사람을 설득해서 나에게 멋진 핸드백을 사주게 할 수 있나요?
Can you talk him into buying me a nice handbag?

아버지는 나의 어리석은 계획을 설득해서 단념시켰다.
Father talked me out of my foolish plan.

6) **talk of** : ~에 대해 말하다

호랑이도 제 말하면 나온다.
Talking of the devil, he will come.

날씨 말이 나온 김에 한국은 지금 이맘때면 어떻습니까?
Talking of weather, how is it in Korea about this time of the year?

7) **talk back** : 말대꾸하다

당신이 나에게 말하는 방식이 나를 말대답하게 만든다.
The way you talk to me makes me talk back.

파생어

형 **talkative** : 말하기를 좋아하는, 수다스러운

그녀는 수다를 떨고 싶은 기분이었다.
She was in a talkative mood.

369 taste

1) **taste + 형용사** : ~한 맛이 나다

   매콤한 양념이나 마늘이 들어간 음식이 나에게는 맛이 좋다.
   Foods with garlic and spices taste good to me.

   그 밖의 무엇도 이 전통주와 같은 맛이 나지 않는다.
   Nothing else really tastes like this traditional liquor.

2) **taste + 명사** : ~를 맛보다

   이 식당에서 만들어진 소스를 맛본 적이 있습니까?
   Have you ever tasted the sauce made in this restaurant?

파생어

- 형 **tasteful** : 고상한, 우아한

  그 식당은 맛있는 음식과 우아한 인테리어로 널리 유명했다.
  The restaurant was widely known for its delicious meals and tasteful decor.

- 형 **tasteless** : 아무런 맛이 없는, 천박한

  내 생각엔 토마토는 설탕 없이 먹으면 맛이 없는 것 같다.
  It seems to me that the tomatoes are tasteless without sugar.

- 형 **tasty** : 맛있는

  그들의 피자는 그들이 말한 대로 맛있다.
  Their pizza is as tasty as they say.

370 teach

1) **teach** + **I.O.(명사)** + **D.O.(명사)** : 'I.O.'에게 'D.O.'를 가르치다

   그 고통이 그에게 가족의 가치를 가르쳐주었다.
   The sufferings taught him the worth of family.

2) **teach** + **명사** + **to inf.** : ~에게 ~하라고 가르치다

   너의 반응이 그들에게 거짓말 혹은 진실을 말하도록 가르치게 될지도 모른다.
   Your response may teach them to tell a lie or truth.

3) **teach** + **명사** + **how to inf.** : ~에게 ~하는 법을 가르치다

   나는 당신들 모두에게 고전음악을 제대로 듣는 방법을 가르칠 것이다.
   I am going to teach all of you how to properly listen to classical music.

4) **teach** + **명사** + **that S + P** : ~에게 ~라는 것을 가르치다

   섣부른 결론의 대가는 클 것이라고 경험이 우리에게 가르칠 것이다.
   Experience will teach us that hasty conclusion costs a lot.

371 tell

1) tell + I.O.(명사) + D.O.(명사) : 'I.O.'에게 'D.O.'를 말하다

그녀는 나에게 성공담을 이야기했다.
She told me her success story.

그녀는 나에게 그가 자살했다고 말했다.
She told me that he had committed suicide.

2) tell + 명사 + to inf. : ~에게 ~하라고 말하다

그녀에게 차 한 잔을 가져오도록 말하세요.
Tell her to bring in a cup of tea.

내가 칵테일을 좀 만들 수 있어서 바를 맡으라고 말을 들었다.
I was told to tend the bar because I was able to make some cocktails.

들은 대로 하세요.
Do as you are told.

3) tell + 명사 / that S + P : ~를 제대로 이해하다, 알다

누구도 그것이 무엇인지 알 수 없다.
Nobody can tell what it is.

누구라도 그녀가 지적이고 예쁘다고 알 수 있다.
One can tell that she is intelligent and pretty.

그 제품의 색깔을 알 수 있다.
I can tell the color of the product.

4) tell + A from B / the difference / 명사 + apart : 구별하다

나는 그 두 쌍둥이를 구별하지 못하지만 그들의 엄마는 할 수 있다.
I can't tell one twin from the other but their mom can.

나는 그것들을 구별할 수 없다.
I can't tell them apart.

당신은 결코 그 둘 사이의 차이점을 구별할 수 없다.
You can never tell the difference between the two.

5) tell : 말하다, 영향력 있다, 고자질하다, 식별하다, 제대로 알다

그는 말만 하고 행동하지 않는다.
He is telling not doing.

이 문제에서는 오로지 돈만이 영향력이 있을 것이다.
In this matter, nothing but money can tell.

말하지 않겠다고 약속해 주세요.
Promise me not to tell.

엄마에게 이르지 마세요.
Don't tell mama.

한 발 한 발이 다 효과를 발휘했다. (맞았다)
Every shot told.

6) **tell + of / about** : ~관하여 말하다

그 전설은 황금의 언덕 위에 세워진 오래된 왕국에 대해서 이야기한다.
The legend tells of the old kingdom which was built on gold hills.

tended - tended

372 tend

1) **tend + 명사** : ~를 보살피다, 돌보다

그 양치기 개는 무리 안에 있는 모든 양들을 보살피기로 되어있다.
The shepherd is supposed to tend all the sheep in the flock.

2) **tend + to inf.** : ~하는 경향이 있다, ~하는데 도움이 되다

건강이 사람을 유쾌하게 만드는데 도움이 된다.
Good health tends to make people cheerful.

우리는 일반적으로 돈을 과대평가하고 예술을 과소평가하는 경향이 있다.
We generally tend to overvalue money and undervalue art.

3) **tend to + 명사** : ~의 경향이 있다, ~의 방향으로 가다

그 길은 남쪽으로 향한다.
The road tends to the south.

○ 파생어

⑲ tendency : 경향, 성향, 동향

나는 초조하면 말을 너무 많이 하는 성향이 있다.
I have a tendency to talk too much when I'm nervous.

373 thank

1) thank + 사람 / 대상 : ~에 감사하다

그녀는 나에게 진심으로 감사했다.
She thanked me heartily.

당신에게 너무 고맙다.
I cannot thank you too much.

신이시여 감사합니다 오늘은 금요일입니다.
Thank God it's Friday.

2) thank + A for B : A에게 B에 대하여 감사하다

나는 그가 해준 모든 노고에 감사했다.
I thanked him for all the efforts he made.

소금 좀 집어주면 고맙겠다.
I will thank you for the salt.

잠시 혼자 내버려 두면 고맙겠다.
I will thank you to leave me alone for a moment.

3) 명사 thank : 감사, 사의, 사례

매우 고맙다
A thousand thanks = many thanks

고맙지만 괜찮다
No thanks

그의 시의 적절한 결정덕택에, 상황은 나아졌다.
Thanks to his timely decision, things have come out right.

파생어

형 **thankful** : 고맙게 생각하는

나는 그들이 모두 안전하게 도착한 것을 보고 고마운(다행이라는) 생각이 들었다.
I was thankful to see they'd all arrived safely.

명 **Thanksgiving Day** : 추수 감사절

곧 추수감사절이다.
Thanksgiving Day is around the corner.

374 think

1) think + 명사 : ~를 상상하다, 의식하다

그들은 그 자료를 훔치는데서 죄의식을 갖지 않았다.
They thought no harm in stealing the data.

무한대를 상상할 수 있습니까?
Can you think the infinite?

그것은 너의 상상이다.
That is what you think.

2) think + that S + P : ~을 생각하다

나는 당신이 틀렸다고 생각한다.
I think you're mistaken.

나는 당신이 무엇을 하려고 하는지 상상할 수 없다.
I can't think what you are going to do.

3) think + 명사 + O.C. : ~를 'O.C.'라고(하다고) 생각하다

나는 그를 매력적인 사람이라고 생각한다.
I think him a charming person.

나는 시도하지 않는 것이 더 낫다고 생각한다.
I think it better not to try.

4) think + wh- to inf. : ~할지 궁리하다, 생각하다

나는 점심으로 무엇을 먹을까 궁리 중이다.
I am thinking what to eat for lunch.

5) think + of / about : ~에 대해 생각하다, 생각해 내다

그녀가 그것에 대해 생각을 하면 할수록, 그녀는 더욱 침울해졌다.
The more she thought about it, the more depressed she became.

런던에 있는 어떤 좋은 호텔을 좀 생각해 낼 수 있습니까?
Can you think of any good hotel in London?

6) **it is thought + that S + P : ~이라고 생각되다**

한 때 지구가 납작하고 우주의 중심이라고 생각되었다.
It was once thought that the earth was flat and the center of the universe.

7) **be thought + to inf. : ~라고 여겨지다**

그 질병은 열대지방에서 시작된 것이라고 여겨진다.
The disease is thought to have originated in the tropics.

8) **think of + A as B : A를 B로 여기다**

때로 우리는 돈을 모든 것이라고 여기지만 이것은 맞다고 입증되기 어렵다.
Sometimes we think of money as everything, which is hardly proven right.

9) **관용표현**

그는 거짓말을 우습게 생각하는 것처럼 보인다.
He seems to think nothing of lying.

그는 낭만적이고 정신적인 사랑을 대단하게 생각하는 것처럼 보인다.
He seems to think highly of platonic love.

최종결론에 도달하기 전에 두 번 생각하라.
Just think twice before you reach the final conclusion.

그들은 그것이 진짜 대단함에도 불구하고 그들의 생각을 대단한 것으로 생각하지 않는다.
They don't think much of their idea though it really is great.

10) **부정어 little 에 의해 주로 도치되는 경우**

그 빈 지갑을 찾으러 그가 돌아올 것이라고 그녀는 거의 생각하지 않았다.
Little did she think that he would come back for the empty wallet.

○ 파생어

ⓜ **thought** : 특정한 생각, 마음속의 생각, 사고력, 사색

내가 방금 한 가지 생각을 해냈어.
I've just had a thought.

좋은 교사는 독립적인 사고를 장려한다.
A good teacher encourages independence of thought.

375 transfer

1) **transfer + 명사 : ~를 옮기다**

   그녀의 남편은 시드니의 다른 지점으로 전근되었다.
   Her husband has been transferred to another branch in Sidney.

   그 아기는 애정을 새엄마에게 옮겼다. (즉 새엄마를 따랐다)
   The baby transferred its affection to its new mother.

2) **transfer : 갈아타다**

   나는 그 전철을 타고 두 번째 역에서 녹색선으로 갈아탔다.
   I took the subway and transferred to the green line at the second stop.

   그는 다음 학기에 하버드로 전학 간다.
   He will transfer to Harvard next semester.

파생어

transference : 이동, 이전, 양도

그 경로는 지하철에서 너무 많은 갈아타기를 만든다.
The route makes too many transferences on the subways.

376 trouble

1) trouble + 명사 : ~를 괴롭히다

무엇 때문에 괴로워하십니까?
What is troubling you?

나는 두통으로 고생한다.
I am troubled with a headache.

괴롭혀서 미안하지만 그 사람의 이름을 한 번 더 거명해 주십시오.
I am sorry to trouble you, but will you name the person one more time.

2) trouble + to inf. : ~하는 수고를 하다

공항까지 마중 나오는 수고를 하지 마세요.
Don't trouble to come and meet me at the airport.

파생어

- 명 **troublemaker** : 말썽꾼

  선생님은 그에게 말썽꾼이라는 별명을 붙였다.
  His teachers have labeled him a troublemaker.

- 형 **troublesome** : 골칫거리인, 고질적인

  그런 골치 아픈 일은 그냥 두어둬라.
  Leave such a troublesome matter as it is.

377 try

1) try + 명사 : ~를 해보다, 시도하다, 혹사하다, 재판하다, 시험해보다

문이 잠겨있는지 한번 시험해 보라.
Try the door and see whether it's locked or not.

작은 활자체를 많이 읽음으로써 너의 눈을 혹사시키지 마라.
Don't try your eyes by reading too much of a small print.

그는 절도죄로 재판을 받아 3주간의 구금형을 받았다.
He was tried for theft and sentenced to 3 weeks in prison.

이 칼을 당신 연필 위에 시도해 보세요.
Just try this knife on your pencil.

이 푸딩을 좀 시식하시고 당신이 생각하는 바를 말해주세요.
Try this pudding and tell me what you think of it.

2) try + to inf. : ~하려고 애쓰다

그는 착하게 살려고 애쓸 준비가 되어있다.
He is ready to try to behave better.

나를 실망시키지 않도록 노력해라.
Try not to make me disappointed.

3) try + V-ing : ~을 시험삼아 해보다

그는 잠을 깨기 위해 두 개의 알람시계를 설정해 보았다.
He tried setting 2 alarm clocks in order to wake up.

4) try on : 착용하다

새 모자를 한 번 써보고 그것이 상처를 완전히 가리는지 보세요.
Try a new hat on and see if it covers your scar properly.

파생어

명 trial : 재판, 시험

그는 공정한 재판을 받지 못했다.
He did not receive a fair trial.

우리는 그 기계를 일주일 동안 시운전했다.
We had the machine on trial for a week.

378 turn

turned - turned

1) **turn** : 돌다

   여덟 개의 행성이 태양 주변을 돌고 있고 그중 몇몇은 자신들을 돌고 있는 위성이 있다.
   Eight planets turn around the sun and some have moons turning around them.

   새 드레스가 너에게 잘 맞는지 볼 수 있도록 한 번 돌아보아라.
   Turn around so that I can see your new dress suits you well.

2) **turn + 명사** : ~를 돌리다

   당신이 밸브를 잠그고자 할 때 오른쪽이 아니라 왼쪽으로 나사를 돌려라.
   Turn the screw to the left, not to the right when you try to close the valve.

   당신은 그 사람이 그 약에 중독이 되는 것으로부터 주의를 돌릴 수 없을 것이다.
   You cannot turn him from getting addicted to the drug.

3) **turn + A into B** : A를 B로 바꾸다

   냉기가 물을 얼음으로 바꾸듯 열이 얼음을 물로 바꾼다.
   Heat turns ice into water just like cold turns water into ice.

4) **turn to + 명사** : ~쪽으로 돌다, 선회하다, 방향을 잡다, 의존하다

   사람들이 살충제의 악영향을 알 때 유기농식품으로 전환할 것이다.
   People turn to organic food when they learn the bad effect of insecticide.

5) **turn + 나이** : 몇 살로 바뀌다

   그는 실제보다 젊어 보이지만 곧 40이 된다.
   He will soon turn forty though he looks a lot younger than he really is.

6) **turn + 형용사** : ~한 상태로 바뀌다

   나뭇잎은 가을에 마르고 노랗게 된다.
   Leaves turn dry and yellow in autumn.

7) **turn out + to inf.** : ~하는 것으로 판명되다

   그 일은 내가 그럴 거라고 생각했던 것보다 어려운 것으로 판명되었다.
   The job turned out to be harder than I thought it would.

8) **turn out + 명사** : ~를 생산하다, 해고하다, 폭로하다

   최근의 경기침체가 적지 않은 비정규직근로자를 내보내게 될 것이다.
   Recent economic recession will turn out not a few of irregular workers.

심한 고문을 받으면 그는 그 비밀을 폭로할 것이 확실한 사람이다.
He is definitely the man to turn out the secret if he is under severe torment.

그 공장은 한 달에 만대 이상의 자동차를 생산하고 있다.
The factory is turning out more than 10,000 cars a month.

9) turn + off / on : (전열 기구 따위를) 켜다, 끄다

사용하지 않을 때는 끄지만 실제 사용보다 최소 1분 전에 켜세요.
Turn off when not in use but turn it on at least 1 minute before actual use.

10) turn + over / upside down / inside out : 뒤집다

제 달걀은 뒤집지 마시고 노른자를 위쪽으로 먹게 해 주세요.
Don't turn over my egg and let me have it sunny side up.

위아래를 뒤집으면 당신은 떨어지는 모래의 시간을 한 번 더 갖게 됩니다.
If you turn it upside down, you will have another period of falling sand.

당신의 주머니를 안에서 밖으로 뒤집어서 무엇이 있는지 보게 하라.
Turn your pockets inside out and let me see what you have in it.

11) turn into : ~로 바뀌어 가다

당신이 주파수를 높이면 그는 괴물로 바뀌게 될 것이다.
He is turning into a monster if you turn up the frequency.

12) turn + 명사 + 보어(형용사) : ~를 ~한 상태로 변화시키다

그 사람 생각만 해도 나를 역겹게 만든다.
The very thought of him turns me sick.

13) 명사 turn

(1) 차례, 전환, 처사, 행실

오는 정이 있으면 가는 정도 있다.
One good turn deserves another.

당신의 차례이다.
It's your turn, not mine.

(2) take turns (in) V-ing : 번갈아하다

우리는 피곤해지지 않도록 번갈아 운전을 할 수 있다.
We can take turns driving so that we may not get fatigued.

379 unite

1) unite + A + to / with + B : A를 B와 합치다

일본은 협박과 전쟁으로 많은 나라들을 자신과 합병하려 했다.
Japan has tried to unite many countries to itself by war and threat.

2) unite : 합치다

이제 힘을 합칠 때이다.
It is time for us to unite.

파생어

- ⓢ **unify** : 통합하다

  새 지도자는 국가를 통합시키기를 희망한다.
  The new leader hopes to unify the country.

- ⓜ **unit** : 구성단위, 한 개(단위), 부대, 부서

  사회의 기본 구성단위는 가족이다.
  The basic unit of society is the family.

- ⓜ **unity** : 통합, 통일성, 일치

  목표의 통일이 우리를 더 단합시킨다.
  Unity of purpose makes us more united.

380 urge

1) urge + 명사 : ~를 강요하다, 재촉하다

그 사냥꾼은 사막을 향하여 그의 말을 재촉했다.
The hunter urged his horse toward the dessert.

2) urge + 명사 + to inf. : ~에게 ~하도록 재촉하다

나는 그 계약서에 서명하도록 강요받았다.
I was urged to sign the contract.

그는 내가 사업계에 들어가야 한다고 촉구했다.
He urged me to go into business.

3) urge + that + S + (should) + R : ~해야 한다고 재촉하다

노예제도가 폐지되어야 한다고 촉구되었다.
It was urged that slavery (should) be abolished.

그는 우리가 그 제안을 수용해야 한다고 촉구했다.
He urged that we (should) accept the offer.

파생어

- 명 **urgency** : 긴급, 위기

    그것은 분초를 다투는 문제이다.
    It is a matter of great urgency.

- 형 **urgent** : 긴급한, 다급해 하는

    시급한 관심을 요하는 문제
    a problem that requires urgent attention

381 use

1) **used + 명사** : ~를 사용하다, 이용하다

   우리는 전기를 만들어 내기 위해 기름의 대부분을 이용한다.
   We use the most amount of oil to produce electricity.

2) **관용표현**

   (1) used + to inf. : ~하곤 했다

   그는 음주운전을 하곤 했다.
   He used to drink and drive.

   (2) be used + to inf. : ~하는데 이용되다

   항아리를 만드는데 진흙이 이용되었다.
   Clay was used to make jars.

   (3) be used to + 명사 / ing : ~에 익숙하다

   그 누구도 여기서 사는 것에 익숙해지지 않을 것이다.
   No one will be used to living here.

3) **명사 use** : 이용, 소용, 효과, 용도

   전화기는 이 마을에서 소용이 별로 없다.
   The telephone is of little use in this town.

   어떤 회원도 목욕 및 식당시설을 이용할 수 있습니다.
   Any member can make use of the shower and dining facilities.

   그 제도는 오랫동안 사용되어 왔다.
   The system has been in long use.

   그 풍습은 사라질 것이다.
   The custom will be out of use.

   이 지역에서는 바닷물을 담수로 바꾸는 기계가 이용될 수 있다.
   The machine for turning salt water into fresh can come into use in this area.

382 vary

1) vary : 다르다, 가지각색이다

혼전 성교에 대한 태도는 매우 다양하다.
Attitudes to premarital sex vary greatly.

2) vary + 명사 : ~를 바꾸다, 변경하다

그는 종종 그의 헤어스타일을 바꾼다.
He often varies his hairstyle.

파생어

- 명 **variation** : (양·정도의) 변화, 변형, 변주곡

    통화의 환율은 항상 변화가 있기 마련이다.
    Currency exchange rates are always subject to variation.

- 명 **variety** : 여러 가지, 다양성

    이 도구는 갖가지 방식으로 이용할 수 있다.
    This tool can be used in a variety of ways.

- 형 **variable** : 변동이 심한, 가변적인

    물가는 환율에 따라 수시로 변동한다.
    Prices are variable according to the rate of exchange.

- 형 **various** : 여러 가지의, 다양한

    이것을 하는 다양한 방법들이 있다.
    There are various ways of doing this.

view

1) view + 명사 : ~를 보다, 바라보다

그녀는 오랫동안 경치를 바라보았다.
She viewed the landscape for a long time.

2) view + 명사 : ~을 조사(관측)하다, 검사(검증)하다

그들은 집과 땅을 살피고 있다.
They're viewing a house and grounds.

3) view + 명사 : ~을 보다(조명하다), 간주하다, 판단하다

다른 각도에서 문제를 살펴보자.
Let's view the matter from another angle.

4) view + A as B : A를 B라고 간주하다

그는 때때로 작은 실패를 재난으로 간주한다.
He sometimes views a minor setback as a disaster.

5) 명사 view : 견해, 관점, 시야, 경관

내 생각에는, 그것이 시간 낭비였다.
In my view, it was a waste of time.

그는 낙천적인 인생관을 갖고 있다.
He has an optimistic view of life.

해가 시야에서 사라졌다. (보이지 않게 되었다)
The sun disappeared from view.

384 want

1) want + 명사 : ~를 원하다

그녀는 아주 큰 다이아몬드 반지를 원한다.
She wanted a big, big diamond ring.

2) want + 명사 + to inf. : ~에게 ~할 것을 원하다

우리는 우리 아이들에게 양심, 즉, 아이들을 올바른 길을 가도록 유지시켜 줄 내면의 목소리를 키워주기를 바란다.
We want our children to develop a conscience - a powerful inner voice that will keep them on the right path.

3) want + to inf. : ~하기를 원하다

만일 당신이 수학자가 되기를 원한다면 새로운 생각을 다른 사람들의 비판에 노출시키는 편이 낫다.
If you want to be a mathematician, you had better expose your new ideas to the criticism of others.

385 watch

1) watch + 명사 : ~를 보다, 관찰하다

아이들은 텔레비전을 너무 많이 보면 안 된다.
The children ought not to watch so much television.

2) watch + 명사 + inf. : ~가 ~하는 것을 보다

나는 그가 강 건너편에서 수영하는 것을 보았다.
I watched him swim across the river.

파생어

- ⑱ **watchful** : 지켜보는(신경 쓰는)

  그의 어머니가 눈을 떼지 않고 그를 계속 지켜보았다.
  His mother kept a watchful eye on him.

- ⑲ **watchdog** : 감시인, 감시 단체

  교통 감시체계가 정말로 효과가 있다.
  The traffic watchdog system really works.

- ⑲ **watchman** : 경비원

  지금 그는 경비원으로 일하고 있다.
  He is working as a watchman now.

386 weigh

1) **weigh** + 무게 : ~의 무게가 나가다

    나는 몸무게가 50kg이다.
    I weigh 50 kilograms.

2) **weigh** + 명사 : ~를 저울에 달다, ~의 무게를 달다

    저울은 농산물의 무게를 재는 데 사용된다.
    The scale is used to weigh produce.

3) **weigh** : 무게가 나가다

    그의 의견은 무게가 있다.
    His opinion weighs.

    공기도 무게가 나간다.
    Air weighs.

파생어

명 weight : 무게, 체중, 무거운 것, 부담, 중요성

전 그만 먹을래요. 체중에 신경을 써야 해서요.
No more for me. I have to watch my weight.

의사가 그에게 무거운 것을 들면 안 된다고 했다.
The doctor said he should not lift heavy weights.

그 소식은 확실히 내 마음에서 짐을 덜어 주었다.
The news was certainly a weight off my mind.

형 weightless : 무중력의

우주인들은 무중력 상태에서 작업을 한다.
Astronauts work in weightless conditions.

won - won

387 win

1) **win + 명사** : ~를 얻다, 획득하다, 이기다

   그녀는 몇 년에 걸친 연구 끝에 화학 박사 학위를 받았다.
   She won the doctor's degree in chemistry after years of research.

2) **win battles** : 전쟁에서 이기다

   전략은 전쟁을 이기고, 전술은 전투를 이긴다.
   Strategy wins wars, tactics win battles.

3) **win a lottery ticket** : 복권에 당첨되다

   나는 복권에 당첨되었다.
   I won the lottery ticket.

4) **win honor** : 명예를 얻다, 훈장을 받다

   그는 훈장을 받았다.
   He won honors.

wished - wished

388 wish

1) **wish + to inf.** : ~할 것을 희망하다, 바라다

   외국에 가고 싶다.
   I wish to go abroad.

2) **wish + that S + P (과거시제, 과거완료시제)** : ~라면(했다면) 좋을텐데

   내가 새라면 좋을 텐데.
   I wish I were a bird.

   그것을 사 두었더라면 좋을 텐데.
   I wish I had bought it.

3) **wish + I.O.(명사) + D.O.(명사)** : 'I.O.'에게 'D.O.'를 빌어주다

   당신의 성공을 빕니다.
   I wish you every success.

> **파생어**
>
> ⑲ **wishful** : 갈망하는, 소원하는, 탐내는
>
> 생일 선물로 차를 기대하는 것은 정말 희망적인 기대일 뿐이다. 당신의 부모는 그럴 여유가 없다.
> Hoping for a car as a birthday present is just wishful thinking. Your parents can't afford it.

wondered - wondered

389 wonder

1) wonder + wh- (S) + P : ~을 궁금히 여기다

나는 그가 누구인지 궁금하다.
I wonder who he is.

나는 내일 비가 올지 궁금하다.
I wonder whether it will rain tomorrow.

> **파생어**
>
> ⑲ **wonderful** : 아주 멋진, 신나는, 경이로운
>
> 지금 거기에서 여러 가지 훌륭한 전시회들이 열리고 있습니다.
> They have several wonderful exhibits there now.

390 work

1) work : 일하다, 작동하다, 효과가 있다

그들은 무보수로 일했다.
They worked without pay.

계획은 꽤 성공했다.
The plan worked pretty well.

이 시계는 작동이 되지 않는다.
This watch is not working.

2) work + 명사 : ~를 부리다, 초래하다

어머니는 과로로 병이 나셨다.
My mother worked herself ill.

폭풍은 많은 피해를 초래했다.
The storm worked much damage.

3) work out : 운동하다

너는 규칙적으로 운동할 필요가 있다.
You need to work out regularly.

4) work + on / at : ~에 착수하다, 애쓰고 있다

그들은 그 문제의 해결책에 여전히 매달려 있다.
They are still working on how to settle the matter.

5) work + (out) + 명사 : ~을 만들어내다

기적을 만들어보자.
Let's work out a miracle.

◯ **파생어**

- 명 **workout** : 운동

    그녀는 매일 아침 20분씩 운동을 한다.
    She does a 20-minute workout every morning.

- 명 **workplace** : 직장, 업무 현장

- 명 **workshop** : 작업장, 연수회

    100명이 넘는 직원들이 본사에서 열린 전문 인력 개발 워크숍에 참석했다.
    Over 100 employees attended a professional development workshop held at the company's headquarters.

391 worry

1) **worry + about + 명사 / that S + P** : ~에 대해 걱정(근심)하다, 고민하다

나는 끊임없이 그녀에 대해 걱정한다.
I worry about her constantly.

그는 잘못하지 않았나 하고 걱정하고 있다.
He is worrying that he may have made a mistake.

2) **worry + 명사** : ~를 난처하게 하다, 괴롭히다, 성가시게 굴다

그는 오랫동안 돌아오지 않아서 아내를 걱정시켰다.
His prolonged absence worried his wife.

그런 일 가지고 자신을 걱정시키지 마.
Don't worry yourself about such a thing.

파생어

(형) **worrisome** : 걱정스럽게 만드는

그것은 근심스러운 징후였다.
That was a worrisome sign.